# 中华诗祖尹吉甫传

袁正洪 著

华中科技大学出版社
http://press.hust.edu.cn
中国·武汉

# 编委会

**指导专家（以姓氏笔画为序）：**

| | | | | |
|---|---|---|---|---|
| 王 铃 | 王玉德 | 刘锡诚 | 孙晓辉 | 纪道清 |
| 李月红 | 李光富 | 杨开金 | 何春元 | 陆龙权 |
| 陈吉炎 | 姚伟钧 | 徐 云 | 唐 敏 | 黄震云 |
| 梁时荣 | 彭 力 | 谢晓鸣 | | |

**编委（以姓氏笔画为序）：**

| | | | | |
|---|---|---|---|---|
| 尤 备 | 田 计 | 朱 江 | 朱其全 | 刘 伟 |
| 刘 坤 | 刘 辉 | 刘中华 | 刘文国 | 孙延禄 |
| 杜 峰 | 李玄清 | 杨兴炳 | 杨国英 | 吴 英 |
| 吴 豪 | 何 林 | 张 龙 | 张 岚 | 张 顺 |
| 张 超 | 张立电 | 张丙华 | 张星国 | 张炳华 |
| 陆龙杰 | 陈如军 | 陈如兵 | 陈伯钧 | 陈梓乐 |
| 赵洲美 | 胡圣武 | 姜照辉 | 袁 淼 | 袁 源 |
| 袁正权 | 袁正英 | 莫尼亚 | 唐玉海 | 龚晶晶 |
| 曾艳丽 | 谢登菊 | 雷 波 | | |

中华诗祖·西周太师尹吉甫（水粉画）
袁正洪（袁野清风）画

中华诗祖西周太师尹吉甫塑像
（著名画家丁长河雕塑）

尹吉甫传说系我国诗经学中的首个国家级非物质文化遗产代表性项目

2010年8月6日，全国百名诗经研究专家到房县考察诗祖尹吉甫宗庙宝堂寺

西周太师尹吉甫制作的青铜器兮甲盘流失国外百年后回国，2014年11月11日袁正洪喜抱国宝兮甲盘留影

青铜器兮甲盘上刻有133个字，有"兮伯吉父"署名

宋代出土的记载尹吉甫功绩的西周青铜器兮甲盘铭文拓片

2010年6月出土的塑于明正德五年的尹吉甫石雕像

中科院首任院长、我国著名考古专家郭沫若《殷周青铜器铭文研究》

我国著名考古专家郭沫若《青铜时代》书中有尹吉甫兮甲盘铭文注释

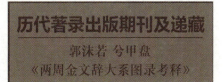

郭沫若《两周金文辞大系图录考释》书图

清代著名历史学家、考古学家王国维考兮甲盘铭文图

清代著名历史学家、考古学家王国维著《兮甲盘跋》的资料

国画大师徐悲鸿弟子、中国民协书记处原书记、中国楹联学会名誉会长、著名书画家马萧萧题词

2010年8月，87岁的中国诗经学会会长夏传才考察尹吉甫宗庙时挥笔题写了"尹吉甫宗庙"五个苍劲有力的大字

十堰市民俗学会：

所寄材料收悉。

尹吉甫是西周宣王时代的重臣，于武功文治都建有重大的功业，是对华夏民族发展有突出贡献的历史人物。他又是确凿可信可考的西周大诗人，他的多篇政治抒情诗保存至今，或美或刺，在思想和艺术上已相当成熟，比战国时代楚国的屈原要早五百年，论先后，中国诗史应把他列在前面。尹吉甫采邑在房县，其后裔世居于此，以房县为籍里，你们调查的材料可考可信。河北南皮县、山西平遥县的吉甫墓都是纪念墓、四川泸州之说乃系误传。二《南》是西周推行文王之化的乐歌，当然会广泛地推行于尹吉甫的采邑，并深入民间。你们发掘出当地民歌与《诗经》乐歌的结合，以及与尹吉甫相关的民间传说，很有价值。诗经是中华文化的原典，诗经学是世界性的学术，你们为之作出可喜的贡献。

夏传才
09/12

中国民间文艺家协会

关于同意将《房陵文化圆丛书》列为中国民间文化遗产抢救工程系列成果的复函

湖北省民间文艺家协会并十堰市民俗学会：

贵单位《关于将〈房陵文化圆丛书〉列为中国民间文化遗产抢救工程项目的报告》收悉。《中华诗祖尹吉甫》、《历代帝王流放房陵典籍录》、《神农医药歌谣》、《房陵婠散歌》、《门古寺民歌》、《房陵文化古今文萃》丛书的编纂出版，是调查西周诗经文化、神农文化、秦巴剽悍文化、汉水武当文化的重要收获。这套丛书的出版，将填补我国民间文化相关领域的空白，为我国民族民间文化的保护工作提供了珍贵的资料。根据中国民间文化遗产抢救工程的有关精神，经研究决定，同意将该系列成果列入中国民间文化遗产抢救工程的成果，在出版物上统一标注工程标志和说明。

此复。

中国诗经学会授予房县"中国诗经文化之乡"

2005年11月,时任文化部副部长周和平(右)听取十堰市民俗学会袁正洪汇报诗经尹吉甫文化,高度称赞尹吉甫文化博大精深

2004年11月,房县县委书记张维国等领导向湖北省民协主席傅广典等介绍房县诗经尹吉甫文化

2007年7月,湖北省民协主席傅广典(左3)、房县县委书记师永学(左2)、房县县长张歌莺(右3)召开房县诗经尹吉甫文化研讨会

2010年8月,房县县委书记张歌莺(左2)、房县县长沈明云(右2)、十堰市诗经文化研究会会长袁正洪(右1)等在房县考察尹吉甫文化

2010年8月,中国(房县)首届诗经文化旅游节在房县隆重开幕,12000人吟《诗经》民歌,创"大世界基尼斯之最"纪录

房县民间歌舞《山风》参加2012年中国农民春节联欢晚会

2015年7月,房县县长蔡贤忠(左2)向中国音乐学院李月红教授(左1)介绍诗经尹吉甫文化

2017年8月,湖北省文化厅厅长雷文洁(左3)、十堰市副市长刘运梅(左4)、房县县长纪道清(左1)等考察尹吉甫宗庙

2018年10月17日,诗祖尹吉甫故里房县首届诗经(黄酒)文化旅游节开幕

2018年10月18日,房县在尹吉甫镇举行尹吉甫宗庙古建筑复修暨宝堂寺大兴500年盛典

诗祖尹吉甫故里房县诗经文化登上"国家名片",《诗经》特种邮票在房县首发

中国民歌大会嘉宾、中国音乐学院教授李月红带学生到《诗经》首篇《关雎》产生地房县采风

2015年12月1日，诗祖尹吉甫故里房县《诗经》民歌走进中国音乐学院课堂，深受好评，图为部分师生与歌手合影

袁正洪（右4）向武汉音乐学院副院长李幼平教授（左4）、副院长雷勇教授（左5）赠送诗经尹吉甫文化研究书籍

袁正洪在国际诗经文化研讨会上发言，讲述诗经尹吉甫文化研究，得到国内外专家高度称赞

2018年8月，十堰市诗经尹吉甫文化研究会陆龙权与房县文联主席唐敏在国际诗经文化研讨会上讲述诗经尹吉甫文化

2006年12月，湖北省民协主席傅典（右2）、十堰市民俗学会会长袁正洪（右1）采访尹氏后裔尹维鹏，听尹吉甫故事

2012年8月，新华社记者深入诗祖尹吉甫故里，采访千年传唱的《诗经》民歌

湖北省重点保护文物：房县尹吉甫镇七星沟村古代石窟建筑尹吉甫宗庙

房县城东关出土的"周太师尹吉甫故里"石碑

房县城东门墙上古代的"忠孝名邦"碑，忠即指尹吉甫精忠报国

2010年6月，清挖60厘米深淤泥后显现龟驮碑

2010年，青峰镇出土乾隆三年立的纪念尹吉甫大石碑

尹吉甫宗庙通往上殿的石阶

复修竣工的尹吉甫宗庙宝堂寺

湖北省民协主席傅广典采访老农介绍尹吉甫天官坟的情况（袁野摄）

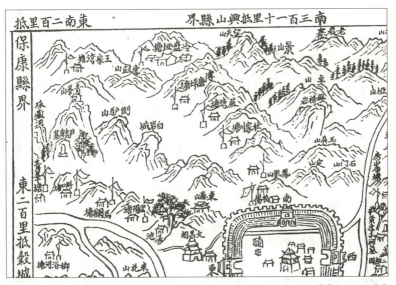

清同治《房县志》里的房县全图（尹吉甫墓在城东九十里，《诗经·殷武》篇中的景山在房县城南二百四十里）

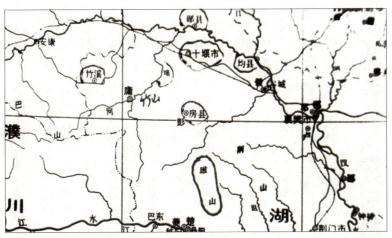

著名历史学家、地理学家、中科院院士谭其骧主编《中国历史地图集》（地图出版社1982年出版）里的西周时期中心区域图，标注房县南部为雎山

太子宮涅年雖已長性頗暗昧卿等竭力輔佐勿替世業二臣稽首受命方出宮門遇太史伯陽父召虎私謂伯陽父曰前童謠之語吾曾說過恐有弓矢之變今王親見厲鬼操朱弓赤矢射之以致病篤其兆已應王必不起伯陽父曰吾夜觀乾象妖星隱伏於紫微之垣國家更有他變王身未足以當之尹吉甫曰天定勝人人定亦勝天諸君但言天道而廢人事置三公六卿於何地乎｛若假這等三公六卿伊／小覷他兒也不爲倘｝言罷各散不隔一時各官復集宮門候問聞御體沈重不敢囘家了是夜王崩姜后懿旨召顧命老臣尹吉甫召虎率領百官扶太子宮涅行舉哀禮即位於柩前是爲幽王詔以明年爲元年立申伯之女爲王后子宜臼爲太子進后父申伯候史臣有詩贊宣王中興之美云

於赫宣王　令德茂世　威震窮荒　變消鼎治
外仲內姜　克襄隆治　幹父之蠱　中興立幟

｛居喪名曰諒陰陰音菴｝却說姜后因悲慟太過未幾亦薨幽王爲人暴戾寡恩動靜無常方諒陰之時狎昵羣小飲酒食肉全無哀戚之心自姜后去世益無忌憚就于聲色不理朝政申候屢諫不聽退歸申國去了｛申國今／信陽州｝也是西周氣數將盡尹吉甫召虎一班老臣相繼而亡幽王別用虢公祭公與尹吉甫之子尹球並列三公三人皆諡諂面諛之人貪位慕祿之輩憚王所欲逢迎不暇｛諡諂面諛皆人謂貪夫不可與共過亦只｝

《汉书》中关于尹吉甫的记载（影印件）

《钦定四库全书》所收宋代《太平御览》（卷八十五）中关于尹吉甫等辅佐周宣王中兴的记载

《春秋左传正义》中关于尹吉甫的记载（影印件）

明嘉靖《湖广通志·郧阳府》中关于丹朱、尹吉甫、黄香碑墓的记载（影印件）

明嘉靖《湖广通志·郧阳府》中关于尹吉甫和尹伯奇的记载（影印件）

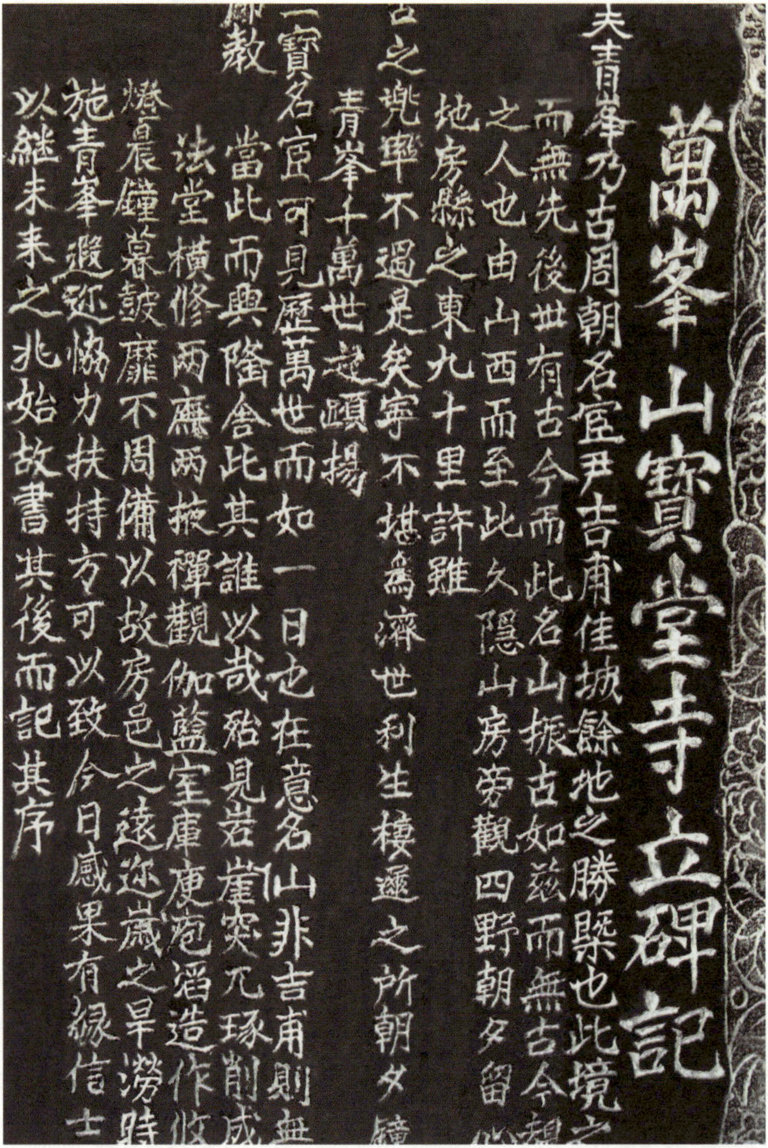


位于尹吉甫镇七星沟村（原名白鱼村，“白鱼”出自西周典故）尹吉甫宗庙，由明代县丞李南金、县官胡壁所立的《万峰山宝堂寺立碑记》大石碑（拓片）

2005年10月，中国文联主席周巍峙为房陵文化圈民间文化丛书题词

中国文化报社原副社长、中国硬笔书法家协会副主席、著名书法家杨开金题词

中国著名国画家、书法家罗国士（房县籍）题词

著名书法家吉国权为中华诗祖尹吉甫题词

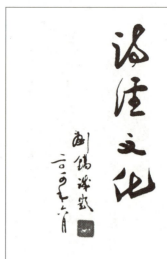

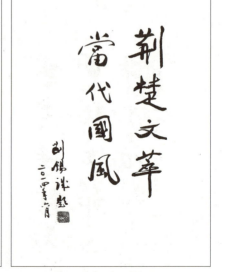

曾任文化部民族民间文化保护工程专家委员会委员、国家非物质文化遗产保护专家委员会委员、中国民间文艺家协会民间文化抢救工程专家委员会委员，中国民间文艺家协会常务副主席兼党组书记刘锡诚为"房陵文化研究丛书"出版题词

2010年8月，中国诗经学会老会长夏传才于房县题词

著名诗经研究专家、书法家、中国政法大学人文学院黄震云教授题词

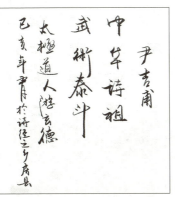

国际著名武术大师武当派游玄德道长题词

2015年12月，十堰市诗经尹吉甫文化研究会会长袁正洪书

中国诗经学会会员、著名书法家漆雕世彩题词

2015年3月，中国诗经学会会员、十堰市民俗学会会长袁正洪书

2013年3月，十堰市民俗学会会长、十堰市诗经尹吉甫文化研究会会长袁正洪作诗祖尹吉甫文学功绩楹联68字并书写

2013年9月，十堰市民俗学会会长、十堰市诗经尹吉甫文化研究会会长袁正洪作楹联146字，在向全国首次征集诗经楹联评选中获一等奖

# 序一
## 诗祖吉甫故里、诗经之乡房陵

我国是诗的国度,《诗经》是我国第一部诗歌总集,是诗的源头、"五经"之首、中华文化的元典。《诗经》与古希腊史诗、莎士比亚戏剧并称为世界古代三大文学杰作,是全人类共同的文化遗产。

尹吉甫是西周宣王时代的重臣,于武功文治都建有重大功业,对中华民族的发展有着突出的贡献。他又是确凿可信可考的西周大诗人,他的多篇政治抒情诗收录在《诗经》中,在思想和艺术上已相当成熟,比战国时代楚国的屈原要早五百余年,论先后,中国诗史应把他列在前面。房县为尹吉甫的采邑,其后裔世居于此,现存尹吉甫宗庙等许多文物古迹及方志记载,可证房县为尹吉甫籍里。

在我国诗经学研究中,多是研究《诗经》的篇章内容,对其作者及编者研究得少。这是因为《诗经》年代久远,各篇章中很少有作者署名,给研究《诗经》的学者带来困难。本书作者从1980年开始搜集探究与尹吉甫有关资料,至今可谓"三十年磨一剑"。自汉代以来已出版研究《诗经》的书1647部,本书作者创作的《尹吉甫研究》是第1648部,是第一部研究《诗经》编纂者尹吉甫的专著。

尹吉甫，房陵人（现湖北省十堰市房县），仕于西周，官至太师，征战于今山西平遥、河北沧州南皮等地，食邑房，卒葬于房。其子伯奇的故事流传于今湖北房县和四川泸州等地。尹是官职，吉甫是名，其后裔以尹为姓氏。本书作者生在尹吉甫故里，孩提时就听父辈和当地文人讲述尹吉甫与《诗经》的故事。怀着对伟人的崇敬，作者无论是当记者还是在房县县委办、十堰市委办工作，都利用工作之余和节假日着力搜集探究有关尹吉甫的故事和资料，特别是2004年以来，在湖北省民间文艺家协会主席傅广典的关怀和一届接一届房县县委领导如张维国、师永学、张歌莺、沈明云等的重视支持下，在中国诗经学会的及时复信并亲临考察指导下，以及中国诗经学会房县研讨会的召开，使诗经尹吉甫文化研究上了一个台阶，有了一个新的飞跃。

尹吉甫是《诗经》的作者之一，《崧高》《烝民》《韩奕》《江汉》等名篇是其所作，在诗篇文本或诗序中标明了作者的名字。尹吉甫任西周宣王时太师，他不仅奉宣王之命，北伐猃狁，南征蛮夷，助宣王中兴，而且按周朝的职官制度，负责整理编纂乐诗。据《孔丛子·巡守》载："古者天子……命史采民诗谣，以观其风。"班固《汉书·食货志》载："孟春之月，群居者将散，行人振木铎徇于路，以采诗，献之太师，比其音律，以闻于天子。"据我们研究，《诗经》本名《诗》或称《诗三百》，于春秋时代编辑成书，在最后成书之前，西周昭王时代和宣王时代曾有两次重要的编纂。宣王时代的编纂是将文王、武王至宣王末朝廷制作的《颂》《雅》《风》中的作品汇集和整理，包括《周颂》的（接近）全部、《大雅》的大部分、《小雅》和《国风》中的一部分。"二南"中的《汉广》《汝坟》等诗,也是此次在汝汉流域采集补充的。吉甫辅佐周宣王46年,周室中兴,制礼作乐,这次编纂当然由太师尹吉甫主持,所以他也是《诗经》成书的长期过程中的编纂者之一,其功绩是使《诗经》初具规模。

"文武吉甫,万邦为宪",尹吉甫是中国历史上卓越的政治家、军事家,也是大诗人。从尹吉甫诗作的文采、其名篇思想艺术对后人的影响、他在《诗经》编纂成书过程中的贡献等多方面,尹吉甫可称为"中华诗祖"。

《诗经》由《风》《雅》《颂》三个部分组成,收入"十五国风"的诗160篇,占《诗经》的半数以上。而《诗经》又把《周南》《召南》放在开头部分,可见其地位甚是重要。本书作者按照中国诗经学会提出的课题研究要求,通过查找史书,阅读百余万字相关资料,研究西周、春秋史籍及地方志、地图,考察汝河、汉水流域,对"二南"诗篇逐一研究,还多次到房县翻山越岭、实地采风。经过8个多月的专题研究,作者论证了以房县为中心的鄂豫陕边区不仅是《诗经》"二南"的交汇地,而且是"二南"部分歌谣的产地。《诗经》相关的民歌至今在千里房县传唱,成为今天我们研究《诗经》的一大"矿区"。这不仅对研究《诗经》"二南"有意义,而且对研究秦巴武当、汝水汉江流域、中国中西接合部鄂豫陕毗邻之地深厚的历史文化也有着重要意义。

本书的作者还从民俗学的角度,逐篇将《诗经》"二南"与尹吉甫故里房县的民俗文化,包括"二南"与房县民俗的特点,"二南"与房县地域的区域性,"二南"与房县方言的相似性,房县民俗与"二南"的延续性,房县生活生产习俗、民间文化与"二南"的传承性等进行了详细的分析比较,论证了房县地处"二南"交汇地,有助于解读《诗经》"二南"的篇章。

多年来,我对尹吉甫的研究不多。2009年11月,收到十堰市民俗学会会长袁正洪寄来的他多年来倾心搜集整理的几万字的汇报资料,房县才渐渐进入我的视野。经袁正洪热心牵线,2010年5月,我应房县县委、县政府领导之邀专程考察,确定支持召开中国(房县)诗经文化节和中国诗经学会房县研讨会,并授牌将房县作为中国诗经学会《诗经》"二南"研究基地。在此,希望房县深刻挖掘、尽力保护、大力宣传诗经尹吉甫文化,为我国诗经文化更好、更久远的传承弘扬作出贡献。

房县县委、县政府领导和湖北省民间文艺家协会主席傅广典曾感慨地说,房县以诗经尹吉甫为主的房陵文化的发现、挖掘、整理、认知和认定,得益于十堰市民俗学会会长、十堰市诗经尹吉甫文化研究会会长、十堰市委政策研究室正县级政策研究员袁正洪多年来锲而不舍的忘我工作,他执着考察、倡导和宣传,受到房县县委、县政府领导的高度重视。多年来,袁正洪组织市民俗学会、市诗经尹吉甫文化研究会专家学者,坚持把诗经尹吉甫文化当课题研究抓、当文学工程项目抓,开展"诗经尹吉甫文化与房县民俗民间文化长征",锲而不舍,先后多次深入青峰镇、榔口乡(现尹吉甫镇)、万峪河乡等乡间采访、搜集、整理有关尹吉甫的材料,坚持在汉水秦巴山区,顶酷暑、冒严寒,冒着山洪暴发、山体塌方、泥石流的危险,艰苦前进。一次他和陈吉炎教授、房县文体局张华田同志,翻山越岭到尹吉甫故里考察,深夜在大山中遭遇泥石流而迷路,万峪河乡干部打着火把凌晨2点才把他们接到乡上;一次他租坐的双排座货车刚过水毁公路，山上突然滚下泥石流；一次他突遇暴雨，大雨从头顶倾泻而下，全身湿透。多年来，他夙夜匪懈，倾心查阅研究史志及相关书籍资料，先后走访200余人次，搜集有关资料百余万字、照片万余张及录音、录像等。他先后获得十堰市科研项目一等奖、湖北省全省党委政研系统优秀调研成果三等奖，获得湖北省民间文艺家协会突出贡献奖。在此，我对他多年来锲而不舍地做了弘扬诗经尹吉甫文化的大量工作表示感谢，我希望他在诗经尹吉甫文化研究上作出更大的贡献！

湖北房县古称房陵，历史悠久，文化灿烂。据《竹书纪年》载，"帝子丹朱避舜于房陵，舜让不克，朱遂封于房，为虞宾。"《史记》《郧阳府志》《房县志》等有相似记载。西周以前这里为彭部落方国。春秋曾属古麇、庸之地。战国为房陵，属楚。在这块土地上，吉甫尽忠，黄香至孝，忠孝名邦，世人敬仰；帝王宫廷流放文化与当地的民俗文化交相辉映，风雅兼备。尤其是以诗经尹吉甫文化为主的房陵文化犹如一颗灿烂明珠，成为我国中西接合部古文化沉积带颇具代表性的一个亮点，这里不仅是中华文化的一块宝藏地，而且也具有发展生态文化旅游经济的资源优势。

近年来，湖北省、十堰市和房县党政领导同志高度重视诗经文化的继承和发扬，重视尹吉甫籍里的保护，专门成立了领导小组，请专家学者给领导上诗经文化课，在房县开展诗经文化进校园、进社区、进机关、进农家活动，启动了"诗经文化园"项目，着力将尹吉甫故里以诗经文化为主的房陵文化打造成为鄂西北生态文化旅游圈的璀璨明珠。尤其是2010年8月"中国（房县）诗经文化节"和中国诗经学会百余专家在房县召开诗经文化研讨会，使房县出现了"吉甫故里诗经热,千里房陵动地歌"的喜人局面,并受到中央电视台和新华社等媒体的报道,名扬国内外。在此,我希望诗经文化在"诗祖故里,魅力房县"得到进一步弘扬光大,更加促进经济社会的快速发展,诗经文化成为房县走向国际的一张亮丽名片!

夏传才

二〇一一年三月十八日

(夏传才,1924—2017,中共党员。生于今安徽省亳州市。1945年毕业于北京师范大学中文系。历任晋察冀边区民政处、军区民运部干事。20世纪50年代从事古典文学研究。先后任北京师范大学教师,河北师范学院学报主编,河北师范学院教授、博士生导师,中国诗经学会会长,全球汉诗总会名誉理事。著有《诗经研究史概要》《诗经语言艺术》《思无邪斋诗经论稿》《二十世纪诗经学》《诗经讲座》等,在海内外有广泛影响。)

# 序二
## 文武吉甫　万邦为宪　吉甫作诵　穆如清风

　　由十堰市袁正洪先生写作的《中华诗祖尹吉甫传》就要出版了。袁老师来信要我作个序，我感到非常高兴。首先，袁老已是古稀之年（72岁），还热心家乡的事业和发展，为先贤立传，真是非常佩服；其次，袁老搞文字工作多年，是"湖北一支笔"，为他的书写序，我其实心里非常不安。好在关于尹吉甫，我在多年前曾经认真阅读史料，知道一些，所以也就答应下来。作为老朋友，相信就是写错了，他也不会生气。平时我们见面、畅谈文化，都是客客气气的，非常亲近。

　　在2010年8月召开的中国诗经学会第十届年会暨国际学术研讨会上，主持年会交流发言的中国诗经学会会长夏传才先生欣喜地推荐并破例给出普通发言一倍即半个小时的时间，叫锲而不舍地挖掘、整理、研究诗经尹吉甫文化的湖北十堰市诗经尹吉甫文化研究会会长袁正洪发言。他激情介绍了西周太师与诗经文化的研究，引起与会500多名国内外专家学者的高度关注和热烈反响、点赞。袁老师主持写作的《尹吉甫传说》入选国务院公布的第四批国家级非物质文化遗产代表性项目名录，成为我国诗经学中的首个被列入国家级非物质文化遗产名录的文化成果。多年以后，袁老师又推出《中华诗祖尹吉甫传》，反映出他下了很多功夫，人说"十年磨一剑"，袁老师是几十年磨一剑，其间会有很多艰辛，但他从来不说，为家乡和学术，兢兢业业，连续奋斗着，所以我当然肃然起敬。

袁正洪以事实为根据，写的是西周太师尹吉甫的事情，讲尹吉甫征战于今山西平遥、河北沧州南皮等地，食邑房，卒葬于房。其子伯奇的故事流传于今湖北房县和四川泸州等地，书中亦写得文采飞扬。

《诗经》是我国"四书五经"之首，在孔子时代，子曰："不学诗，无以言。"现在我们认为《诗经》是中国文学的源头、中华文化的元典。袁正洪勤学苦研，告诉人们西周太师尹吉甫2800多年前辅佐周宣王中兴，被《诗经》赞颂为"文武吉甫，万邦为宪""吉甫作诵，穆如清风"。他奉周宣王之命，北伐猃狁，南征荆蛮，征赋淮夷，安邦强国，辅佐宣王中兴。他不仅是我国历史上伟大的诗人、文学家，卓越的思想家、政治家、军事家、哲学家、音乐家、武术家，也是最早的税务高官、最早的市场管理高官之一，因此尹吉甫的地位很高，他在《诗经》编纂成书过程中的贡献等多方面，在历史上影响也很大。袁正洪老师称尹吉甫是"中华诗祖"，我觉得当之无愧。现在，尹吉甫是湖北十堰市享誉世界的名片。

第一，本书中明确提出了尹吉甫乃"中华诗祖"。当然，诗祖不是一个人，也不单单是一个时代，在诗经时代和楚辞时代的诗人，我们根据其作品都可以考量诗祖的身份。以前我们认为最早唱"唷嗬，唷嗬"劳动号子的人是诗祖，这是不了解诗与歌有别，叫着"唷嗬，唷嗬"的人当然是干活的人。不是说干活的人不能写诗，但是我们的诗祖肯定是做过诗的人，不然怎么能叫诗祖呢？大家觉得民歌是民间文学的一种，是劳动人民的诗歌创作，一般是口头创作，口头流传，并在流传过程中不断经过集体的加工。没有文字的时代当然是口头创作。

尹吉甫是《诗经》的作者之一，《诗经》名篇《烝民》《崧高》《六月》《江汉》《韩奕》《都人士》《常武》等或是由尹吉甫写作，或是与之有关。尹吉甫作为太师，按照周代的风气，当然在《诗经》的编纂中发挥过重要作用，只是没有具体说法留下来。袁先生认为，西周太师尹吉甫是西周宣王时代《诗经》的总编纂者。尹吉甫是中华诗祖，不是始祖，说的确实是事实。

第二，尹吉甫是哲学元典名人之一。尹吉甫在其撰写的《诗经·大雅·烝民》一诗中提出"天生烝民，有物有则"，最早提出了"万事万物的运动是有规律和法则的"。这在古老哲学元典研究上是卓著的贡献。在尹吉甫编纂的《诗经》的一些篇章中，也表现出了许多的辩证哲学思想，还有大量的诗句反映出当时的人们对天文、地理、自然灾害的辩证的思维认识，是我国先秦哲学思想的源头，对后人的思想影响极其深远。

第三，尹吉甫是卓越的诗人。《诗经》中盛赞其"文武吉甫，万邦为宪""吉甫作诵，穆如清风"。

第四，尹吉甫是武术泰斗之一。据《中国武术史》等有关资料介绍，中国武术即功夫，有着悠久的历史，最早可以追溯到商周时期。西周太师尹吉甫之所以被称为武术名家，主要见述于以下三点。其一，《诗经·小雅·六月》中高度称赞他"文武吉甫，万邦为宪"，说明尹吉甫武功高强，肯定了他的武功。其二，尹吉甫撰写的《烝民》中"柔则茹之，刚则吐之"亦是武术、武功"以柔克刚，刚柔相济"的语源。其三是《诗经·小雅·巧言》中载："无拳无勇,职为乱阶。""拳"最早见述于《巧言》,且作为武功名词"勇力""力也"之用。其四,根据作者调查,尹吉甫的武功故事至今在房县民间流传。山西平遥、河北沧州以尹吉甫曾征战于此,传授武功,两地分别被评为中国武术之乡,湖北十堰市武当武术入选国家级非物质文化遗产代表性项目名录。

第五,尹吉甫是伟大的军事家。尹吉甫随周宣王北伐猃狁,南征荆蛮,东征淮夷,战无不胜,攻无不克,保障了国泰民安。著名诗经研究专家林中明先生在《〈诗经〉里的战争与和平》一文中说:"如果我们把《诗经》和俄国大文豪托尔斯泰的《战争与和平》相比,《战争与和平》虽然只跨越了十五年的时间,但是托尔斯泰的小说有其特殊的战争历史文化哲学观;而中国《诗经》里数百年的国政战略、文化思想、礼仪歌舞则多半隐藏在许多有限的字里句间。《诗经》里的战争与和平,以及周朝以来中国重视忠孝仁爱信义和平文化,可能影响今日和未来中国和谐国策及国际战略。"

第六,尹吉甫为世界历史名人。有些学者看了袁正洪著作的《尹吉甫研究》一书后,对尹吉甫有所了解,感到尹吉甫的确是历史上伟大的名人,很值得研究和尊敬,提出尹吉甫也应是我国及世界历史文化名人,确实有道理。这正如当代研究《诗经》的文化泰斗夏传才先生在给十堰市民俗学会的信中所说:"尹吉甫是西周宣王时代的重臣,于武功文治都建有重大功业,对华夏民族的发展有着突出的贡献。"

对于尹吉甫的研究,作者一直非常用功,利用地域优势,写出了很多有价值的论文。如《十论尹吉甫是中华诗祖》《尹吉甫是周宣王时〈诗〉的总编纂者》《尹吉甫故里房县是〈诗经·二南〉交汇地域考》《尹吉甫与〈诗经〉对老子及〈道德经〉的影响》《周太师尹吉甫房陵人考》《尹吉甫掌政执法的物证——国宝青铜器兮甲盘考》等文章，约50多万字，充分论证尹吉甫是伟大的历史名人及其重要史学价值。作为长期在地方工作的同志，致力于家乡的研究，非常值得点赞。

袁正洪认为："尹吉甫与老子、《诗经》与《道德经》在先秦哲学思想上，在对待道德思想文化的认识上有着一定的渊源关系。"谷先生在《三秦道教》2007年第3期发表文章《浅说〈诗经〉与〈道德经〉相应的道德文化》一文中作了如下论述："《诗经》与《道德经》二书对道德文化的述说，有着互补互证的联系。"

《诗经》是享誉世界的典籍。2010年4月13日，在德国莱比锡"世界最美的书"评选中，由中国选送的古籍经典《诗经》一举夺魁"世界最美的书"。文化是民族的根。2007年3月29日《尹吉甫传说》被列入湖北省首批"非遗"项目名录。在各级党委、政府及宣传文化部门的高度重视和专家学者的亲切关怀下，作者三十年磨一剑的《尹吉甫研究》得以出版。湖北省市（县）各级领导及宣传、文化、旅游部门和许多专家学者、民间歌师、基层干群都曾感慨，房县以诗经尹吉甫文化为主的房陵文化的发现、挖掘、认知和认定，得益于十堰市民俗学会会长、十堰市诗经尹吉甫文化研究会会长、十堰市委政策研究室正县级政策研究员、十堰市非物质文化遗产专家组成员袁正洪多年来锲而不舍的忘我工作，执着考察、倡导和宣传。在房县县委、县政府领导的高度重视下，多年来袁正洪坚持把诗经尹吉甫文化当课题研究抓、当文学工程项目抓，开展"诗经尹吉甫文化与房县民俗民间文化长征"，以赤诚之心，实现伟大梦想。房县历史底蕴深厚，曾有古代的帝王被放逐于此地，吕不韦被夺爵后也曾迁同党万余家等到房县，乃形成"宫廷流放文化"。相信在袁正洪等的努力推动下，以诗经尹吉甫文化为主的房陵文化一定会大放异彩。

袁正洪热爱的家乡房县不仅是全国著名的耳菇之乡、黄酒之乡、天然优质矿泉水之乡、中药材宝库、小水电明珠，有世界罕见的青峰山地质遗迹公园，且历史悠久，文化灿烂；那里还有闻名于世的汉民族创世史《混沌传》《黑暗传》，有羊鼻岭五十万年前人类发祥文化、神农炎帝文化，更令人惊奇的是中华诗祖、西周太师尹吉甫就是房陵人，所以千里房县无疑就是诗经之乡；历史上有52位帝王将相、皇亲国戚被流放到房陵区域，房县被称为"宫廷陪都""后花园"；还有秦楚交汇，颇具"楚调、秦韵、巴音"特色，蕴藏量极其丰厚的房县民歌，使房县被称为民歌的海洋……房县被专家称为"中国中西接合部古文化沉积带"，是荆楚民间文化最有个性的代表地区之一。

袁正洪家住在房县城关东街，他的父亲袁学昺是喜爱文化之人，小时父亲带他徒步到温泉洗澡时，途经东关"周太师尹吉甫故里"大石碑，父亲告诉他这是"尹天官"的碑，从此尹吉甫这个名字在他的心中打下了崇敬的烙印。袁正洪1968年高中毕业，作为知青上山下乡到房县深山、偏僻的堤坪乡桐木沟插队，和勤劳的大山农民一起上坡挖地、薅草，听农民歌师唱薅草锣鼓。1969年春，他徒步翻山越岭到房县神农架景山下的泮水区调查、收集材料，途中听到山民唱民歌助力薅草。1974年6月，他被抽调到县里办文化展览，走了300多里，翻过大山到九道区关坪乡采访，听民间歌师唱《十杯酒歌》中的"咿呀咿得喂"音调。袁正洪关注的是房县西周太师尹吉甫故里，从1980年开始研究房县诗经尹吉甫文化，尤其是1996年以来,先后到房县20个乡镇(场)的一些村组,与一些民间"歌王""歌师""歌布袋""唢呐大王""锣鼓王"交朋结友,搜集研究了以《诗经》和尹吉甫为主的房陵文化资料百万余字,搜集民歌3000多首,发现千古《诗经》民歌至今在千里房县传唱,搜集《诗经》相关民歌30多首。

多年来,袁正洪攀悬岩,涉河涧,顶酷暑,冒严寒,风雨千里房县山区,植根于民,搜集资料,挖掘、整理、研究诗经尹吉甫文化,还专程到山西平遥、河北沧州南皮、四川泸州了解尹吉甫文化。袁正洪保存着"卧雪堂"袁安的家谱,并以好家风为鉴。多年来,他夙夜匪懈,倾心查阅研究史志及相关书籍资料。在此,我希望袁正洪同志在诗经尹吉甫文化研究上作出更大的贡献。这本书给我们很多的启示,对于诗经尹吉甫文化的弘扬与传承,地方重视和个人坚持努力都很重要。当然,学界的积极参与也是不可或缺的。

经过多年的跋涉和思考,袁正洪写下了《〈诗经·关雎〉与房县雎山雎水雎鸠民歌考》,达18600字;撰写了《尹吉甫房陵人考》,达4.2万余字;撰写了《房县是〈诗经·二南〉交汇地》等文章,从八个方面论述了房县是《诗经》的重要源头之一,达8.5万余字。袁正洪通过实地考察和查阅《房县志》等史料,认为房县南部的雎山,就是房县和神农架(1970年从房县划出部分至神农架林区)的南山。至今景山、松柏土地名尚保留,由此表明房县南山、景山是《诗经》结尾《殷武》等篇所写之地,所以《诗经》一头《关雎》、一尾《殷武》,发生在房县,确实可以作为一说。

我和袁正洪认识十几年了,也是好朋友。袁老的家乡在房县,这令我最终还是明白了艾青说的"为什么我的眼里常含泪水?因为我对这土地爱得深沉"。所以,他批评起鄂西北曾出现的浮夸之事时毫不留情,赞美起十堰博大精深的生态文化旅游时又实事求是,一片赤子深情。但是,学术和社会之间还不够融合,这是我们应该注意的地方。

《中华诗祖尹吉甫传》是我国第一部尹吉甫的传记,经过了作者多年的辛苦努力和精心准备,应该很精彩。袁正洪先生还出版了《尹吉甫研究》《中国历代帝王将相特放房陵典籍录》《神农武当医药歌谣》《神农武当道茶经》,皆有自己的体会及特色。

尹吉甫是黄帝后裔,以诗闻名于世,还以烹调闻名于世,号称中华饮食之祖,值得我们好好学习和研究。袁老只是开个头,相信关于尹吉甫的研究会越来越引起我们的注意。但是,大家千万不要忘记袁老那辛辛苦苦、兢兢业业造就的历史功勋!

黄震云

二〇二二年八月二十八日

作于北京海淀

(黄震云,1957年生,江苏省灌南县人,文学博士,中国政法大学人文学院教授、文艺学硕士研究生导师,中国屈原学会副会长,中国辽金元文学学会副会长,中国诗经学会常务理事,为东方诗话学会等13个学会理事或会员。1982年以来,出版的主要著作有《楚辞通论》《经学与诗学研究》等9部,在《文学评论》《民族研究》《文艺研究》《北京大学学报》《人民日报》《光明日报》等报刊发表作品200多篇。获得全国和省部级一、二、三等奖10多次。多次出国讲学与交流,中央电视台介绍过其相关研究情况。)

# 自序

在中国文学的历史长河和浩瀚的书海宝库中,《诗经》作为我国"四书五经"之首,堪称中华文化的元典。千百年来,人们一直追寻着《诗经》的采风者、编纂者——中华诗祖,2800多年前辅佐周宣王中兴,被赞颂为"文武吉甫,万邦为宪""吉甫作诵,穆如清风"的西周太师尹吉甫。他不仅是我国历史上伟大的诗人、文学家,卓越的思想家、政治家、军事家、哲学家、音乐家、书法家、武术家,而且根据青铜兮甲盘所载铭文,他受王命征赋税和强化市场管理,亦是我国最早的税务高官、最早的市场管理高官之一。

三十年磨一剑,笔者于1980年开始考察、搜集、整理,查找史籍,研究《诗经》与尹吉甫文化,于2015年出版了《尹吉甫研究》文论集,被列为"中国民间文化遗产抢救工程系列成果"。撰写的《尹吉甫传说》于2007年3月29日被列入湖北省首批"非遗"项目名录。2014年11月11日,《尹吉甫传说》入选国务院公布的第四批国家级非物质文化遗产代表性项目名录。中国诗经学会老会长夏传才教授在为《尹吉甫研究》一书作序时说,本书是我国自汉代以来第一部研究《诗经》编纂者尹吉甫的专著。接着笔者怀着对诗祖无限崇敬的心情,着手写了一部尹吉甫的人物传记,然后接着写《尹吉甫》电视剧剧本。

时逢东风,2021年春,十堰市委、市政府及市委宣传部高度重视,决定开展十堰市"历史名人活化工程"。尹吉甫是湖北历史上第一文化名人,是享誉世界的名人,如何"活化"中华诗祖尹吉甫,赋予诗经尹吉甫文化生态旅游价值,提升诗经尹吉甫文化的转化效益,很值得研究一番。于是笔者诚请专家指导,倾心撰写了《中华诗祖尹吉甫传》。

我想在自序里浅谈一下读者所关心的:尹吉甫是哪里人?《诗经》名篇中尹吉甫的卓著贡献是哪些?尹吉甫何以被称为中华诗祖?是否有物证其人,为何史籍记载如此之少?以增进读者对尹吉甫这位世界名人的了解。

# 一、西周太师尹吉甫,是黄帝后裔,诞生于彭国房陵

尹吉甫(公元前852—前775年),号兮伯(亦号兮甲),字吉甫,本姓吉(姞),黄帝后裔(吉甫姞姓与周宣王姬静同为黄帝后裔,本书有文论)。据古籍《国语》(卷十·晋语四)云:"凡黄帝之子,二十五宗,其得姓者十四人,为十二姓。姬、酉、祁、己、滕、箴、任、荀、僖、姞、儇、依是也。"据詹招琳先生所著《中华姓氏源流通谱》载:"少典氏第十三代、黄帝二代姞姓:辰字辈。""伯儵姞姓,是黄帝的后裔,南燕国的始祖。"

据《中华吉氏文化与族谱精华》等书记载,随着黄帝姞姓之子

的后代子孙繁衍，其后裔在先秦时就已建立了不少以姞为姓的方国，其中有姞姓南燕国、姞姓鄂国。公元前879年，楚王熊渠灭鄂国后，一部分姞姓西迁到湖北西北部彭国的房陵。尹吉甫的祖辈就是从湖北鄂州地区迁到房陵的。公元前852年，尹吉甫诞生于房陵东乡万峰山下的石门沟。

尹吉甫是哪里人？有的传说尹吉甫是山西平遥人，有的传说尹吉甫是河北南皮人，有的传说尹吉甫是四川泸州人。笔者曾专程到这几个地方调研，最后考证出尹吉甫是房陵人。一是《广舆记》《明一统志》《郧阳府志》《房县志》等书有"尹吉甫，房陵人，食采于房，卒葬房之青峰山"等相关记载。二是房县有尹吉甫宗庙、祠、宅院、墓碑等文物古迹。三是尹吉甫事迹在其尹氏家族中传为佳话。据2006年统计，房县有尹姓后代201户、753人，加外迁到房县邻近的丹江口市官山镇、盐池河镇，十堰市茅箭区茅塔乡、郧阳区安阳镇的尹姓，总计406户1546人。许多尹姓家庭都能讲述一些关于老祖宗尹吉甫的传说，并引以为荣。

2009年12月11日，夏传才教授在看了笔者关于"尹吉甫是房陵人"的考证汇报材料后，在来信中说："尹吉甫是西周宣王时代的重臣，于武功文治都建有重大的功业，是对华夏民族发展有突出贡献的历史人物……诗经学是世界性的学术，你们为之作出可喜的贡献。"夏传才特为房县题词"诗经之乡""尹吉甫故里房县"。

## 二、《诗经》中尹吉甫名篇的卓著思想、文化、史学价值

《诗经》，古称《诗》，或《诗三百》，后被儒家尊为经典，称为

《诗经》。《诗经》内容博大精深，涉及历史、文学、民俗、天文、地理、农业、医学、战争等各个方面，堪称西周社会百科全书。2010年4月13日，在德国莱比锡"世界最美的书"评选中，由中国选送的古籍经典《诗经》一举夺魁"世界最美的书"。

## 1. 尹吉甫"天生烝民，有物有则"，是关于物质运动规律的哲学名句

尹吉甫作《诗经·大雅·烝民》，《毛诗序》谓："尹吉甫美宣王也，任贤使能，周室中兴焉。"《烝民》开篇就提出著名论断"天生烝民，有物有则"，《毛传》说："烝，众。物，事。则，法。"朱熹《诗集传》注："烝，众。则，法。"

著名诗经研究专家王守谦、金秀珍所著《诗经评注》里说，"天生烝民，有物有则"这句诗的意思是"上天生下了众民，有事物就有法则"。

"天生烝民，有物有则"一句充满了哲理，是包含哲学思想的名句，受到许多名人的充分肯定、点赞。

我国著名哲学史家张岱年教授研究和考证认为："尹吉甫是老子、孔子之前的哲学家，尹吉甫《烝民》中'天生烝民，有物有则'中的'物'字与老子《德道经》中'有物昆成，先天地生'中的'物'字，在字义上均有'物：事物、万物、物体'之义，两者是有语意语源联系的，也就是说尹吉甫《烝民》中'天生烝民，有物有则'中的'物'字是老子《德道经》中'有物昆成，先天地生'中的'物'字的语意语源。"

## 2. 尹吉甫"民之秉彝，好是懿德"，乃天人合一、和谐社会的语源

《诗经·烝民》开篇第二句曰："民之秉彝，好是懿德。"《毛传》说："彝，常。懿，美也。"朱熹《诗集传》："秉，执。"有人注解此句诗意是："民众是朴实的，通过长期培养教育，可以树立良好风尚，因为人们是向往美好的。"

张岱年先生在《中国哲学中"天人合一"思想的剖析》一文中说："'天人合一'的观念可以说起源于西周时代。周宣王时的尹吉甫作《烝民》之诗有云：'天生烝民，有物有则，民之秉彝，好是懿德。'这里含有人民的善良德性，来自天赋的意义。……这是孟子'性''天'相通思想的来源。"

## 3. "柔则茹之，刚则吐之"，是"刚柔相济"哲学思想的来源，也是武当武术"以柔克刚，刚柔相济"功理功法的语源

《诗经·大雅·烝民》中说"柔则茹之，刚则吐之""柔亦不茹，刚亦不吐。不侮矜寡，不畏强御"。《毛诗正义》曰："柔，犹濡毳也。刚，坚强也。刚柔之在口，或茹之，或吐之，喻人之于敌强弱。"成语词典中已有词条"不吐不茹"。

"柔则茹之，刚则吐之"，在"柔"与"刚"这对辩证的范畴中，既蕴涵用弱守柔、谦下不争、海纳百川等多重"柔"的意蕴，亦涵盖以柔弱为刚强、以刚济柔等多重"刚"的追求。此句表达了"柔"与"刚"的辩证关系，也揭示了"刚柔相济"既是事物的客观规律，又是一种分析和处理问题的方法哲理，这也是武当武术"以柔克刚，

刚柔相济"功理功法的语源。

## 4.《诗经·六月》是中国以诗歌形式描写战争史诗的"鼻祖"

《诗经》名篇《小雅·六月》,写的是尹吉甫奉周宣王之命北伐狁。这是一首记述和赞美西周宣王五年(公元前823年)尹吉甫北伐狁取得胜利的战歌,是我国最早以战争为题材的著名诗章。

当代著名诗经研究专家、中国政法大学人文学院黄震云教授在《伊尹、尹吉甫家世生平和〈诗经〉编订考》一文中认为:"《六月》是尹吉甫留下的主要作品之一。尹吉甫写作《六月》时为元帅,周宣王赞美他'文武吉甫,万邦为宪'。其才略可为万国之法。……实际征伐狁的是尹吉甫。"

著名诗经研究专家林中明先生在《〈诗经〉里的战争与和平》一文中说:"中国《诗经》里数百年的国政战略、文化思想、礼仪歌舞则多半隐藏在有限的字里句间。《诗经·六月》是世界上以诗歌形式描写战争史诗的'鼻祖'。"

## 5.《诗经》曰:"文武吉甫,万邦为宪",文武双全的尹吉甫,是万国学习的榜样

《诗经·六月》曰:"文武吉甫,万邦为宪。"《毛传》说:"吉甫,尹吉甫也。有文有武。""宪,法也。"朱熹《诗集传》说:"吉甫,尹吉甫,此时大将也。"万邦:万国,此指各国。为:犹之。高亨《诗经今注》说:"为,犹之也。"宪:法则,引申为榜样。这两句诗是说:文武双全的尹吉甫,是万国学习的榜样。也有的人注解

为：周宣王时的贤臣尹吉甫文韬武略,是天下诸侯学习的典范。

6.《诗经》曰："吉甫作诵,穆如清风",美如清风,化养万物

尹吉甫擅长歌咏,工于诗赋,精于礼乐,其创作的诗诵,语言精美,犹如清风,成为历代诗人诗歌创作的典章。周朝是一个礼制国家,也是诗的国度。为此,朝廷专门设立了献诗、采诗制度和掌握诗书礼乐的官员——太师,采编《诗》是太师的一项重要职责。《诗经》作为周朝教科书,在上下五百年间,不同时代有不同主编,尹吉甫是周宣王时代《诗经》的总编纂者。

国学大师、著名历史学家范文澜先生在《中国通史简编》中说:"春秋时期,诗三百篇是各国贵族们学习政治的一种必修科目,不懂得诗就无法参加朝聘盟会那种大事。诗是两周诗歌的名篇选集,富于生活的描写,文学价值最高,为后世创造性文学的源泉。"

## 三、从尹吉甫采写诗、编纂《诗经》所作贡献及其名篇影响,尊称尹吉甫为"中华诗祖"当之无愧

诗是文学体裁的一种。祖,可指言行、功业为后世所崇仰和关注的人,也可指某种事业或派别的创始人。可否被称为"诗祖",必须根据其诗歌的创作水平和其诗歌(诗集)对民众和社会的影响及贡献来定。

著名诗经研究专家黄震云教授认为:"什么事物都有一个发展过程的,到了尹吉甫时,诗歌有了系统化的发展,而且尹吉甫对诗歌

的贡献很大,所以我们尊认其为'诗祖'。"

徐悲鸿的弟子、中国楹联学会名誉会长、著名诗人、著名书画家马萧萧特书"中华诗祖尹吉甫故里"。

夏传才教授为《尹吉甫研究》一书作序说:"尹吉甫是中国历史上卓越的政治家、军事家,也是大诗人。从尹吉甫诗作的文采、其名篇思想艺术对后人的影响、他在《诗》编纂成书过程中的贡献等多方面,尹吉甫可称为中华诗祖。"

## 四、古籍所记尹吉甫,国宝兮甲盘乃重要物证

### 1.古籍中有许多记载

史载尹吉甫辅佐周宣王46年,位列六官之首,又是周宣王时期《诗经》的总编纂者。有的人说,为何古籍《史记》中没有记载其人?

对此笔者细读司马迁百余万字的三家注《史记》,查找"诗""诗云""诗曰"(《诗经》古称《诗》,以后才被儒家奉为经典,称为《诗经》),计有上百个引用之处。如"诗不云乎,'薄伐狁狁,至于太原','出车彭彭,城彼朔方'。"此二句"索隐"分别注:"薄伐狁狁,此小雅六月诗,美宣王北伐也。薄伐者,言逐出之也。""小雅出车之诗也。"《史记·太史公自序》:"诗三百篇,大抵贤圣发愤之所为作也。"《史记》中记载了不少《诗经》之典故,而《诗经》中《烝民》《六月》《崧高》等名篇中记载有尹吉甫,况且在西周时号称八百诸侯之国,不可能诸侯国王及重臣都有传记。东汉时期史学家班固编撰的《汉书》,以及《春秋左传正义》、明嘉靖《湖广通

志》、《郧阳府志》、《十堰通史》、《十堰文物志》等皆有记载。由此可证,历史上有尹吉甫其人是毋庸置疑的!

**2.国宝西周青铜器兮甲盘是尹吉甫的重要物证**

西周时代青铜器兮甲盘,系周太师尹吉甫掌政执法的遗物。兮甲盘制作于西周宣王五年(公元前823年),因由西周太师尹吉甫制作和使用,故以作者号兮甲,字吉父,一作吉甫,盘上金文作"兮甲""兮伯吉父",而称之为"兮甲盘"。兮甲盘记载了兮甲吉甫遵王命,克敌执俘凯旋,以及宣王又命兮甲吉甫东去成周(洛阳)掌政执法,责令四方交纳粮赋,如果被征服的部族不服从,则"即刑扑伐"等事。

清代著名文史和考古学家王国维在《兮甲盘跋》注释中认为,兮甲盘中'兮伯吉父'便是《诗经·小雅·六月》中"文武吉甫""吉甫宴喜"中的"吉甫"。郭沫若《殷契粹编》第55片《考释》载:"西周奴隶主贵族称淮夷为'畮(贿)人',意思就是向王朝交纳布帛贡赋的奴隶或族人。"著名的学者包括陈介祺、罗振玉等对兮甲盘都有著述。

2014年11月7日至11日,流落海外多年的兮甲盘归国后,在武汉举行的首届中国湖北文化艺术品博览会上首次亮相,引起海内外关注。中国文物信息咨询中心文物鉴定室主任张习武介绍说,经多位权威专家鉴定,该兮甲盘是真品无疑。综上所述,兮甲盘是证明尹吉甫真实存在的重要实物,是我们国家国宝重器中的重器。

### 3.地方志、故事文赋等有大量记载，另有文物古迹

（1）史志古籍有大量专门记载

据明万历六年（公元1578年）《郧阳府志》（卷二十五·人物）载："尹吉甫，房陵人，周宣王时太师，食邑于房。诗人为六月之章歌之，列于小雅。卒葬房之青峰山，今碑坟在焉。"据清同治庚午年重修《郧阳府志》（卷一·古迹）载："尹吉甫宅，房县南，去庐陵王城一里。尹吉甫墓，房县城东九十里，墓祠在焉，有碑脱落。"

（2）不少书籍有相关记载

根据唐宪宗时宰相李吉甫命林宝修撰的《元和姓纂》的记载，上古周宣王有个贤臣叫尹吉甫，他的支庶后代以祖字为姓，世代相传姓吉。舒新城主编《辞海》（中华书局，1947年）"尹吉甫"："周房陵人，宣王修文武大业，进迫京邑，奉命北伐，逐之大原而归。"此外，《十堰通史》《十堰文物志》等书对尹吉甫也有记载。

（3）房县有尹吉甫宗庙——古代西周石窟建筑，原名石窟、石屋，尹天官庙，亦称宝堂寺

何谓宝堂寺？宝，《说文解字》："珍也。"《诗经·大雅·桑柔》曰："稼穑维宝。"《诗经·大雅·崧高》曰："以作尔宝。"也指帝王的印信，借指帝位、宝座。登大宝，就是皇帝登基。堂，《说文解字》："殿也。"段玉裁注："古曰堂，汉以后曰殿。"寺，《说文解字》："廷也，有法度者也。"王逸《楚辞章句·远游》："集重阳入帝宫兮。"注云："得升五帝之寺舍也。"刘士林教授在《中国诗性文化》中说，"寺"也就是中国历史上最初的"明堂"。中南民族大学赵辉先生在《诗与寺字研究》中说，寺因原始宗教而名，最早为神

坛。《周礼·考工记》载，周天子居住的地方为明堂。在古代，只有地位显赫的人才有资格修建规模宏大的宗庙。西周太师尹吉甫是宣王之师，又是北伐猃狁的领兵元帅，且身为太师，是六官之首，所以才有资格修建规模宏大的宗庙。

房县有尹吉甫宗庙、祠、碑、宅、墓等文物古迹，充分证明尹吉甫其人的真实存在。《诗经》中的相关民歌仍在千里房县传唱，房县历代不少官员文人赋诗赞颂周太师尹吉甫，尹吉甫的故事在房县传为佳话。房县有尹姓后裔代代传颂尹吉甫，引起专家学者研究和高度评价尹吉甫，对此，新华社、人民日报、中央电视台、中国新闻社和省、市新闻媒体纷纷采访报道，令房县和尹吉甫红遍网络。

综上所述，史证、书证、物证、谱证俱全，尹吉甫不仅真实存在，而且尹吉甫之名及贡献，确确实实可敬、可颂、可流芳百世矣！

袁正洪

写于二〇一八年八月十六日

二〇二二年五月十八日修改

# 目录

## 第一章
**吉甫先祖　黄帝后裔　吉为本姓　尹为官姓**　　001
 一、尹吉甫本姓姞（吉），是黄帝后裔　　003
 二、尹姓为官姓，亦是封姓　　004
 三、尹姓称尹吉甫为西周先祖之一　　005

## 第二章
**祖辈迁徙　彭国房陵　兮甲吉甫　石门沟生**　　008
 一、姞姓鄂国由沁阳迁鄂　　008
 二、尹吉甫的祖辈从湖北鄂州迁到房陵　　009
 三、房陵古为房子国及彭国　　009
 四、尹吉甫诞生于万峪河石门沟　　010

## 第三章
**押贡进京　吉甫狩猎　展示武术　勇救宣王**　　012

## 第四章
**诗经六月　吉甫北伐　征战猃狁　获胜受奖**　　017

## 第五章

### 吉甫奉命　淮夷征赋　安邦强国　宣王中兴　　021

一、《诗经·大雅·江汉》，王命召虎征服淮夷　　022

二、《诗经·大雅·常武》，王命尹吉甫淮夷征赋，安邦强国　　023

三、尹吉甫淮夷征赋，国宝兮甲盘为证　　024

## 第六章

### 天生烝民　有物有则　民之秉彝　好是懿德　　027

一、天生烝民，有物有则，物质运动，规律法则，
哲学经典，名家点赞　　028

二、民之秉彝，好是懿德，天人合一，乃和谐社会语源　　029

## 第七章

### 文武吉甫　万邦为宪　以柔克刚　刚柔相济　　032

一、《诗经·六月》中高度称赞"文武吉甫，万邦为宪"　　032

二、颂吉甫石碑，允怀文武略，谁嗣奏肤功　　035

三、"柔则茹之，刚则吐之"，是"刚柔相济"哲学思想的来源　　035

## 第八章

### 吉甫作诵　穆如清风　其诗孔硕　化养万物　　037

一、太师吉甫，工于诗乐，擅长歌咏　　037

二、吉甫作诵，穆如清风，化养万物　　038

三、以诗评诗，以文自誉，影响深远　　038

## 第九章

**西周太师尹吉甫是西周宣王时期《诗经》的总编纂者**    042

    一、周朝有采诗制度    042

    二、周朝有献诗制度    044

    三、周太师亦是负责采编《诗经》的乐官    045

    四、太师吉甫，编纂《诗经》，影响深远    047

## 第十章

**哀哀父母　生我劬劳　旱魔传书　舍粥救民**    050

## 第十一章

**宣王托孤　精忠报国　吉甫论道　人定胜天**    057

    一、尹吉甫"天定胜人，人定亦胜天"思想的提出    057

    二、释义"天定胜人，人定亦胜天"蕴涵的辩证哲学思想    058

    三、尹吉甫提出"民之秉彝，好是懿德"与"天定胜人，
　　　　人定亦胜天"，颇具哲理    061

## 第十二章

**太师吉甫　房陵人考　平遥南皮　征战史迹**    063

    一、太师吉甫　房陵人考    063

    二、吉甫北伐　驻平遥考    076

    三、吉甫河北　南皮传说    077

    四、吉甫伯奇　泸州传说    080

**第十三章**

**民间故事　赞尹吉甫　传奇动人　世代相传**　　　　085

　一、房陵东乡　老人坪村　天官吉甫　诞生故事　　085

　二、古上巳节　雎水赛歌　兮甲姜凤　夺冠定亲　　089

　三、太师吉甫　编纂《诗经》　荼（茶）的故事　　103

　四、吉甫长子　仲氏所生　孝子伯奇　传说故事　　117

　五、太师吉甫　胜仗回乡　修筑宗庙　光耀先祖　　122

　六、太师吉甫　传十二座　天官之坟　民间故事　　127

　七、祖宗之案　苦争五年　八旬老妪　家谱定胜　　132

**第十四章**

**编纂《诗经》　影响深远　中华诗祖　当之无愧**　　136

　一、尹吉甫是《诗经》中少有的已知名的作者　　137

　二、尹吉甫是周宣王时期《诗经》的总编纂者　　137

　三、老子、孔子、屈原、李白等文化名人受到了《诗经》的

　　　深刻影响，尹吉甫是早于他们的文化先贤　　138

**第十五章**

**西周太师　编纂《诗经》　吉甫著称　十大名家**　　143

　一、伟大诗人　　143

　二、思想家　　144

　三、政治家　　145

　四、军事家　　146

　五、哲学家　　147

　六、文学家　　147

- 七、音乐家 149
- 八、武术家 151
- 九、尹吉甫是有实物为证和文字记载的最早的税务高官和最早的市场管理高官之一 152
- 十、西周太师尹吉甫在教育、书法、社会历史方面也十分有名 153

## 第十六章
### 千古《诗经》 古今诗画 楹联文赋 歌颂吉甫 155
- 一、《诗经》中赞颂尹吉甫的诗作 155
- 二、古代文人赞誉尹吉甫的诗文 159
- 三、当代歌颂尹吉甫的诗联 160
- 四、赞颂《诗经》和尹吉甫的楹联选 165
- 五、文赋 168

## 附录一
### 尹吉甫掌政执法的国宝青铜器兮甲盘考 171
- 一、兮甲盘的产生及流传 172
- 二、兮甲盘铭文考 175
- 三、流传民间的兮甲盘的真假之别 177
- 四、流落海外多年的"兮甲盘"归国后亮相武汉 178
- 五、兮甲盘拍卖，成交价2.13亿元 181

## 附录二
### 《诗经》首篇《关雎》与尾篇《殷武》都写在尹吉甫故里房陵考 183
- 一、房陵是雎山雎水之乡 184

二、《诗经》尾篇《殷武》写在房陵　　　　　　　　　　187

　　三、千古《诗经》民歌至今在千里房县传唱　　　　　　188

## 附录三
## "非遗"项目申报·电视专题片《尹吉甫传说》解说词　　190

## 附录四
## 吉甫编《诗》　最早记茶　茶古称荼　汉茗唐茶　　　　201

　　一、茶古称荼，《诗经》七首，考古茶树，历史久远　　202

　　二、"谁谓荼苦？其甘如荠"，千古误释，荼非苦菜　　205

　　三、"有女如荼"，荼非白茅，茶花喻女，美胜茅花　　207

　　四、"采荼薪樗，食我农夫"，砍柴炒制，秋茶好喝　　210

　　五、"予手拮据，予所捋荼"，茅花揉巢，茶枝可捋　　211

　　六、"周原膴膴，堇荼如饴"，夸张喻美，堇荼非甜　　212

　　七、"民之贪乱，宁为荼毒"，茶之味苦，引申之意　　213

　　八、"以薅荼蓼"，毁林兴粮；"荼蓼朽止"，沤肥之源　　214

　　九、《诗经》溯茶，挖整道茶，文化名茶，享誉全国　　215

## 附录五
## 吉甫故里　诗酒之乡　展现房陵　民俗风情　　　　　　217

　　一、房县是诗经之乡，亦是千古黄酒之乡　　　　　　218

　　二、《诗经》中的酒文化内容极其丰富　　　　　　　　221

　　三、酒乡房县传承来自《诗经》的酿酒工艺　　　　　　223

　　四、房县沿袭《诗经》中的酒规、酒德　　　　　　　　225

　　五、诗祖故里传承诗乡酒乡民俗风情　　　　　　　　　229

## 附录六
国务院关于公布第四批国家级非物质文化遗产代表性项目名录的通知     235

## 附录七
十堰市"历史名人活化工程"项目《尹吉甫传》·转化形式·策划方案课题研究     237

  一、中华诗祖、西周太师尹吉甫是十堰市享誉世界的生态文化旅游的知名品牌     237

  二、底蕴深厚的诗祖尹吉甫故里有相关文献和文物古迹     241

  三、以诗经尹吉甫文化构筑生态文化旅游支柱产业，优势巨大     246

  四、十堰市所辖各县（市、区）的诗经尹吉甫文化内涵十分深厚     250

## 附录八
十堰市"历史名人活化工程"项目《尹吉甫传》·活化项目·策划方案课题研究     253

  一、弘扬中华优秀传统文化，《诗经》意义重大     253

  二、中华诗祖尹吉甫文化博大精深，蕴藏极其丰富     256

  三、十堰市"历史名人活化工程"项目《尹吉甫传》·活化项目·策划方案     258

  四、活化思想观念，强化"历史名人活化工程"项目实施方案     266

  五、《尹吉甫传》·活化项目·策划方案宣传语     271

**附录九**
尹吉甫年表　　　　　　　　　　　　　　　　274

代跋　　　　　　　　　　　　　　　　　　　286

**后记**
愿诗祖故里诗经之乡房县享誉世界　　　　　291

# 第一章
# 吉甫先祖　黄帝后裔　吉为本姓　尹为官姓

考究尹吉甫先祖之姓，则要简单了解一下我国姓氏起源。古传中国人在三皇五帝（距今五六千年）以前就有了姓。姓的形成最先因人类处于原始母系社会，妇女处于主要支配地位，实行群婚制，因此后代只知其母，不知其父，故"姓"为"女"所"生"。

据考古资料表明，在已出土的西周青铜器铭文中，可明确考定的姓不到30个，但不少带有"女"字旁，如姬、姜、姞、妊、姒、嬴、妘、嫺、嫪、妫、嫣、媛、姚、隗、娲、婢、妃、好、娍等，这正如《说文解字》所言，姓，"从女从生"。

相传伏羲氏为了避免血亲通婚，实现优生繁衍，发明了姓，自己取姓为"风"，因此"风"为中华第一姓。传说我国远古社会的各个氏族都有不同的姓，例如，黄帝是姬姓，炎帝是姜姓，少昊是嬴姓，太昊是风姓。

后来随着社会发展，父系氏族社会代替母系氏族社会后，即产生了姓氏。"氏"可谓是"姓"的派生，这是因为随着母系氏族社会人口的自然繁衍，就有了氏族分家的需要。当母系氏族需要分家时，往往是由一个强有力的男性率领一部分氏族成员搬迁到新的地方安营扎寨,他还保留着原氏族的姓,但为了将这一新氏族与原来的同姓氏族区别开来,就需要为这一新氏族重新命名,这就是氏。氏的诞生要比姓的产生迟一两千年。在夏、商、周时,普遍使用姓氏,但氏同而姓不同者,婚姻可通;姓同而氏不同者,婚姻不可通。随着社会的发展,从"姓"派生出来的"氏",逐渐有了多种来源,有的以姓为氏,有的以国名为氏,有的以邑名为氏(邑即采邑,是帝王及各诸侯国国君分予同姓或异姓卿大夫的封地。其后代或生活在这些采邑中的人有的便以邑名为氏),有的以先人的字或名为氏,有的以所赐官职为氏等,特别是秦始皇统一天下后,以郡县制取代周朝的裂土分封制,原先周天子所分封的氏就丧失了作为地位和权力象征的作用,而成为单纯的家族血缘关系的标志。这样一来,氏就转变成了姓,从而出现了以氏为姓、姓氏合一的制度,代代相传,一直延续到今天。

从姓氏起源考究尹吉甫先祖之姓,主要有四种说法:据说尹吉甫本姓"姞"("吉"),与姬姓同宗同祖;亦说尹是官姓,吉甫入朝做官后,赐为"尹"姓;有的说他是黄帝后裔;有的说他是商汤名相伊尹之后……

尹吉甫与姬姓、尹姓、姞姓(吉姓)之间有什么关系?尹吉甫与周朝国姓姬姓及与周宣王姬发有何关系?尹吉甫被称为"尹公",尹是官姓,他何以又是姞姓(吉姓)?兮甲盘载尹吉甫名为"兮伯吉父",又是为何?他何以被吉姓称为先祖之一?其籍里、故里又何以在房县?弄清上述问题之间的关系及其故里何以在房县,对于研究诗经文化、先秦文化及《诗经》中少有的已知名的作者周太师尹吉甫这一伟大历史人物等方面多有帮助。为此,我们通过查阅古籍和考证姓氏渊源等，研究得出关于尹吉甫的姓，主要有以下几点结论。

## 一、尹吉甫本姓姞（吉），是黄帝后裔

据湖南省图书馆典藏《青山彭氏敦睦谱》（卷一·宗系）载："黄帝生二十五子，依序为：娶西陵氏生昌意、玄嚣、酉、祁、冯夷、滕等六子，娶方雷氏生龙苗、葳、荀、休、清、采等六子，娶雕鱼氏生夷鼓、挥、缙云、乔伯、姞等五子，娶鬼方氏生苍林、禺阳、儇、詹人、衣、禺（貓）、累祖、白民等八子，一女曰晔。"

据吉家林、吉世芳、吉正祥先生主编的《中华吉氏文化与族谱精华》，"随着黄帝姞姓之子的后代子孙繁衍，其后裔……分家成若干以姞为姓的氏族。按古籍文献和上古文明出土文物之二重证据，这些以姞为姓的方国有：姞姓雍国（今陕西凤翔西北雍水边）、姞姓南燕国（今河南延津东北）、姞姓鄂国（先在河南沁阳，西周之初时迁徙至湖北鄂城）……姞姓蔡国、姞姓偪国、姞姓郅国等。"唐代著名古籍专家、学者孔颖达曾在其注释里说："南燕国，姞姓，黄帝之后也。小国无世家，不知其君号谥。"

据史料记载，夏商时期，黄帝的姞姓子孙被封在鄂国，为诸侯国。商末，鄂侯在朝中为大臣，与西伯侯姬昌、九侯并列为三公。商纣看中了九侯的女儿，娶为妃子。但九侯的女儿性情端庄，不愿陪伴纣王做那些荒淫无耻的勾当，纣王一怒之下，杀死了九侯父女，还把九侯做成肉酱。鄂侯见九侯死得冤枉，便同纣王据理力争，结果也被杀死。西周初年，鄂国的故地被晋所并，遗族南迁到河南南阳北的沁阳，仍叫鄂国。春秋中叶，因受楚的威胁，又南迁到今湖北鄂州市城区东，仍叫鄂国。

西周中期，周夷王在位时势弱，楚国趁机图谋不轨。楚国国君熊渠等诸侯不来朝贡，而且互相攻伐。公元前880年，周夷王去世，其子姬胡继位，是为周厉王。公元前879年，楚王熊渠灭鄂国，封其中子熊红为鄂王，都城在今湖北鄂州市城区东。被灭鄂国的一部分民众西迁到紧邻湖北西北部的河南南阳，一部分迁到鄂西北彭国房陵。尹吉甫的祖辈就是从湖北鄂州地区迁到房陵东乡（紧邻河南南阳的古均州）的。尹吉甫的祖辈迁到房陵东乡后，生子、为之娶媳。公元前852年，尹吉甫的母亲生了尹吉甫。

## 二、尹姓为官姓，亦是封姓

《诗经·小雅·节南山》载："赫赫师尹，民具尔瞻。""尹氏大师，维周之氐。"

《礼记·檀弓》载："工尹商阳。"工尹就是工官之长；《礼记·月令》提到的奄尹，是宦寺之长；《杂记》里所说的里尹，则为一里之魁首。

《毛传》曰："师，太师，周之三公也；尹，尹氏，为太师。"

东汉应劭《风俗通义》记载："师尹，三公官也，以官为姓。周有尹吉甫。"

东汉王符《潜夫论》卷九载："尹者，本官名也，若宋有太师，楚有令尹、左尹矣。尹吉甫相宣王有大功绩，诗云，尹氏太师，维周之底也。"

唐林宝撰《元和姓纂》卷六载："尹：少昊氏之子，封于尹城，因氏焉。风俗通云，师尹，三公官也，以官为姓。汉尹咸、尹赏、尹齐，后汉尹敏，晋尹奉。"

吉家林所著《吉姓由来解说》介绍："吉甫出生于房陵。因吉甫在西周宣王时曾任'师尹（太师）'之职，故史书和姓氏谱牒中多称之为'周尹吉甫'或'尹吉甫'，而《诗经》中则称之为'吉甫'或'师尹'。"

尹姓为官姓，亦是封姓。据舒新城主编《辞海》考释：周宣王于公元前828年继位之后，修文武大业（重振文王武王开创的大业），任用贤臣。吉甫作为彭国使者向周天子进献常例贡品，宣王了解到吉甫的文才武略，他又是黄帝后裔，便留他在国都镐京（今陕西西安市南部韦曲西北）做辅臣。周宣王五年（公元前823年），猃狁内侵，逼近京邑，宣王命吉甫率军北伐，反攻至大原（在今宁夏固原市）而归。平定西北后，宣王又派吉甫驻成周（洛阳），令四方交纳贡赋，对不愿称臣纳贡的南淮夷部落予以通告警示，要求其交纳币帛、粮食、奴隶等，否则就要武力征伐。这些事件都记载在尹吉甫遗物兮甲盘上。战功赫赫的吉甫深受宣王赏识，被赐官"尹氏"，任为太师，又称"师尹"，辅佐朝政。吉甫不但会带兵打仗，而且擅长写诗，很多诗受到宣王赞赏，并令司乐官署诵唱。后来，其嫡系子孙以"尹"为姓氏。

## 三、尹姓称尹吉甫为西周先祖之一

江苏省东台市民俗文化研究会副会长吉家林在《吉姓由来解说》中介绍：吉甫的后代分为吉氏和尹氏，按姓氏谱牒资料中吉氏族谱和尹氏族谱的记述，吉甫的嫡系后代以"王父"之官职"尹"为氏，吉甫的庶系后代以"王父字"——"吉"为氏。《诗经·小雅·都人士》："彼君子女，谓之尹吉。"我们认为，《诗经》中的这一篇的确是吉甫本人所作，这两句诗也恰恰点明，吉甫的后代谓之尹氏和吉氏了。吉甫在《诗经·小雅·都人士》中记述自家后代的姓氏，这就是原始凭证。

清代湖南梦鹿堂《吉氏家乘》"重修族谱序"和"远祖源流图"中的记述更为详尽：①我族系出周卿吉甫，其子伯奇居于冯翊，尊字为氏，其得姓有自来矣。秦汉而下，英哲挺生，或以忠孝称，或以节义显，或以才名著，旧序记载甚详。②我族自伯奇尊王父字为氏，历秦汉唐宋元明诸朝，贤才辈出。③吉甫，少昊（少昊名挚，是黄帝的后裔）之后，仕周为卿士，兼内史，掌策命，文藻武功烂然。伯奇，甫子，居冯翊；事后母至孝，被谗放野；后尊王父字为氏，此吉所自始也。

据尹氏族史研究所2006年10月所编《尹氏研究通讯》（第61期）中"尹姓宗祠四言通用联"记载："中兴良辅"和"文武兼优，万邦为宪"。"中兴良辅"即指周宣王时大臣尹吉甫，当时猃狁进逼到泾阳，他率军反攻到大原而归；又奉命在成周（洛阳）负责征收南淮夷等族的贡赋；佐助宣王中兴，成就文武大业。"文武兼优，万邦为宪"的上联指周宣王贤臣尹吉甫，辅宣王中兴，修文武大业。时猃狁内侵，逼近京邑，命他北伐，逐至大原而归。通过考证，我们可以清楚地知道西周太师尹吉甫与姬、吉、尹三姓的渊源。"姬"姓与"姞"姓源出于黄帝；吉姓源于"姞"，尹吉甫是"姞姓鄂氏"的后裔。有人称尹吉甫为"尹公""师尹""太师"，尹是尹吉甫的官职，为周朝三公官，故后人也以其官为其氏称。

尹吉甫宗庙一角：通往上层石殿的石阶

## 第二章
## 祖辈迁徙　彭国房陵，兮甲吉甫　石门沟生

### 一、姞姓鄂国由沁阳迁鄂

据吉家林、吉世芳、吉正祥先生主编的《中华吉氏文化与族谱精华》："随着黄帝姞姓之子的后代子孙繁衍，其后裔在先秦时就已建立了不少以姞为姓的方国，并分家成若干以姞为姓的氏族。按古籍文献和上古文明出土文物之二重证据，这些以姞为姓的方国有：姞姓雍国（今陕西凤翔西北雍水边）、姞姓南燕国（今河南延津东北）、姞姓鄂国（先在河南沁阳，西周之初时迁徙至湖北鄂城）……姞姓蔡国、姞姓偪国、姞姓邳国等。"

据史料记载，夏商时期，黄帝的姞姓子孙被封在鄂国（今山西乡宁县），为诸侯国。商末，鄂侯在朝中为大臣，与西伯侯姬昌、九侯并列为三公。西周初年，鄂国的故地被晋所并，遗族南迁到河南南阳北的沁阳，仍叫鄂国。春秋中叶，因受楚的威胁，又南迁到今湖北鄂州市城区东，仍叫鄂国。

## 二、尹吉甫的祖辈从湖北鄂州迁到房陵

西周中期,周夷王在位时势弱,楚国趁机图谋不轨。楚国国君熊渠等诸侯不仅不来朝贡,而且互相攻伐。公元前880年,周夷王去世,其子姬胡继位,是为周厉王。公元前879年,楚王熊渠灭鄂国,封其中子熊红为鄂王,都城在今湖北鄂州市城区东。被灭鄂国的一部分民众西迁到紧邻湖北西北部的河南南阳,一部分迁到鄂西北彭国房陵。

## 三、房陵古为房子国及彭国

《竹书纪年》载:"(唐尧)一百年,帝陟于陶。帝子丹朱避舜于房陵,舜让不克,朱遂封于房,为虞宾。"宋欧阳修《唐书·宰相世系表》载:"舜封丹朱于房。"明陈士元《论语类考》卷七载:"尧娶富宜氏,生朱,朱傲,使出就丹。尧崩,舜封朱于房,为房侯,谓之虞宾。夏后封之唐。"

彭国,是夏朝的一个方国,其封地在彭,也叫彭城。彭国国力强盛,被人们称为"大彭国"。商代武丁时期彭国曾遭受灭国之灾(《竹书纪年》称武丁四十三年"灭大彭"),其后裔以国为姓,四散迁徙,其中向西迁移的一支几经辗转,一度迁移到古房陵(今房县)和今襄阳的谷城县一带,在南河-彭水流域建立了一个不为当时朝廷承认的小方国,这个小方国仍沿袭祖上的称号,称彭国。彭水在房陵东乡榔口(今尹吉甫镇)与安阳河交汇,称南河。后彭国逐步强大起来。周武王伐纣,彭国成为《牧誓》中所说的"西土八国"

之一。西周建立后,因彭是西周王朝的盟国,其国得以延续。彭以伯为爵号,受到西周王朝的重视。

## 四、尹吉甫诞生于万峪河石门沟

《湖北省房县地名志》(1984年6月版)记载:"石门沟,以谷内两巨石似门取名。"石门沟距碾盘湾1.2公里,距老人坪3公里。尹吉甫的祖辈迁到房陵东乡的青峰山万峪河老人坪石门沟后,生子、为之娶媳,世代繁衍。公元前852年,尹吉甫的母亲生了尹吉甫。

吉甫是家里的长子,名叫兮甲吉甫,或兮伯吉父,简称兮甲或吉甫。甲和伯都是老大的意思,"甫"通"父",是古代对男性长辈的通称。吉甫兄弟七人。《诗经·凯风》曰:"凯风自南,吹彼棘心。棘心夭夭,母氏劬劳。……有子七人,母氏劳苦。"这句诗是说:温暖的和风从南方吹来,吹到小枣树苗上,小枣树苗长得又嫩又旺盛,就像母亲辛勤养育子女。据著名诗经研究专家李辰冬先生所著《诗经研究》(第394页),诗人以凯风比母亲,以棘心比七子;棘心不得凯风的温暖,不能旺盛;七子不得母亲的温暖,不能成长;母亲真是太辛苦劳累。李辰冬先生认为:"这首诗是尹吉甫从方山南征淮夷时思念母亲之作。"并在《诗经通释》(上册)第422页载:"尹吉甫的兄弟七个人。"

吉甫的父母和爷爷奶奶为了培养兮甲吉甫,决定由兮甲的父母带着孩子搬到房陵城南阅马山下的炳公祠附近居住。为何选住炳公祠附近?炳,明也。炳若日星,即光明如同日月星辰。炳若观火,形容看得清楚明白。又含彪炳千古之意,形容伟大的业绩流传千秋万代。又意为炳炳烺烺,即光亮鲜明,形容文章辞采声韵之美。当地很多人祭拜炳公祠。而兮甲的爷爷和二爹、三爹等仍住在石门沟。兮甲每年都要从城里到东乡石门沟老家的爷爷家玩。

自古以来,房陵东乡石门沟及城南炳公祠流传着尹吉甫诞生及读书、学诗、练武、狩猎、采茶(荼)、挖药等许多故事。

房县西关尹吉甫万寿宫里的"文王访贤"石雕画

# 第三章
## 押贡进京　吉甫狩猎　展示武术　勇救宣王

房县古时曾为彭国域地,毗邻庸、蜀、微、卢、濮,是参与武王伐纣的"西土八国"之一。据有关历史文献的记载,房县古为梁州城,西周以前为彭部落方国,春秋属麇、庸二国之地,战国时为房陵,属楚。彭国是夏代初年就已经出现并延续到商代乃至西周的一个古方国。据《汉书·地理志》记载:"筑水出汉中房陵,东入沔。"筑水又名彭水,彭水来源于彭国。彭国为商、西周方国,初在今甘肃庆阳市境,后移今湖北房县。据彭姓族谱和有关彭国的资料介绍,彭祖篯铿在夏朝初年被封于彭城并建立彭国。

公元前1301年,因商王朝腐败混乱,大彭国与其同宗同族的姬姓后裔所建立的豕韦国宣布独立。商王武丁率王师出兵征讨,先后灭掉了大彭国和豕韦国。两国后裔以国为姓,四散迁徙,其中西迁的一支几经辗转,从现在的甘肃庆阳迁徙到今十堰市的房县和今襄阳市的谷城县一带,在房县南河及彭水流域建立了一个彭部落方国,并沿袭祖上的称号,自称彭国,后参与武王伐纣。《中国古今文化常识》第三篇"地理"中也指出"彭在西周时是指今湖北房县谷城间"。

彭国参与武王伐纣有功,对周天子也十分尊崇,彭国不忘西周朝廷封彭祖为伯爵之恩,年底以礼(山珍)赠送周朝。房陵与镐京远隔千山万岭,途中有猪熊虎豹之猛,同时为防匪患打劫贡品,需要勇武得力之人押贡进京。

相传,吉甫十九岁时,被彭国选为勇武之人,押送贡品到镐京,后来被宣王留京,随同天子狩猎。

打猎是周宣王的一大爱好,也是古代帝王选拔勇武人才的一种方式。出发时,宣王佩甲带剑、乘坐銮车,随同的武士们,有的执短戈长戟,有的扛弯弓背弩,有的佩长剑大刀,有的扛斧钺虎杖。而吉甫身着虎皮衣,腰里系了根绳子,围腰系了一串近八斤的青铜圆球,脖子上还挂了一根绳子,系了一串重达十几斤的青铜大圆球。

随同的武士们不禁好奇地问吉甫:"你这绳子和圆球能打猎吗?"吉甫说:"这叫流星球,也叫'飞锤',是彭国人用来打猎的工具。流星球有单流星球和双流星球两种,单流星球绳索长一丈五尺,末端套于手,另一端系一个碗大或鸭蛋大的青铜球;双流星球绳长八尺,两端各拴一个青铜球,有的流星球上还有青铜钉,似狼牙状,亦称流星狼牙球,投出去不仅可以击死野兽,而且可以用来打仗,能套住人颈、马腿,令敌人俯首就擒。"流星球飞速旋转,飞箭剑戟不入;大的流星球,亦可挡转或带回对方的器物。吉甫还讲了一些使用流星球打猎的故事,武士们一个个听得兴奋不已。

一路上,驭车手使尽驾驭之巧,善射者尽显骑射之能,以图宣王的欢心和褒奖。大家兴致勃勃,谈笑风生,很快到了猎场野猪岭。

何谓野猪岭?猪,甲骨文中写作"豕",猪形,长吻大腹,四蹄,有尾,本义猪,豕彘也。《诗经·小雅·渐渐之石》篇:"有豕白蹢。"成语"封豕长蛇""狼奔豕突""鹿驯豕暴""豕分蛇断"等，都说豕兽之凶悍。后经驯养为猪。在房县，民间有俗话说"一豕（猪）二熊三老虎四豹子"，尤其是野猪，长有两根獠牙，凶悍，动作迅猛，成群行动，就连雄狮、虎、豹亦不敢撄其锋。

且说这野猪岭系大高山平原，草食丰富，野兽繁多，原被虎豹占山为王，故称老虎岭；后来野猪驱走了虎豹，占山为王，则又叫野猪岭。野猪岭古木参天，高山平原上，野果野草茂盛，野猪成群上千，成为野猪的乐园。由于野猪凶悍，猎人不敢来此地巡猎。

一行人正在津津有味地听吉甫讲述他的打猎故事，忽见前面山梁上有一群黑乎乎的动物在觅食，缓缓向前拱动，那为首的既像一头水牛，又像一头象，仔细一看，却是一群野猪，领头的野猪足有千斤重。进山向导、当地猎人说："一猪二熊三老虎四豹子，野猪比老虎豹子还厉害，它的两个獠牙胜似两把刀，老虎豹子见了都望风而逃。人若猎猪，野猪发威，不仅会拱得人仰马翻，还能把人的肠子肚子拱破，所以我们这山里遇见成群野猪要智躲，不要打它，否则野猪发威，人命难逃。"但话音未落，一名武士朝野猪放了三箭，伤了几头野猪，引起野猪王警觉，带群猪下山，直朝猎队狂奔而来，情况十分危急。

猎猪先猎王。说时迟那时快，只见吉甫从腰间取出一个流星球，旋转几周，呼地一下，如放响箭，击中百步之外山上的野猪王，野猪王咆哮如雷，一头撞在一棵大树上，其他一些野猪在武士们密集的乱箭下，死的死，逃的逃。

谁知，野猪王在垂死挣扎之时，獠牙一下拱倒一棵大树，大树撅根，又将树根前两丈多高、三尺粗的岩柱翘起，直往山下砸来。飞来巨石正朝宣王銮车接近，在这千钧一发之际，吉甫又拿出流星球，呼呼旋转，加速到最大冲击力，对准坠落的岩柱，一甩手飞去，火花四溅，岩柱如遭雷劈被击成两截，由于流星球的冲击猛烈，坠落的岩柱竟向旁移了三尺之远。

好险！好险呀！周宣王受惊不小，幸亏吉甫的武功高强，流星球撞击力巨大，才有惊无险。

武士们都围上来，观看断成两截的岩柱，因六个武士搬不动一截，都惊奇不已，问吉甫："你这流星球是什么做的，竟有雷霆万钧之力？"

吉甫说："我老家房陵景山多青铜矿，这流星球是采用景山之矿石，千锤百炼，九冶精制而成，坚硬无比。房陵青峰河谷的冰臼石，连铁锤钢针都打不破，而用流星球一打，就被击得粉碎。"

"这流星球功夫是怎么练的？"武士们问。

吉甫说："舞动流星球主要是运用肘部、腕部力量，使出飞龙穿雾、流星追月、浪子踢球、狮子抖毛、猛虎跳涧等数十套招式，可用于打猎或击敌，要练得纯熟，须得苦下功夫。"

宣王也惊叹流星球的威力，嘱咐武士们："你们要好好向吉甫学习流星球功法，好好操练，振兴文武大业！"

众武士把所获猎物捆绑起来，满载而归。周宣王更是欢欣无比，这次出猎，所获的不仅是猎物，更是一位武学奇才。

回宫之后，周宣王同吉甫和众武士共进餐。问起吉甫的姓名，吉甫说："卑下吉姓，溯源姞姓，轩辕黄帝二十五个儿子有十四位封姓，只封十二个姓。吾祖辈迁房陵后，姞姓简为吉，我是家中老大，叫兮甲吉父，也叫兮甲吉甫。"

宣王一听，哈哈大笑："太好了，吉（姞）、姬都是轩辕黄帝的后代，寡人姓姬，爱卿姓姞，看来我们是一家人啊！"宴会中吉甫还赋诗歌颂周朝的功绩，周宣王见吉甫的诗赋也很好，便认定他是个文武双全的奇才，就对他说："周朝长期疏于管理，国力衰弱，百废待兴，寡人即位后，欲振兴文武大业，寡人想把你留在镐京，如何？"

吉甫说："我才疏学浅，恐不能担此重任。但王命既出，我愿意留下，为天子效力。"

于是，周宣王就赐吉甫尹官之职，以官为姓，即为尹吉甫，后为卿士、太师，居六官之首，还肩负编纂周朝教科书《诗》之职责。

2010年8月6日夏传才教授（右2）考察尹吉甫宗庙宝堂寺

# 第四章
## 诗经六月　吉甫北伐　征战猃狁　获胜受奖

《诗经》名篇《小雅·六月》是尹吉甫奉周宣王之命北伐猃狁取得胜利的战歌，诗歌通过对这场激烈战争过程的描写，歌颂了周朝主帅尹吉甫的文韬武略、丰功伟绩和英雄风范。这不仅是我国最早以战争为题材的文学作品，是记述战争的著名诗篇，而且也是世界上较早以诗歌形式描写战争的史诗。

《诗经·小雅·六月》，全诗六章，一至四章主要叙述这次战争的起因、时间，以及周军在主帅指挥下所做的迅速勇猛的应急反应。诗一开篇："六月栖栖，戎车既饬。四牡骙骙，载是常服。猃狁孔炽，我是用急。"寥寥数语打破古时"冬夏不兴师"之常规。而今十万火急出师，以猃狁甚炽，其事危急，故不得已而应王命出征，使得正在忙于农事的六月里战报传来，一派刀出鞘、箭上弦、人喊马嘶的紧张气氛。

第二、三章作者转向对周军训练有素、应变迅速的赞叹。以"四骊"之"维则""修广""其大有颙"的强健，以"我服既成"的及时，"有严有翼，共武之服"的严明，及"以奏肤功"的雄心，烘托出主将的治军有方。

第四章作者以对比之法,先写"狁匪茹,整居焦获。侵镐及方,至于泾阳"的凶猛来势;紧接着写周朝军队车坚马快,旌旗招展,"元戎十乘,以先启行"的军威。一场恶战即将开始,至此,紧张的气氛达到了顶峰。

第五章作者凌空纵笔,接连使用了三个"既"字:"戎车既安,如轾如轩。四牡既佶,既佶且闲",描写周朝军队以无坚不克之凛然气势,将来犯之敌击退至靠近边界的大原。尤其是写周朝军队主帅尹吉甫:"薄伐狁,至于大原。"尹吉甫审时度势,进退有节,不穷追也,乃是用兵之策。"文武吉甫,万邦为宪。"宪,法也。非文无以服众,非武无以威敌。能文能武,则万邦以之为法矣。尹吉甫出征北伐狁,一路攻打到大原,收复了失地。文武双全,可谓天下万邦难得的表率!

第六章:"吉甫燕喜,既多受祉。来归自镐,我行永久。"写吉甫征战,建功保朝,受宣王封赏,庆祝胜利。尤"来归自镐""我行永久"说明作者是随军远征,定国安邦。然而笔锋随转:"饮御诸友,炰鳖脍鲤""张仲孝友"。写出了吉甫获荣,不忘将士努力、众人之功的高尚品质,令人敬佩!

《诗经·六月》,是一首记述和赞美周宣王时代尹吉甫北伐狁取得胜利的诗歌,从审美角度统观全诗,这种以追忆开始,以现实作结的方法,使诗充满回味和余韵。

三国时魏国大臣、著名文史学家王肃云:"宣王亲伐狁,出镐京而还,使吉甫迫伐追逐,乃至于太原。"如肃意,宣王先归于京师,吉甫还时,王已处内,故言"与孝友之臣处内"也。

东汉末年儒家学者、经学大师郑玄以为,"吉甫受命,六月北征,即阅士众栖栖然。所简戎车既齐正矣,所乘四马皆强壮骙骙然。"

宋代朱熹《诗集传》称《六月》:"赋也……成康既没,周室浸衰,八世而厉王胡暴虐,周人逐之,出居于彘。猃狁内侵,逼近京邑。王崩,子宣王靖即位,命尹吉甫帅师伐之,有功而归。"

笔者"三十年磨一剑"的研究著作《尹吉甫研究》载:2010年4月23日,房县青峰镇出土清代纪念尹吉甫的石碑,碑文载:"出师宣薄伐,作颂穆清风……允怀文武略,谁嗣奏肤功。"充满了对尹吉甫的赞誉。

《尹吉甫研究》还记载,尹吉甫宗庙的有关碑文载:"夫青峰乃古周朝名宦尹吉甫……山西而至此,久隐山房旁四野,朝夕留心而方得乎此也,峰峦优雅,辐辏四围,龙脉萦纡……"这说明尹吉甫从山西平遥征战猃狁打胜仗后,回籍里选址建家庙以耀祖。这对研究尹吉甫身世有很重要的价值。

《六月》载:"薄伐猃狁,至于大原"。大原,此地非今山西太原市的前身,而是今宁夏回族自治区固原市境内的古大原城,即固原古城的前身。固原市位于宁夏南部的六盘山地区,辖西吉县、隆德县、泾源县、彭阳县和原州区。东部、南部分别与甘肃庆阳市、平凉市为邻,西部与甘肃白银市相连,北部与宁夏中卫市、吴忠市接壤。

大原是历史古城。《国语·周语》记载,周穆王十七年(约公元前950年),穆王欲西征犬戎,除此大患,但大臣祭公谋父以"先王耀德不观兵"提出反对意见,主张对犬戎实行怀柔政策。穆王西征的决心并没有动摇,仍以六师大军讨伐犬戎,最终大败犬戎,得到"四白狼四白鹿"凯旋(所谓"白狼""白鹿",当是犬戎两个部落的名号)。战争结束了,但猃狁的潜在威胁并未根除。思虑之下,穆王决定将战败击溃的犬戎部落强制迁徙到大原(即固原),使其定居在西周领地的边陲地带,并用农耕文明来熏陶、同化这些桀骜不驯的战俘,形成一条用于屏障戎族的缓冲文化带。学界在过去很长一段时间内认为西周文化从未逾越陇山之北,直到1981年,固原县中河乡出土了一座公元前10世纪前(即周穆王时代之前)的墓葬及车马坑,这才填补了宁夏考古史上的空白,有力地证明了西周早期文化在固原的传播。

大原与今山西太原无关。大原怎么成了山西太原了呢?自从宋代文人朱熹在批注《诗经》时,把古大原指为阳曲县(今山西太原市)之后,古大原城就与古太原城画上等号了。直到清初,著名学者顾炎武首先对朱熹的观点提出了质疑,他在其名著《日知录》中说:"以为今太原阳曲县者,始于朱子,而愚未敢信也。"他认为要考定古大原,"必先求泾阳所在,而后太原得而明也。"查史书在记录夏商两代的中原王朝征伐戎族时都使用征"西戎""鬼方"和"西落鬼戎"的文字,这是因为夏商两代的都城都在今河南省境内,戎在西北且距离很远,故称其为"西戎"和"鬼方"(鬼方即远方);如果所征伐的戎人在今晋地太原,从今河南省过黄河就进入晋界,相比之下并不算遥远,而且其地位于河南省的北方,就该称其为"北戎"了。后周幽王被戎兵攻杀,其子周平王不得不迁都,从镐京移都雒邑(今河南洛阳市)以避西戎的威胁,这也说明戎部落的活动中心大原在西周镐京的西北而不在东北。

# 第五章
# 吉甫奉命　淮夷征赋　安邦强国　宣王中兴

《诗经》名篇《大雅·江汉》《大雅·常武》，不仅歌颂了周宣王不求安乐、致力国事、帅兵亲征、贵德爱民的治国贤能，而且分别记述了王命召虎征服淮夷，周太师尹吉甫受宣王之命，淮夷征赋，整治安邦，致力强国，辅佐宣王实现中兴的宏图。相关战事尤以西周青铜器"召公簋""兮甲盘"铭文为证，两器记载周朝征战淮夷，可谓珍贵国宝。

淮夷，是商周时期生活在我国黄淮、江淮一带的古少数民族。淮夷不是一个国家，而是属于东夷少数民族的一个分支，也就是聚居在淮河中下游地区的一个土著民族，属于东夷大族群，是我国原始部落时期活动于山东中、东部的东夷人的一支。古时在干戈未起的岁月里，淮夷人依山而樵，逐水而渔，采掘、种植，生活一如平静的淮水，波澜不兴。然而，战争频繁、税赋沉重，使得淮夷拒贡周朝，故引起朝廷不安，派兵征战淮夷。

## 一、《诗经·大雅·江汉》，王命召虎征服淮夷

据《后汉书·东夷传》，周厉王之时，因为政治昏乱，东方的淮夷入寇，虢仲征之，未能取胜。周宣王之时，首先派尹吉甫北伐，消除猃狁之患，然后宣王亲征，命召虎率军平定淮夷之乱。

《大雅·江汉》就是一首记叙召虎奉宣王之命平定淮夷的诗。全诗共六章。第一章"匪安匪游，淮夷来求"等，是说宣王不求安乐，勤于国事。第二章"四方既平，王国庶定；时靡有争，王心载宁"，表现了臣子对天子的体贴。第三章"匪疚匪棘，王国来极"，是说宣王要求征战不要给百姓造成骚扰，也不要急于事功，"式辟四方，彻我疆土"，体现着"溥天之下，莫非王土"的观念。第五、六章写宣王对召虎打了胜仗予以高规格的赏赐，并激励他再建大功。此诗着重颂扬宣王之德，故对淮夷战事未作具体描述，只是写征战淮夷并使其诚服。

《毛诗序》说《江汉》："尹吉甫美宣王也。能兴衰拨乱，命召公平淮夷。"台湾著名诗经研究专家李辰冬在《诗经通释·江汉》中说："宣王命召穆公平淮南之夷，穆公是召伯的谥，召伯这时已死，怎么命他平淮南之夷呢？姚际恒也说宣王命召穆公平淮夷，诗人美之作，他也错认召伯为召虎了，这是历史上一大错误，不要再把祖宗三代的三个人误为一人，或认为两个人！"

笔者查召穆公"舍子救主"典故，是说周厉王多年来残酷剥削、压迫国人，引起国人愤怒，他们冲进王宫，本想抓住厉王，但厉王仓皇出逃，他们便想抓住厉王的太子。听说太子已逃往召穆公家，于是愤怒的人群就匆匆向召穆公家奔去。在这危急关头，召穆公情

急之下，忍痛命自己的儿子穿上太子的衣服，将他冒充太子送出门外，交给国人。愤怒的民众见"太子"出来，迎面就是一顿痛打，"太子"命归黄泉。"太子"一死，众人怨气已出，一时也找不到厉王，就四散而去。国人听说诸侯中有一个共伯名和的国君，品性贤德，好行仁义，于是就请他来京城代理行使国君职权。这一年，就称为"共和元年"。据推算，共和元年是公元前841年。从共和元年开始，中国历史有了确切可靠的纪年。经过十四年光阴，太子静在召穆公家长大成人，成为一个英俊懂事的青年。太子静毕竟是周厉王的嫡长子，是最名正言顺的王位继承人。共伯和说服诸侯与国人拥立太子静为王，自己又回到原来的国中去。太子静登上王位，他就是周宣王。

由此，有些学者把召穆公、召伯、召虎祖宗三代误为一人或为两人，把《江汉》当作召伯虎所作。

笔者认为《江汉》诗者，尹吉甫所作，以美宣王也。

## 二、《诗经·大雅·常武》，王命尹吉甫淮夷征赋，安邦强国

《大雅·常武》，是一首描述征战猃狁、安邦强国的叙事诗，记叙尹吉甫北伐猃狁打胜仗后，周宣王面对淮夷反叛、拒交朝廷贡赋，为了征赋、安邦、强国，亲征淮夷徐方，并命卿士伴驾，名将南仲是该卿士的始祖，又让尹吉甫担任太师，主管军务，整顿大周军队，打造兵器，征战淮夷，征赋朝贡，安邦强国，使周王室在经济实力和声望上都获得提升，实现宣王中兴。

《大雅·常武》全诗共六章。首章写宣王命整军，准备伐徐。第

二章写宣王通过尹氏向程伯休父下达作战计划，一一交代重要人物，把形势、任务、目标乃至进军路线说得清清楚楚。诗人以最简洁的笔法，表现了宣王胸有成竹、指挥若定的气魄与指挥才能。第三章写周王大军威武急进，震惊徐国。第四章写王师进击徐夷，周王奋发用武，泰山压顶，战无不胜，攻无不克，获徐俘虏，势不可挡。第五章写王师的无比声威。诗人满怀激情，借助精巧选词，串联比喻、排句，饱蘸笔墨，歌唱王师。这是全诗最精彩的部分。第六章写王师凯旋，归功天子。诗人先颂扬天子计谋允当，再说胜利是"天子之功"，然后写到王下令"还归"，叙述次第井然。诗赋前后对照鲜明，首尾相连，结构完善。

这一历史事件的起因，是周王室在经济实力和声威双重下降的情况下，而徐方地望所在的淮河流域经济资源极为丰富，尹吉甫向淮夷征收布帛、财宝、粮食及力役，并对淮夷颁布歧视性法令，致使淮夷停止纳贡并再次反叛。通过宣王亲征此地，王室在经济实力和声望上都获得了提升。全诗激情洋溢，颇具盛世中兴气象。

关于《大雅·常武》诗的作者，笔者结合诗歌本身艺术特点以及历史时代背景、赞美宣王诗篇的写作风格等，认为该诗为尹吉甫所作。

## 三、尹吉甫淮夷征赋，国宝兮甲盘为证

上古时期，淮河中下游地区定居着夷人族群，称"淮夷""南淮夷"。李修松的《淮夷探论》指出，"淮夷应该是以某些短尾鸟为图腾的部落集团。属于东方的鸟夷"，"《路史·国名记》定淮夷为嬴姓，为少昊之后"。王讯教授在《东夷文化与淮夷文化研究》一文中

提出，夏商时期，东夷和淮夷分布在山东、苏北、安徽的江淮之间、淮北等地。殷商时淮夷亲商，曾是殷商的盟友，且对周朝拒不朝贡。周宣王亲征，命太师尹吉甫对淮夷征赋，使淮夷诚服，称臣朝贡。此事有西周青铜器兮甲盘铭文为证。

2014年11月11日，笔者千里迢迢赶到武汉，参观第一届"中国湖北文化艺术品博览会"首次展出的国宝、西周太师尹吉甫遗物兮甲盘。兮甲盘收藏者不惜重金购买收藏流失国外的兮甲盘且首次义务展出的爱国精神深深感动了笔者。而笔者艰辛执着研究诗经尹吉甫文化的精神也深深感动了兮甲盘的收藏者，二人亲切交谈、惺惺相惜。笔者被特许抱兮甲盘留影。

兮甲盘，直径约43厘米，圆形，附耳，盘沿外侈，内底趋平，盘沿下饰窃曲纹，盘色褐亮，呈青铜色，古老状态明显，圈足缺失，盘边缘的外侧可以看到具有西周时代特征的花纹。青铜盘铸铭文133字，其中刻有铭文"兮伯吉父作盘"，因制作者兮甲，字吉父，一作吉甫，盘上铭文作"兮甲""兮伯吉父"，作器者兮甲之"甲"字旧时释作田字，故此盘又称"兮田盘""兮伯盘""兮伯吉父盘"。

兮甲盘为吉甫掌政执法的"尚方宝剑"，尹吉甫南至淮夷，征收币帛、粮食、冠服、奴隶，整顿市场交易，责令四方交纳贡赋。淮夷部落原来不愿称臣纳贡，尹吉甫铸青铜器兮甲盘予以通告，反复宣传，并宣称："若胆敢违反周王法令，则予以处罚、刑罚和扑伐。""扑伐"就是要出重兵武力征伐。淮夷部落慑于武力之威，只好称臣纳贡，听命于周，周朝大兴。兮甲盘上刻有133个字，真实客观地记载了这段历史。兮甲盘不仅是佐证尹吉甫其人在历史上真实存在的重要实物，而且对研究西周社会与文化具有重要意义，堪称国宝中的国宝。

中国房县诗经文化旅游节12000人吟诵《诗经》篇章获"大世界基尼斯之最"证书

# 第六章
# 天生烝民　有物有则　民之秉彝　好是懿德

《诗经·大雅·烝民》,是周宣王重臣尹吉甫的作品。《毛诗序》谓"尹吉甫美宣王也,任贤使能,周室中兴焉"。宋代朱熹《诗集传》认为此诗是"宣王命樊侯仲山甫筑城于齐,而尹吉甫作诗送之"。在人物写作上,诗人对仲山甫推崇备至,极意美化,成功塑造了一位德才兼备、身负重任、忠于职守、攸关国运的名臣形象。在语言特色上,说理、议论成分比较浓厚,用词讲究,哲理性很强,成为后世"以理为诗"的诗源。最为突出的是诗一开篇画龙点睛,在《诗经》中最早提出了"天生烝民,有物有则"的物质运动的规律和法则,成为哲学思想的经典;同时也最早提出"民之秉彝,好是懿德",天生的众民,其重要特点就是有情感、道德,此句成为"天人合一""和谐社会"的语源。诗中还论述了"柔则茹之,刚则吐之",这是"刚柔相济"哲学思想的源头,亦是武当武术"以柔克刚,刚柔相济"功理功法的语源。由此,《诗经·大雅·烝民》在历史、文化、哲学史上具有极其重要的意义。

《烝民》全诗八章,每章八句。第一章颂扬仲山甫应天运而生,非一般人物可比，总领全诗。第二至六章，作者不遗余力地赞美仲山甫的德才与政绩，体现他德才兼备、身负重任、忠于职守、攸关国运的名臣形象。第七、八两章，写仲山甫奉王命赴东方督修齐城，尹吉甫临别作诗相赠，安慰行者，祝愿其功成早归。

全诗虽是颂扬仲山甫，但透过诗中一些精深的诗句，从中能体察到博大精深的哲理。

## 一、天生烝民，有物有则，物质运动，规律法则，哲学经典，名家点赞

《诗经·烝民》开篇就提出著名论断"天生烝民，有物有则"，据广益书局1934年版《国语注解诗经》第七卷第31页《烝民》"白话注"："烝民，烝是多，是说许多的意思。物，指一切人的事体。则，是法则。""白话解"："天生下这许多百姓来，各人有应做的事体。"

王守谦、金秀珍著《诗经评注》（东北师范大学出版社1989年12月出版）《烝民》："烝民：众民。烝，众多。""天生烝民，有物有则"，这句诗是说"上天生下了众民，有事物就有法则"。

据《说文解字》等书注解——天：自然界，在地面以上的高空；古人以天为万物。烝：众也。物：万物也。则：法也，常也。

综合多家之言，笔者认为"天生烝民，有物有则"就是自然界（天）生了众多民众，世上万事万物都有法则。

此诗句充满了哲理。"有物有则"一句代表三千年前《烝民》的作者最早提出万事万物（物质）是运动的，并且其运动都是有一定规律和法则的。此诗句是开先河、具有深远哲学思想意义的，被许

多名人点评。

尹吉甫的哲学思想,是道家的哲学思想基础,他是中华思想文化的先哲。台湾著名诗经研究专家李辰冬先生说:"尹吉甫的'天生烝民,有物有则'的说法为儒家和道家同时提到,成为儒家和道家'天人合一'思想的最初渊源。"

## 二、民之秉彝,好是懿德,天人合一,乃和谐社会语源

《诗经·烝民》开篇第二句曰:"民之秉彝,好是懿德。"《毛传》说:"彝:常。懿,美也。"朱熹《诗集传》:"秉,执。"

据王守谦、金秀珍著《诗经评注》(东北师范大学出版社1989年12月出版)对《烝民》此句的注解,"秉:顺(见《逸周书·谥法解》)。秉,又训为执。《郑笺》说:'秉,执也。'彝:常理,常性,一定法则。《毛传》说:'彝:常。'好:喜爱,喜欢。懿德:美德。懿,美。《毛传》说:'懿,美也。'由此'民之秉彝,好是懿德'诗句是说'人们顺其常性,都爱喜这美好的德性'。"

据《说文解字》等书的注解和综合多家之言,笔者认为"民之秉彝,好是懿德"就是——民众秉承、遵守自然法则的常理和常道,都喜爱美德是众民和谐的常性。结合上句,也就是说,天生的众民,都有自己的规律、法则,而人的重要特点,就是有情感、有道德等,这是人的常性。

"天生烝民,有物有则。民之秉彝,好是懿德。"这句名诗被许多名人点评。

朱熹《孟子集注》注"民之秉夷,好是懿德",说:"蒸,《诗》

作烝,众也。物,事也。则,法也。夷,《诗》作彝,常也。懿,美也。有物必有法:如有耳目,则有聪明之德;有父子,则有慈孝之心。是民所秉执之常性也,故人之情无不好此懿德者。"高度强调了人性的规范性,认为这种法则性是不可违反的。

南宋著名诗人严粲在《诗缉》中谓:"天生烝民具形而有物,禀性而有则。"袁梅《诗经译注》曰:"烝:众,许多。物:一切事物,对宇宙的认识。则:法则。彝:平常人的性格。懿:好。这几句诗的意思是:'上天生了这许多民众来,各人都有应该做的事,也有一定的规矩。平常的百姓也都有一定的性格,没有人不喜欢有好德行的人。'"

胡适先生在1918年编辑的《中国哲学史大纲》(上海古籍出版社出版)中认为:"中国哲学在孔子学之前还有一段历史,这就是所谓'诗人时代',老子孔子的思想由此而来。"

张岱年先生说:"中国哲学中的天人合一观念,发源于周代,经过孟子的性天相通观点与董仲舒的'人副天数'说,到宋代的张载、二程而达到成熟。张载、二程发展了孟子学说,扬弃了董仲舒的粗陋形式,达到了新的理论水平。"

郑州师范高等专科学校刘玉娥教授在《夏商至春秋天人关系的发展及人的生命意识》一文中阐述:"《诗经》中不少篇章就突出反映了修德以配天的思想。如《大雅·烝民》写道:'天生烝民,有物有则。民之秉彝,好是懿德。天监有周,昭假于下。保兹天子,生仲山甫。'强调上天生民,任何事物都有一定的法则。人人都要爱好美德……"

吉家林先生说:"吉甫公的'天生烝民,有物有则'的说法为儒家和道家同时提到,成为儒家和道家'天人合一'思想的最初渊源和引用例证之一。"

　　由此，尹吉甫提出"天生烝民，有物有则。民之秉彝，好是懿德"，他认为必须按照人的常性，小心翼翼地去宣传、去教导、去管理。这就是从客观实际出发，实事求是地做好工作，而不是主观臆断，一意孤行。

# 第七章
## 文武吉甫　万邦为宪　以柔克刚　刚柔相济

一、《诗经·六月》中高度称赞"文武吉甫，万邦为宪"

西周太师尹吉甫不仅是大诗人，是卓越的思想家、政治家、哲学家，还是军事家。

《诗经·小雅·六月》称颂"文武吉甫，万邦为宪"。《毛传》说："吉甫，尹吉甫也。有文有武。"《郑笺》说："吉甫，此时大将也。"朱熹《诗集传》说："吉甫，尹吉甫，此时大将也。"万邦：万国，此指各国。为：犹之。高亨《诗经今注》说："为，犹之也。"宪：法则，引申为榜样。《毛传》说："宪，法也。"这两句诗是说："文武双全的尹吉甫，是万国学习的榜样。"也有人注解为："周宣王时的贤臣尹吉甫文韬武略，是天下诸侯学习的典范。"

《诗经·小雅·六月》开篇就写"六月栖栖，戎车既饬。四牡骙骙，载是常服。狁孔炽，我是用急。王于出征，以匡王国……"在这激战的六月，刀出鞘、箭上弦、人喊马嘶的紧张气氛中，道出作者对军队训练有素、应变迅速的赞叹；以"四牡修广，其大有颙。薄伐猃狁，以奏肤公……"烘托出主将尹吉甫的治军有方；该篇最后写"薄伐猃狁，至于大原。文武吉甫，万邦为宪。吉甫燕喜，既多受祉。来归自镐，我行永久"，描写周军以无坚不克之凛然气势将来犯之敌击退至靠近边界的大原。通过一幅幅跃马扬鞭、生龙活虎的战斗画面，使读者感受到西周人民强烈的尚武和保家卫国的情怀。这不仅是一首"如闻其声，如见其战，如临其境"的视觉文笔佳诗，而且充分反映了周太师尹吉甫文武双全的卓越才能。"文武吉甫，万邦为宪"是我国古典文学作品中，最早出现的对于"能文能武"将帅的颂扬。

尹吉甫"文以服众，武以威敌，事业文章，炳然千古"，受到许多名人的称赞。

东汉班固《汉书·韦贤传》载："臣闻周室既衰，四夷并侵，猃狁最强，于今匈奴是也。至宣王而伐之。诗人美而颂之曰：薄伐猃狁，至于大原。"提到了《六月》中的诗句，从侧面印证了"北伐猃狁"的史实。

唐代文学家、政治家张说《奉和圣制送王晙巡边应制》一诗的首起二句"六月歌周雅，三边遣夏卿"，明显表明其诗有直承《诗经·小雅·六月》之意，诗末的"朝廷谓吉甫，邦国望君平"，称王晙有如周代的尹吉甫一样，是当今朝廷的栋梁、君王的股肱、邦国的希望。

明万历《郧阳府志》（卷三十·艺文）"重修房县庙学记"载："房县学，旧为州学，在州治东北，洪武八年改州为县，学亦随之。今房学文武士相半……矧周之尹吉甫，其乡人也。《诗》称：'文武吉甫，万邦为宪。'然则文武相资，在古人尚然，况后世乎！吉甫之文武，万邦犹以为法，况其乡人乎！诸侯庶之游于斯者，可不勉哉！"

清代著名文学家、诗经研究专家方玉润在评《诗经·小雅·六月》时说："先言猃狁之猖獗无忌，次写大将冲锋先行。故一战而敌退，王乃命将追奔，直至大原而止。盖寇退不欲穷追也，此吉甫安边良谋，非轻敌冒进者比。故当其乘胜逐北者，车虽驰而常安，马虽奔而恒闲。何从容而整暇哉！及其回军止戈也，不贪功以损将，不黩武以穷兵，又何其老成持重耶！所谓武略者，尤须文德以济之。非吉甫其孰当此？宜乎万邦取以为法也。"

中国诗经学会理事、山东泰安师专（今泰山学院）林祥征教授在《〈诗经〉战争诗的审美价值》一文中说："《诗经》中战争诗有八篇（《小雅》中的《采薇》《出车》《六月》《采芑》，《大雅》中的《江汉》《常武》，《秦风》的《小戎》和《无衣》），是我国最早以战争为题材的文学作品，是我国民族精神的最初记录，也是民族意识觉醒的里程碑，并对后代有深远而积极的影响。"林祥征教授还引用战国初期军事家、政治家吴起的话"夫总文武者，军之将也。兼刚柔者，兵之事也"，意思是文武全才的人，才能担任军队的将领；刚柔相兼的人，才能统军作战。被誉为"万邦为宪"的尹吉甫就是这样一位统帅。林教授还认为："辅佐宣王中兴的功臣尹吉甫和南仲等主帅则可以冠之以民族英雄的美名。"

香港中文大学教授黄坤尧先生在《评李辰冬先生的尹吉甫研究》论文中，客观求实地评价了李辰冬教授的尹吉甫研究，充分肯定了尹吉甫在《诗经》中的重要作用。他在《评李辰冬先生的尹吉甫研究》第二部分《〈诗经〉中的尹吉甫》中说："尹吉甫纯粹是由文本归纳出来的人物，能文能武，功业显赫。"

## 二、颂吉甫石碑，允怀文武略，谁嗣奏肤功

笔者于2004年、2005年先后到房县青峰镇进行尹吉甫有关资料的走访调查，得知此处原有一块纪念尹吉甫的大石碑。据当地村民张六贤、薛志礼两位老人介绍，20世纪40年代，他们当时才十来岁，曾在碑前玩耍。20世纪50年代，由于石碑太大太重，时任青峰大队队长和民兵连长的张六贤、薛志礼，亲自指挥并参与用滚木把石碑从尹家洼（距松林垭宋家沟约150米）移至松林垭宋家沟水库做坝底部出水管道的盖板，将这块碑埋在了水塘下面。笔者得到这个消息后，就建议房县政府领导安排把有关尹吉甫的碑当作文物宝藏挖掘出来，进行保护。

2010年4月23日，房县青峰镇党委书记、镇长丁杰和县文体局干部张华田等在仔细地组织清理、挖掘青峰镇松林垭一处淤泥水塘的排水管道时，找到了20世纪50年代大兴水塘时被用作水库出水管道盖板的纪念尹吉甫的大石碑。其碑文为："下马青峰道，焚香拜尹公；出师宣薄伐，作颂穆清风；烟冷千秋石，云幽万古松；允怀文武略，谁嗣奏肤功。"这块清代纪念尹吉甫石碑的出土，对于研究西周诗经文化、房陵文化有着重要的价值。

## 三、"柔则茹之，刚则吐之"，是"刚柔相济"哲学思想的来源

《诗经·大雅·烝民》中有"柔则茹之，刚则吐之""柔亦不茹，刚亦不吐。不侮矜寡，不畏强御"。柔：柔软，软弱。茹：吃掉，引

申为侵侮、吞并。刚：坚强，强大。吐：吐出。

《毛诗正义》曰："柔，犹濡耎也。刚，坚强也。刚柔之在口，或茹之，或吐之，喻人之于敌强弱。茹音汝，又如庶反。……正义曰：上既言明哲勤事，此又言其发举得中。人亦有俗谚之常言，说人之恒性，莫不柔濡者，则茹食之。坚刚者，则吐出之。喻见前敌寡弱者则侵侮之，强盛者则避畏之。言凡人之性，莫不皆尔。维有仲山甫则不然，虽柔亦不茹，虽刚亦不吐，不欺侮于鳏寡孤独之人，不畏惧于强梁御善之人。不侮不畏，即是不茹不吐。既言其喻，又言其实以充之。茹者，噉食之名，故取菜之入口名为茹。"成语词典已有词条"不吐不茹"。

"柔则茹之，刚则吐之"，在"柔"与"刚"这对辩证的范畴中，既蕴涵用弱守柔、谦下不争、海纳百川等多重"柔"的意蕴，亦涵盖以柔弱为刚强、以刚济柔等多重"刚"的追求，这也是武当武术"以柔克刚，刚柔相济"功理功法的语源。

# 第八章
## 吉甫作诵　穆如清风　其诗孔硕　化养万物

### 一、太师吉甫，工于诗乐，擅长歌咏

西周是一个礼制国家，也是诗的国度。西周时，君臣上下、百姓之间，朝廷议事、婚丧嫁娶、宗庙祭祀、庆功赏赐，都要按具体的礼仪行事。此外，人们通过诗歌表达对社会和政治问题的看法，供统治者了解民情，以掌朝政。周太师不但是诗歌的搜集者，还是《诗》的编纂者。尹吉甫作为太师，既精于礼乐，又工于诗，擅长歌咏，因此采编《诗》是尹吉甫的一项重要职责。

《诗经》，古称《诗》，被汉代儒家列为经典，故称《诗经》。《诗经》收录了西周初期至春秋中叶（前11世纪至前6世纪）五百多年的305篇诗歌作品，是中国最早的诗歌总集，是国家意志的体现，是文明、礼治、德育的代表，也是文学写作的典章。孔子曰："《诗》可以兴，可以观，可以群。"他认为一个人要立身成德，必须从学《诗》做起，这为大诗人屈原、诗仙李白、诗圣杜甫，以及白居易、陆游等人所效法。直到现在，《诗经》对于文学创作，特别是诗歌创

作，仍然有巨大的指导意义。

## 二、吉甫作诵，穆如清风，化养万物

《诗经》跨越的时间之久远，内容之丰富，对人们的影响教育之深刻，都是无与伦比的。《诗经·大雅·烝民》中"吉甫作诵，穆如清风"的精美语句，犹如清风，成为历代诗人诗歌创作的典范。这两句诗是说："尹吉甫作了此诗咏唱，诗意之美宛如清风。"朱熹《诗集传》曰："穆，深长也。清风，清微之风，化养万物者也。"孔疏："以清微之风化养万物，故以比清美之诗可以感益于人也。"

《诗经·大雅·崧高》是美西周著名政治家、军事家、周宣王之元舅申伯，申伯受封于谢，周宣王大加赏赐，尹吉甫写诗表示赞美，并为申伯送行。《崧高》曰："吉甫作诵，其诗孔硕"，"其风肆好"。《毛传》说："吉甫，尹吉甫也。作是工师之诵也。"朱熹《诗集传》曰："吉甫，尹吉甫，周之卿士。""诵，工师所诵之词也。"《郑笺》曰："硕，大也……言其诗之意甚美大。"

综上可概括地说："吉甫作诵，穆如清风"，是指吉甫作诗、咏唱优雅，诗意有清风化养万物之美；"吉甫作颂，其诗孔硕。其风肆好"，意思是说，吉甫为申伯写的诗篇幅很长、很美，配诗的曲调也极好听。

## 三、以诗评诗，以文自誉，影响深远

古代有以诗评诗，以诗文自誉之风。"吉甫作诵，穆如清风"，"其诗孔硕，其风肆好"，在读这些诗句时，有的人表示质疑，认为尹吉甫不可能自己称赞自己的文采与武功，而是另有其人对他的事迹做出高度评价。尹吉甫怎会自夸自誉呢？这得要从古有以文自誉之风来论。

江苏省文史研究馆名誉馆长程千帆先生在《少陵先生文心论》说："评诗之作，常后于诗。其在吾华，则评诗之文，视评诗之诗又后。稽古诗制作，滥觞三百〇五篇，而《大雅·崧高》云：'吉甫作诵，其诗孔硕。其风肆好，以赠申伯。'《烝民》云：'吉甫作诵，穆如清风。仲山甫永怀，以慰其心。'皆以诗论诗者也。案章学诚《文史通义》内篇卷五《诗话篇》云：'此论诗而及辞也。'论文之业，导源于《诗序》，扬波于《典论》，逮仲伟《诗品》、彦和《文心》，斯为极盛。然上规《诗·雅》，其事靡闻。"

搜读网在刊登《中国通史·第三卷·上古时代》时介绍："甲骨卜辞中，不见'民'字。但是，《尚书·盘庚篇》中的'民''畜民''万民'和'憸民'等，都是一些平民身份。例如《盘庚篇》中的'朕及笃敬，恭承民命''古我前后，罔不惟民之承保''我王来，既爰宅于兹，重我民，无尽刘''殷降大虐，先王不怀厥攸作，视民利用迁'，都是盘庚自誉之词，夸说他的祖先和他自己如何施德于民众的话。"由此，古代有以文自誉之风。

中国叙事学研究会常务副会长傅修延在《中国叙事传统形成于先秦时期》一文中说："先秦叙事已经表现出相当清醒的自觉意识，作者的主体意识亦有所抬头，这些促进了对艺术形式的讲究，导致了叙事中虚构成分的增多，为历史性叙事与文学性叙事分道扬镳、各领风骚作好了准备。……在《诗经》的史诗片断中，可以感到一种对部族历史的有意识的记诵，周人其实也尝试过用诗篇形式记录自己的过去。'吉甫作诵，其诗孔硕'等旁白类诗章则告诉我们，创作者的主体意识正在觉醒；'穆如清风''孔曼且硕'等既是自誉，也体现了诗人的自信，'凡百君子，敬而听之'更显示了他们的自重与自尊。"

《烝民》《崧高》为尹吉甫所作，"吉甫作诵，穆如清风"，"其诗孔硕，其风肆好"以及《六月》中"文武吉甫，万邦为宪"等都是诗人尹吉甫对自己诗作的自誉，即以诗评诗。这些诗句体现了诗人的自信，更显示了他的自重与自尊，再则诗人对自己的美誉合情合理。

贵州省古典文学学会名誉会长张启成教授在《诗经研究史论稿》一书中说："至于尹吉甫两首诗中所说的'其诗孔硕''其风肆好''穆如清风'，反映了作者在诗歌内容与艺术方面的自我评价，这表明远在西周时期的诗人也已意识到诗歌创作美与善的结合。季札观乐与孔子的评论《韶》《武》，均从美、善两个方面加以评述，盖渊源于此。"

"吉甫作诵，穆如清风"带给后人的影响是深远的，受到许多名人点赞。南朝史学家、文学家裴子野在其《丹阳尹湘东王善政碑》写道："不严之治，穆如清风"。北宋杰出的思想家、政治家、文学家范仲淹，在其《上时相议制议举书》中说："救文之弊，自相公之造也。当有吉甫辈，颂君之德。"

据《晋书·列女传·王凝之妻谢氏传》记载，东晋政治家、军事家、太保兼都督及将军谢安曾问："《毛诗》何句最佳？"其侄女东晋著名才女、王羲之次子王凝之之妻谢道韫答道："吉甫作颂，穆如清风。仲山甫永怀，以慰其心。"谢道韫提这句诗，一是赞叹尹吉甫的诗，二是赞叹仲山甫的人；还有最重要的一点，那就是谢道韫期望叔父能成为尹吉甫心中的仲山甫那样的人，因为当时谢安的身份和地位都与仲山甫极其相似。谢安听后立刻了解了她的心意，故而惊喜万分，称赞她有"雅人深致"。

笾　　豆　　登　　俎

《诗经》中西周时的竹编器具（袁野清风画图）

# 第九章
# 西周太师尹吉甫是西周宣王时期《诗经》的总编纂者

西周是一个礼制国家,也是诗的国度。其中重要的是通过作诗为乐歌,用于各种礼仪、娱乐,表达对于社会和政治问题的看法,可谓"赋《诗》言志"。西周有采诗献诗制度,太师为乐官之长,掌教诗乐,即太师负责采集、编纂《诗经》。

西周太师尹吉甫何以被称为西周宣王时期《诗经》的总编纂者呢?经研阅《诗经》和史书,深入尹吉甫籍里及其征战的大原等地考察、研究,笔者认为:"周朝有采献诗制度,由太师负责编纂《诗经》。《诗经》作为周朝教科书,在上下五百年间,不同时代有不同主编,这好比我国从1949年至现在的《中国史纲》《中国文学史》和《语文》等课本,由多人担任主编。西周太师尹吉甫是《诗经》的采风者、被歌颂者,是周宣王时代《诗经》的总编纂者。"

## 一、周朝有采诗制度

我国古代最早的一部国别体史书《国语》中,《晋语六》载范文子语:"吾闻古之王者,政德既成,又听于民,于是乎使工诵谏于朝,在列者献诗,使勿兜;风听胪言于市,辨妖祥于谣,考百事于朝,问谤誉于路,有邪而正之,尽戒之术也。"此说印证了周王朝为了了解民情,从民间采集诗歌。

许慎《说文解字》曰:"古之遒人以木铎记诗言。"

《左传·襄公十四年》载师旷语:"故《夏书》曰:'遒人以木铎徇于路。官师相规,工执艺事以谏。'正月孟春,于是乎有之,谏失常也。"

《孔丛子·巡守》载:"古者天子……命史采民诗谣,以观其风。"

《礼记·王制》载:"天子五年一巡守。岁二月,东巡守,至于岱宗,柴而望祀山川,觐诸侯,问百年者就见之。命大师陈诗,以观民风。命市纳贾,以观民之所好恶,志淫好辟。命典礼,考时月定日,同律、礼、乐、制度、衣服,正之。"

东汉班固《汉书·艺文志》云:"《书》曰:诗言志,歌咏言。故哀乐之心感而歌咏之声发。诵其言谓之诗,咏其声谓之歌。故古有采诗之官,王者所以观风俗,知得失,自考正也。"

中国诗经学会老会长夏传才教授在其著作《诗经研究史概要》一书中说:"据说周代还保留着由上古时代传下来的一种制度,王朝派出专门官员到各地去采集民间歌谣。这种官员在书上有不同的名称,如'行人''遒人''轩车使者''遒人使者'等等。采诗的目的是知民情、观风俗。"

## 二、周朝有献诗制度

据春秋末期鲁国人左丘明《国语·周语上·召公谏厉王弭谤》一文载:"故天子听政,使公卿至于列士献诗,瞽献曲,史献书,师箴,瞍赋,矇诵,百工谏,庶人传语,近臣尽规,亲戚补察,瞽史教诲,耆艾修之,而后王斟酌焉,是以事行而不悖。"要求献诗的目的"于以考其俗尚之美恶,而知其政治之得失焉"(朱熹《诗集传》)。献诗所起的客观效果,与采诗的目的一样。

《左传·襄公十四年》载师旷语:"自王以下,各有父兄子弟,以补察其政。史为书,瞽为诗,工诵箴谏,大夫规诲,士传言,庶人谤,商旅于市,百工献艺。"

再从《诗经》中的一些作品看,献诗也是确实存在的事实。如《诗经·大雅·崧高》:"吉甫作诵,其诗孔硕。"《诗经·小雅·节南山》:"家父作诵,以究王讻。"这说明公卿列士献讽谏诗或歌颂诗的事是存在的。

此外还有些诗是下层贵族文人或小官吏所写,这一类诗多属个人抒愤之作,既不是奉命作的,也不是为了进献而写的,它们能汇集到太师手里的原因和歌谣差不多——从民间搜集来的。至于那些专门用于祭神祭祖的《颂》诗,当是巫、史等有关职官奉命创作的。

南宋著名学者朱熹在《诗集传》中写道:"是以诸侯采之以贡于天子,天子受之而列于乐官,于以考其俗尚之美恶,而知其政治之得失焉。"大意是:因此,诸侯采集诗歌献给周天子,周天子接受诗歌,让乐官配乐演唱,以考察社会风气的好坏,了解朝廷施政的得失。

## 三、周太师亦是负责采编《诗经》的乐官

### 1. 太师位于三公之首,掌邦治

西周太师在当时是什么官呢?上海辞书出版社1979年出版的《辞海》第639页:"(1)西周始置,原为高级武官,军队的最高统帅。春秋时晋楚等国沿用,成为辅弼国君的官。战国后废。汉又设置,位于太傅之上。历代相沿以太师、太傅、太保为三公,多为大官加衔,表示恩宠而无实职。(2)指太子太师,为辅导太子的官。(3)周代或称乐官为'太师'。"

华中师范学院京山分院中文系资料室所编《中国古代文化常识》第230页,"太师。(1)周代始置,为国君辅弼之官。秦废。汉复置,位在太傅之上。(2)清朝永瑢、纪昀主编《四库全书·史部·通典·职官典》记载:'太师,古官。殷纣时,箕子为之。周武王时太公,成王时周公,并为太师。周公薨,毕公代之。'"

周天子下面重要的辅弼之官,有太师、太保、太傅,称为"三公"或"师保"。三公之中,太师的地位最尊。姜太公在文王、武王之世皆担任太师,因而被尊称为"师尚父"。成王继位以后,周公旦为太师,召公奭为太保,共同辅佐成王。师保总揽军政大权,地位显赫。《诗经·小雅·节南山》:"赫赫师尹,民具尔瞻。……尹氏太师,维周之氐,秉国之钧,四方是维。"表明尹氏太师位高权重。

## 2.太师为乐官之长,掌教诗乐

据春秋鲁国人左丘明编纂的《国语·鲁语下》记载:"昔正考父校商之名颂十二篇于周太师。"三国东吴儒林名士、云阳延陵人韦昭注:"太师,乐官之长,掌教诗、乐。"

据《周礼·春官》载:"太师掌六律、六同……教六诗。"

中国诗经学会理事、河北衡水学院袁长江教授在《先秦两汉诗经研究论稿》一书中说:"在诗为政服务的前提下,周代还设有专门编诗、授诗的人,这就是太师。当时有两类学校。一类学校是单为'国子'设立的学校,教以'乐德、乐语、乐舞、六艺、六仪'等。这'乐语'就是教国子如何理解诗,如何用诗。另一类学校是专为乐工们设立的职业技术学校,主要是教乐工们如何歌诗、诵诗、演奏诗和舞诗。乐工们的老师是太师,太师中的德才兼备者被选拔去教国子。"

## 3.太师负责整理、编纂《诗经》

《诗经》中的诗歌,有民间歌谣,也有诸侯、公卿、大夫作的讽谏诗或歌颂诗。它们被搜集起来,献给乐官太师,太师再献给天子。诗篇积累起来,再由太师整理、编纂成集。献给周天子的各地民谣,要经过太师(乐官)修订、乐工配乐演唱。贵族的献诗,也要经过乐工配乐,汇集于太师。至于宗庙祭祀所用的颂歌,是贵族文人奉命而作,也归太师掌管。《国语·周语上》记载召公云:"为民者,宣之使言。故天子听政,使公卿至于列士献诗。"

《诗经》之诗篇,无论其作者是君王、公卿、大夫还是士,是知名者还是不知名者，最终都要由乐官配乐。配乐和审校编辑工作，皆由太师总其成。《国语·鲁语》云："正考父校商之名颂十二篇于周太师。"正考父校理商之颂歌，请教周之太师，以周之太师所审定者为准。可以说明周太师参与了其时代《诗经》全集的整理、加工、编纂。

## 四、太师吉甫，编纂《诗经》，影响深远

### 1.尹吉甫是西周宣王时期文武双全的太师

周宣王，前827年至前782年在位，他在位的46年间，尹吉甫为辅佐他的重臣。尹吉甫辅佐宣王、幽王，也是平王的老师，因此被后世尊称为"三代天子之师"。周宣王时期是采诗、献诗、编纂《诗经》的一个大发展时期，尹吉甫作为西周宣王时期的太师，对宣王时期《诗经》的编纂起了重要的作用。

### 2.尹吉甫所作的《诗经》名篇影响深远

尹吉甫不仅是《诗经》中所记载的少有的已知名的作者，而且其诗作影响深远。著名诗经研究专家、中国政法大学人文学院黄震云教授在《伊尹、尹吉甫家世生平和〈诗经〉编订考》一文中认为，尹吉甫是《诗经》的主要编订者，《诗经》中有七首诗为尹吉甫所创作或编订：①写作《六月》时为元帅。本诗写北伐猃狁，安定天下。②写作《节南山》时为太师。本诗写尹吉甫刺周幽王劳民伤财，但讲述的是尹吉甫的事迹。③写作《崧高》，以赞美申伯来歌颂宣王任

贤使能，周室中兴。④写作《烝民》，通过仲山甫事周，歌颂周宣王。⑤写作《韩奕》，歌颂周宣王能够一统天下，号令诸侯。⑥写作《江汉》，通过赞美召公虎，歌颂周宣王平定淮夷。⑦《长发》美阿衡伊尹，当为尹吉甫编订。尹吉甫的诗充满了创新精神，具有芬芳气息；多篇诗作赞美他安定天下的功劳以及诗风的清正，是《诗经》中比较有代表性的作品。

**3.尹吉甫身为太师的一项重要职责是编纂《诗经》**

周朝太师位于三公之首，不仅掌邦治，而且负责采集、编纂《诗经》。本章前文引用了《国语·周语》《周礼·春官》等篇的有关论述，充分说明太师的一项重要职责是编纂《诗经》。

邹然教授、研究生张蕾在《尹吉甫作品的文学史价值评估》一文中说："《毛传》曰：'吉甫，尹吉甫也。作是工师之诵（词）也。'意思是说，尹吉甫写的这个'词'，当时可供'工师'（即乐工、乐师）朗诵或演唱。这与《国语·周语上》所载'故天子听政，使公卿至于列士献诗，瞽献曲，史献书，师箴，瞍赋，矇诵'的体制是吻合的。"

2012年1月2日，央视《探索·发现》播出《〈诗经〉溯源》专题片，片中解说道："周朝是如何推行《诗经》编撰这一堪称国家级的文化工程的呢？据史料记载，周朝在全国范围内，建立了普遍的采诗和献诗制度。《汉书·食货志》记载：'孟春之月，群居者将散，行人振木铎徇于路，以采诗，献之太师，比其音律，以闻于天子。'这段内容生动地向后人揭示，周朝设置专门的采诗官，在特定的季节，摇着木铃铛，风尘仆仆地奔赴全国各地，寻访歌手、采集歌谣。

《诗经》的主体十五《国风》，还有部分《小雅》作品，都是由采诗官采自乡村田野。通过采诗，周朝统治者可以观民风、知得失、自考正。《诗经》里的其余作品，则可能来自于文人献诗，无论是民间采诗，还是公卿献诗，都要由朝廷收集整理，交由乐工编曲和配舞。"

在朝廷整理《诗经》的过程中，有一个人的作用极其重要，即周朝太师。太师相当于后世宰相，总揽朝政。《诗经·小雅·六月》称赞尹吉甫"文武吉甫，万邦为宪"，就是说他文能治国，武能安邦。制礼备乐，大兴文教，也是他分内的职责。显然，周朝的采诗献诗制度，都是在太师的领导下统一进行的，史料中这方面的记载屡见不鲜。《国语·鲁语》里说："正考父校商之名颂十二篇于周太师。"《礼记·王制》也记载："天子五年一巡守……命大（太）师陈诗，以观民风。"

西周《诗经》的编纂汇合了采诗、献诗、创作三种途径，最后由太师删选编订而成。尤其是古代交通不便，语言文字不统一，像《诗经》这样体系完整、内容丰富的诗歌总集，是周王朝有决识、有目的，经过诸侯各国协助进行采集，然后命太师整理、编纂而成的。尹吉甫是西周宣王当政时的太师，文武双全，理所当然是西周宣王时期《诗经》的总编纂者。

# 第十章
## 哀哀父母　生我劬劳　旱魔传书　舍粥救民

《诗经·小雅·蓼莪》是尹吉甫所作。他忙于征战卫国，在大旱之年他的父母按儿子的书信将家里的粮食都用来舍粥救灾民，最后他的父母也被饿死，他回想父母辛辛苦苦养育了自己，而自己却未能终养父母，不能尽自己的孝心报答父母的养育之恩，怀着极其沉痛心情写下了《蓼莪》。《蓼莪》是尹吉甫怀念、祭祀已逝父母的催人泪下的奠章。原诗及译文如下：

蓼蓼者莪（莪菜长得大又好），
匪莪伊蒿（那不是莪而是蒿）。
哀哀父母（我真哀伤老父母），
生我劬劳（生我勤苦把心操）。

蓼蓼者莪（莪菜长得大又肥），
匪莪伊蔚（那不是莪而是蔚）。
哀哀父母（我真哀伤老父母），

生我劳瘁（生我真是太劳瘁）。

瓶之罄矣（盛酒小瓶已空掉），
维罍之耻（大罍应该羞耻了）。
鲜民之生（寡恩与其来活着），
不如死之久矣（不如早早死了好）。
无父何怙（没有父亲何所依）？
无母何恃（没有母亲何所靠）？
出则衔恤（走出门时含悲酸），
入则靡至（进门好像家没到）。

父兮生我（父亲啊！生了我），
母兮鞠我（母亲啊！养活我）。
拊我畜我（抚爱我来扶持我），
长我育我（喂大我来教育我），
顾我复我（看顾我来提携我），
出入腹我（出出进进怀抱我）。
欲报之德（要想报答这恩德），
昊天罔极（恩大如天怎报啊）！

南山烈烈（南山路险难登攀），
飘风发发（飘风吹得急又寒）。
民莫不穀（他人都能养父母），
我独何害（为何我独来遭难）？

南山律律（南山道险难登攀），
飘风弗弗（飘风呼呼吹得寒）。
民莫不穀（他人都能养父母），
我独不卒（为何我就终养难）？

《诗经·蓼莪》全诗六章，是悼念父母的祭歌，共分三层意思。

首两章是第一层，写父母生"我"养"我"辛苦劳累。此两章的头两句以比引出，诗人见蒿与蔚，却错当莪，于是心有所动，遂以为比。莪香美可以食用，且环根丛生，故又名抱娘蒿，比喻人成材且孝顺；而蒿与蔚，皆散生，蒿粗恶不可食用，蔚既不能食用又结子，故称牡蒿，蒿、蔚比喻人不成材而且不能尽孝。诗人有感于此，借以自责不成材又不能终养尽孝。此两章的后两句承此思，言及父母养大自己不易，费心劳力，吃尽苦头。朱熹于此指出："言昔谓之莪，而今非莪也，特蒿而已。以比父母生我以为美材，可赖以终其身，而今乃不得其养以死。于是乃言父母生我之劬劳而重自哀伤也。"

第三、四章是第二层，写儿子失去双亲的痛苦和父母对儿子的深爱。第三章头两句以瓶喻父母，以罍喻子。因瓶从罍中汲水，瓶空是罍无储水可汲导致的，所以为耻，用以比喻子无以赡养父母，没有尽到应有的孝心而感到羞耻。第四章前六句叙述父母对"我"的养育抚爱，这是把首两章说的"劬劳""劳瘁"具体化。诗人一连用了生、鞠、拊、畜、长、育、顾、复、出、腹九个动词和九个"我"字，语拙情切，言直意切，絮絮叨叨，不厌其烦，声促调急，确如哭诉一般，就如现在京剧的唱词"声声泪，字字血"。姚际恒说："勾人眼泪全在此无数'我'字。"

后两章第三层正承此而来,抒写遭遇不幸的心情。此两章头两句诗人以眼见的南山艰危难越,耳闻的寒风呼啸扑来起兴,创造了困厄危艰、肃杀悲凉的气氛,象征着自己遭遇父母双亡的剧痛与凄凉,也是诗人悲怆伤痛心情的外化。

在尹吉甫故里,笔者采访当年80多岁的尹维鹏老人和70多岁的陈伯钧老人时得知,尹吉甫受封房陵,兴修水利,开垦农田,居住在这方土地上的农户,基本上衣食无忧,年年足数交贡赋。尹家的耕地田肥地沃,又有充足的奴隶为其耕种,年年收获甚丰,家中粮食成仓,陈粮压新粮,吃不尽、用不尽。

周宣王二十五年至二十七年(公元前803—前801年),连年大旱,河水枯,树林焦,田地龟裂。此地先是收获甚少,后是颗粒无收,老百姓的存粮已吃光,能吃的树皮也快被剥光,草根也将挖完,观音土也成了饥民的食物。饥民满道,饿殍遍野,惨不忍睹。

全国大旱,天子的赈灾粮是杯水车薪,无济于事。尹吉甫知道自己家里存粮不少,于是传书令家人舍粥救灾民。他家在住宅外设东南西北四个粥场,每天煮几十大锅粥供饥民吃,百姓吸粥声不下十里。在重大的灾情面前,人人都想求生,有些人散漫、无法无纪,公卿百官也无法控制局面,灾民连吃带抢,不多日,尹家粮尽仓空。

这时尹氏家里人也同大家一样挨起饿来,尹吉甫父母年岁已高,平时吃惯了美味佳肴,这吃糠咽野菜、草根、树皮的生活,自然受不了,不幸也在这大旱年中饿死。尹吉甫得知父母饿死的消息,悲痛不已,但由于国事繁忙一时脱不了身。之后尹吉甫从京城回家悼念父母,作《蓼莪》以寄托哀思。

《蓼莪》是催人泪下的,它告诉我们,作为儿女要懂得报答父母的养育之恩。《蓼莪》一诗是歌颂父母、悼念先祖的奠章,被称为关于子女孝顺父母这一美德的最早、最美的文学作品,对后世影响极大。老子读《蓼莪》颇受教益,在《道德经》第五十一章中写下"道生之,德畜之,长之育之,亭之毒之,养之覆之"。

《晋书·孝友传》载,王裒因痛父无罪处死,隐居教书,"及读《诗》至'哀哀父母,生我劬劳',未尝不三复流涕,门人受业者并废《蓼莪》之篇"。为纪念我国历史上广为流传的二十四孝之一"王裒泣父",后人修建了蓼莪禅寺,其又名蓼莪庵,乃江南一座有名的古刹,亦是我国唯一一座孝子寺。该寺如今坐落在江苏省常州市武进区中华孝道园,三面环山,面向太湖,山水相依,幽静清旷,为湖山毓秀之胜地。蓼莪禅寺始建于东晋,距今已有一千七百多年的历史。千百年来,蓼莪禅寺因天灾人祸屡有兴废,然历代僧人屡毁屡建,其历史上也曾先后得到四位皇帝的六次拨款。到明朝永乐年间香火极盛,寺院规模亦达到顶峰,有僧房百余间,颇为壮观。最后一次严重的损毁是在抗日战争期间,现尚存古井一口和石柱雕刻等明朝遗物。

房县门古寺镇等地,父母长辈去世后,打待尸时会请"诗经童子"(专门吟诵《蓼莪》的人称为"诗经童子")咏诵《蓼莪》,悼念死去的父母,以表示对父母生育子女、不辞千辛万苦的养育之恩的怀念。"诗经童子"音调哀伤,表情沉痛,让来凭吊的人莫不感到悲伤、流泪。

门古寺镇门古村一组八十岁的退休教师王天朋说,他至今记得,在他小时候,家里的长辈过世后,晚辈们就会请两名"诗经童子"念《蓼莪》一文作为祭文,念唱:"蓼蓼者莪,匪莪伊蒿。哀哀父母,生我劬劳……父兮生我,母兮鞠我。拊我畜我,长我育我,顾我复我,出入腹我。欲报之德,昊天罔极……"以表示对父母生育自己、不辞千辛万苦养育自己的怀念之情，及对父母逝世的哀悼之意。

2012年1月10日，笔者在房县青峰镇东西店村考察诗经文化时，发现两副古代石刻诗经楹联。这两副以《诗经》有关篇章及内容为题的楹联，分别阴刻在4块石碑上。其中一副楹联，上联为"提笔空题陟岵向"，下联为"抚怀（pēi）频诵蓼莪诗"。这副楹联分别被刻在两块长0.9米、宽0.4米、厚0.08米的青石上。楹联中的"陟岵"是《诗经·国风》中征人远役，登高瞻望，想象父母兄弟对他的思念和希望的诗，"蓼莪"是《诗经·小雅》中子女哀痛和悼念父母养育之恩的诗。碑刻时间为乾隆二十四年（公元1759年）。另有石刻楹联内容为"绵远歌麟趾瓜瓞""云边□（磨损看不清）俎豆馨香""每动凄怆正秋霜"和"水源木本千秋在"等。诗祖尹吉甫故里房县发现珍稀石刻诗经楹联，对于研究诗经文化及《诗经》影响我国楹联的产生与运用具有重要价值。

子女赡养父母、孝敬父母，是我们中华民族的传统美德，也是身为人类社会成员应尽的义务。这首诗就是告诉人们作为儿女要懂得报答父母的养育之恩，当父母还在的时候，应当尽心尽力地赡养报恩，莫要等到"子欲养而亲不待"时才知道后悔。数千年前的古人，竟然能够创作出《蓼莪》这般伟大不凡的诗作，真的让今天的人们叹为观止，每每读来总令人潸然泪下。

（袁正洪　胡继南　张炳华）

房县尹吉甫镇七星沟村古代石窟建筑——尹吉甫宗庙第一层大殿

# 第十一章
## 宣王托孤　精忠报国　吉甫论道　人定胜天

成语典故"天定胜人，人定亦胜天"充满辩证唯物的哲学思想，出自《东周列国志》第二回尹吉甫曰："天定胜人，人定亦胜天。"此言对人的主观能动性问题作出了可贵的贡献，为中国哲学史上源远流长的天人之辩奠定了唯物论的思想基础。

### 一、尹吉甫"天定胜人，人定亦胜天"思想的提出

《东周列国志》第二回记载："宣王自东郊游猎……得疾回宫……病势愈甚。其时周公久已告老，仲山甫已卒。乃召老臣尹吉甫、召虎托孤。二臣直至榻前，稽首问安。宣王命内侍扶起。靠于绣褥之上，谓二臣曰：'朕赖诸卿之力，在位四十六年，南征北伐，四海安宁。不料一病不起。太子宫涅，年虽已长，性颇暗昧，卿等竭力辅佐，勿替世业！'二臣稽首受命。"

宣王自己心里明白这病是好不了的了，也就不愿意再吃药。三天以后，病情越来越厉害。榻前托孤后，"是夜王崩。姜后懿旨，召

顾命老臣尹吉甫、召虎，率领百官，扶太子宫涅行举哀礼，即位于柩前。是为幽王。"这里要说的是宣王信守"天命论"，人的命天注定，不愿意再吃药那就"注定"一死。

当日宣王托孤后，召虎与尹吉甫刚出宫门就遇到太史伯阳父。太史伯阳父担心朝廷变乱，"召虎私谓伯阳父曰：'前童谣之语，吾曾说过恐有弓矢之变。今王亲见厉鬼操朱弓赤矢射之，以致病笃。其兆已应，王必不起。'伯阳父曰：'吾夜观乾象，妖星隐伏于紫微之垣，国家更有他变，王身未足以当之。'"

尹吉甫对二人说："常言说'天定胜人，人定亦胜天'。你们只强调天道而忽视人的作为，把文武百官放在什么地位了？"此言"天定胜人"，说的是大自然的规律，天生万物，故"天定胜人"。"人定亦胜天"，强调的是人的主观能动性，是说应发挥自己的积极性和创造性，来改变自己目前不好的命运。就西周来说，宣王崩，朝臣担心出乱子，但吉甫认为只要团结稳定文武百官，即使"天定宣王崩"，也能"人定（朝臣团结稳定齐心协力）亦胜天"。事实上，十一年后，幽王因昏庸无道，人为地违背"天命"而被灭亡，由幽王子平王继位。

## 二、释义"天定胜人，人定亦胜天"蕴涵的辩证哲学思想

尹吉甫所说的"天定胜人，人定亦胜天"，不仅是成语，是历史典故，而且充满辩证思维、哲理，被广泛应用，因此关于"天定胜人，人定亦胜天"的释义、理解是多样的。

在《现代汉语词典》《新华成语词典》《国语辞典》等书籍中，

"人定胜天"是指人力能够克服自然障碍，改造环境，突出了人的能动性与智慧。"定"不是一定、肯定，"人定"解释为人的谋略或力量。

有人说，"天定胜人，人定亦胜天"的意思是上天自然的力量能极大地影响人事，人力也能够战胜上天、战胜自然。如伯阳父夜观天象，见妖星隐伏，认为国家恐有他变，这是天不定的现象；倘若天象稳定，那么就象征着国家安稳，此谓"天定胜人"。对此，尹吉甫说，"天定"，那么人再怎么胡闹也不管用；相反，如果人能够齐心合力，那么就算天象紊乱，国家也能由此"人定"。此谓"人定亦胜天"。

有的人认为，"人定胜天"与前面的"天定胜人"，是辩证的关系，而不是对立的关系。运用《周易》的思维方式来进行分析，有天、地、人"三才"的说法，"人定"，这个定，可以理解为秩序、有序、团结。"天"在这里可以理解为自然规律、自然意志等。

还有的人认为，这天地间，天定胜人，有所胜，有所不胜；人定胜天，亦有所胜，有所不胜。万物天地生，日月乾坤定，青山永不老，大江东流去，这是先天定的东西，人是不可改变的。但筑堤可防洪，引水可防旱，逢山可架桥，凿井可引水，稼穑可足食，修炼可长寿，积德可延年，这是后天的东西，是人可以定的。所以，世间事物，既有天定，也有人定，二者缺一不可。故凡成大业者，必有天时、地利、人和。有天时、地利，而无人和，则事业无成；有人和而无天时、地利，则劳而无功。此为常道，千古不易也。

先秦《逸周书·文传》称"人强胜天"。《东周列国志》中，西周尹吉甫曰："天定胜人，人定亦胜天。"宋刘过《襄阳歌》："人定兮胜天，半壁久无胡日月。"《史记·伍子胥列传》："吾闻之，人众者胜天，天定亦能破人。"《喻世明言》卷九："又有犯着恶相的，却因心地端正，肯积阴功，反祸为福。此是人定胜天，非相法之不灵也。"清蒲松龄《聊斋志异·萧七》称："彼虽不来，宁禁我不往，登门就之，或人定胜天不可知。"

先秦诸子的荀子认为，天地四时对人世间的安定与混乱没有决定作用，星坠木鸣之类的天地之变并不可怕，真正可怕的是"人祆"，也就是由君上昏乱、政治险恶等人事导致的种种反常现象。他提出人最应该执着的东西是"君臣之义，父子之亲，夫妇之别"，在天面前，应该"错天而思人"，也就是说不该放弃自己应该付出的努力，而沉溺于对天的思慕当中。人通过一定的努力可以掌握自己的命运，一味地迷信上天、屈从于命运，不如把它当成物来蓄养而控制它，顺应它而利用它。荀子认为，放弃了人的努力而去思慕天，就违背了万物的实情。而通过人的努力，则可以掌握自然的运行规律、法则，从而更好地掌握人类的命运。这就是荀子的"人定胜天"理论。

对"天定胜人"和"人定亦胜天"的认识和理解应辩证地看待，不可将两者对立，不能走极端，不能违反科学，更不能绝对化。

有的宿命论者认为，人的命运、凶吉、祸福、得失、贫富等都是由老天爷来安排决定的，是改变不了的，即所谓的"天有定数"，简称"天定"，这是走极端、违反科学的。

如何辩证地、科学地理解"天定胜人"和"人定亦胜天"呢？对"天定胜人"，要着重理解的是，人类是自然界的重要组成部分，自然界先于人类而存在，自然界具有不依赖于人类的内在创造力，它创造了地球上适合于生命生存的环境和条件，创造了各种生物物种以及整个生态系统；人作为自然存在物，依赖于自然界，自然界为人类提供赖以生存的生产资料和生活资料。人因自然而生，人与自然是一种共生关系，人类发展活动必须尊重自然、顺应自然、保护自然，这是人类必须遵循的客观规律。对"人定亦胜天"，要着重理解"人定"强调了人的主观能动性在一定的条件下所起的决定作用，从而认识自然、社会规律，创造一定的条件，赢得自己的命运，这就是"人定"。

"天定胜人，人定亦胜天"首先肯定了物质对意识的决定作用，又说明了人的意识是物质世界高度发展的产物，以及意识对物质的能动作用；物质对意识的决定作用和意识对物质的能动作用是辩证统一的。这句话还强调了另一方面：不要片面地强调主观能动性，置客观规律而不顾，忘乎所以，说大话，放空炮，瞎撞乱碰，这不但改变不了命运，反而使自己十分被动。

"天定胜人，人定亦胜天"是让人们在尊重客观规律的前提下发挥主观能动性，在发挥主观能动性中认识客观规律和利用客观规律去有效地改造自然、改造社会。因此，唯物主义者在尊重客观规律的前提下肯定"人定胜天"。

## 三、尹吉甫提出"民之秉彝，好是懿德"与"天定胜人，人定亦胜天"，颇具哲理

尹吉甫在《诗经·大雅·烝民》开篇第二句曰："民之秉彝，好是懿德。"《毛传》说："彝：常。懿，美也。"诗句是说"人们顺其常性，都爱喜这美好的德性"。天生的众民，都有自己的规律、法则，而人的重要特点，就是有情感、有道德等。这是人的常性。

尹吉甫认为，天定胜人，大自然规律不可抗拒，但是人定亦能

胜天。人们顺应自然规律，运用自然规律，就可能战胜自然灾害。这种唯物主义的思想，是老子、庄子及其他哲学家的思想基础。尹吉甫的哲学思想，既是道家的哲学思想基础，也是儒家"性善说"的哲学思想基础，他是中华思想文化的先哲。

我国著名哲学家、北京大学哲学系张岱年教授在《中国哲学中"天人合一"思想的剖析》一文中说："中国传统哲学，从先秦时代至明清时期，大多数（不是全部）哲学家都宣扬一个基本观点，即'天人合一'。……'天人合一'的观念可以说起源于西周时代。周宣王时的尹吉甫作《烝民》之诗有云：'天生烝民，有物有则，民之秉彝，好是懿德。'这里含有人民的善良德性来自天赋的意义。孟子引此诗句并加以赞扬说：'孔子曰：为此诗者其知道乎！故有物必有则。民之秉彝也，故好是懿德。'这是孟子'性'、'天'相通思想的来源……到宋代的张载、二程而达到成熟。张载、二程发展了孟子学说，扬弃了董仲舒的粗陋形式，达到了新的理论水平。"

笔者在《尹吉甫研究》一书中说："尹吉甫在《诗经·大雅·烝民》一诗中提出：'天生烝民，有物有则。民之秉彝，好是懿德。'这是人的常性。为君者必须按照人的常性，小心翼翼地去宣传，去教导，去管理。这就是从客观实际出发，实事求是地做好工作，而不是主观臆断，一意孤行。这里没有虚无主义的东西，也没有主观主义的东西。他所说的'天生''昊天'指的是自然规律，而不是'上帝'。……这种唯物主义的思想，是老子、庄子及其他哲学家的思想基础。"

# 第十二章
## 太师吉甫　房陵人考　平遥南皮　征战史迹

千百年来,人们一直探寻着辅佐周宣王中兴的西周太师尹吉甫的祖籍,他究竟是湖北房陵人,还是山西平遥人、河北沧州南皮人、四川泸州人?这些地方都认为尹吉甫是其当地人。

如此争论,尹吉甫究竟是哪里人?笔者深入实地考察和查阅史料,论述于下。

### 一、太师吉甫　房陵人考

据明嘉靖《湖广通志》、《明一统志》、《广舆记》、《郧台志》、《郧阳府志》、《房县志》等书记载:"尹吉甫,房陵人,食采于房,葬于房之青峰山,今碑坟在焉。"根据尹吉甫在房县的宗庙、碑、宅、墓、祠等文物古迹及其北伐狁、南征荆蛮、施粥救民等众多传说故事,笔者经过三十多年的深入研究认为,中华诗祖周太师尹吉甫为房陵人,他故里在房,食邑于房,卒葬于房,是无可争辩的事实。尹吉甫为房陵人,考证如下。

1. 史志古籍中有大量记载

（1）《郧阳府志》的记载

明万历六年（公元1578年）《郧阳府志》（卷七·形胜）载房县"八景"之一"吉甫遗基"。

万历《郧阳府志》（卷十六·祀典）载："尹吉甫庙，旧在县西南六里，唐咸通中立，久废，基碑俱存。正德十四年，知州胡壁建祠于东关外一里许，春秋致祭。嘉靖三十五年，主簿严尧黻重修，以伯奇附。"

万历《郧阳府志》（卷十九·水利）载房县有"澈澥堰，县南十五里，世传尹吉甫所凿。源通巫峡。元至正[德]间碑存。其水可灌万亩，今分为三畎。万历间知县朱衣重修斗门，都御史王世贞为记。"

万历《郧阳府志》（卷二十五·人物）载："周尹吉甫，房陵人……宣王时封太师，食邑于房。吉甫有文武才，入为卿士。时狁狁内侵，王室浸弱，王命吉甫帅师伐之。吉甫与仲山甫协赞，内修外攘，迄奏肤公定王国，周道赫然中兴，诗人为六月之章，歌之，列于小雅，卒葬于房之青峰山，今碑坟在焉。伯奇，吉甫之子。天性至孝，后母宠己子而恶之……今邑设顺令祠于吉甫祠之左，扁其堂曰：'父子忠孝'。"

清同治庚午年（公元1870年）重修《郧阳府志》（卷一·舆地·古迹）载："尹吉甫宅，房县南，去庐陵王城一里。尹吉甫墓，房县城东九十里，墓祠在焉，有碑脱落。""尹吉甫祠墓俱在房县，世为房陵人……"

(2)《房县志》的记载

清同治《房县志》载:"房县,古称房陵","披览《郡志》,知房为尹公故里","宝堂寺,城东百一十里,在青峰东北。因石岩凿成……尹吉甫像坐于石庭。有碑志"。清乾隆《房县志》载:"萧萧松桧,周太师之采邑。"

(3)其他有关书籍的记载

明《广舆记》载:"所谓吉甫为房陵人,是也。及闻城东有祠墓。"

《明一统志》载:"尹吉甫以为房人……食采于房,其后卒遂葬于房欤。"

1936年四川泸州重修再版的《泸县志》(卷七·艺文志)载:"《郧阳志》载吉甫为房陵人,卒葬房之青峰山","吉甫辗转迁葬于房"。

舒新城主编的《辞海》(中华书局1947年版)载:"尹吉甫:周房陵人,宣王修文武大业,进迫京邑,奉命北伐,逐之大原而归。"

中国文史出版社2000年出版的《十堰通史》载:"西周时期十堰地区最有名的人物是尹吉甫……死后葬于湖北房县的青峰。"

长江出版社出版的《十堰文物志》(房县历史文物古迹·古代建筑篇)载:"宝堂寺,地处榔口乡白鱼河村,以供奉周宣王的大臣尹吉甫石像和三教神像而取名……属县文物保护单位。"

**2.房县有尹吉甫宗庙、祠、碑、宅、墓等文物古迹**

(1)尹吉甫老宅

房县万峪河乡大堰村九组有一处尹吉甫老宅,原先建有三层四合院。还可以见其旧迹——中院大门有一个石门凳，院中有刻着花纹的大石条，还有石凿马槽等。

清同治《房县志》（卷七·古迹）载："尹吉甫宅，县南，去卢陵王城一里。"人们传说尹吉甫做官后，其家人从万峪河老人坪搬到了城南附近盖的大宅院。

（2）房县有尹吉甫宗庙——一座古代石窟建筑

据宝堂寺附近居住的一位八旬老农说，当年他是农会干部，带人"破四旧"，烧毁了石窟大殿外尹吉甫庙两侧的厢房。在房县榔口乡（现尹吉甫镇）万峰山尹吉甫宗庙石窟前，现存明代县官立的题为《房县万峰山宝堂寺立碑记》的石碑，以及题为《房县万峰山宝堂寺建造记》的石碑等文物古迹。

（3）房县有尹吉甫相关碑文记载

房县有关尹吉甫的文物石碑有七块，其中房县尹吉甫镇七星沟村尹吉甫宗庙现存石碑有五块，房县青峰镇一块，房县文化和旅游局两块（其中一块现存房县博物馆）。

第一块是房县尹吉甫镇七星沟村尹吉甫宗庙前题为《房县万峰山宝堂寺立碑记》的石碑，修于大明正德十一年（公元1516年）丙子孟春二月，由县丞李南金、知县胡壁主持，其他人有尹继（宗先祖贤良芳恩）、尹（添昌修仁）爵，施财造碑施主，襄阳府谷城县观音堂刘钰等。这块石碑采用青绿色石材雕刻，碑高3.3米，宽1.04米，厚0.15米。石碑记载："夫青峰乃古周朝名宦尹吉甫，佳城余地之胜概也……由山西而至，久隐山房，旁观四野，朝夕留心而方得乎，此地峰峦幽雅，辐辏四围，龙脉萦绕……此地房县之东九十里。"石碑背面刻有："庄严佛相，妆修维汉，采饰诸灭，三教圣容。"从碑文内容可知，先有尹吉甫宗庙宝堂寺，因仰慕尹吉甫宗庙之盛名，后儒释道三教合一时选此深山僻壤而建宝堂寺大院。

第二块是房县尹吉甫镇七星沟村尹吉甫宗庙前题为《房县万峰山宝堂寺建造记》的明代石碑，碑高3.3米，宽1.04米，厚0.15米。石碑正面记载："佛教之肇起于何世也耶？曰汉明帝□□鄙立清舍……寺自汉明帝之始也，故曰有寺则有僧，明帝之所阳……故魏晋南北朝皆有翻译经者随有译经馆□□置译经润邑之官无和□□殿木大平兴□□置译经院……"石碑背面刻字："皇图巩固，帝道遐昌。佛日增辉，法轮常转。"

第三块是房县尹吉甫镇七星沟村尹吉甫宗庙前重修宝堂寺功德碑，碑高1.35米，宽0.66米，厚0.1米，主要是记施财施主之名，而无记事。碑文字迹残缺。

第四块是房县尹吉甫镇七星沟村尹吉甫宗庙前庙产碑，碑文还算清晰可见，系清同治十年桂月尹世均、尹世显等人立，碑文："有契约可据，年光就没，忠以勒石以不朽。"四至边界是："正东至北白鱼沟心，南至贾垭，西至原岭分水，北至刘姓地边直上原岭分水为界。"

尹吉甫镇七星沟村尹吉甫宗庙前，还有尹吉甫建庙、尹姓后代看庙、收租及庙产纠纷、尹吉甫祖宗之争等传说。尚有一些庙房石条及石碑在庙房旁被一农户用作墙基和台阶。

第五块是2010年4月23日房县青峰镇青峰街村松林垭尹氏老祖坟遗址出土的一块清代纪念尹吉甫的石碑，墓碑采用本地极少见到的青绿石材雕刻，碑高2.5米，宽0.8米，厚0.158米，碑文内容为："下马青峰道，焚香拜尹公，出师宣薄伐，作颂穆清风，烟冷千秋石，云幽万古松，允怀文武略，谁嗣奏肤功。"落款小字："乾隆三年春立。"字体为行书。

第六块是房县文化和旅游局保存的"周太师尹吉甫"纪念碑。此碑原在房县城东关,1966年"文革"中因"破四旧"被砸,被农户在盖土房时用来砌墙,1981年农户拆旧土房重盖新房时被发现,由房县文旅局作为文物保存。

第七块是原由房县文化和旅游局保存的"忠孝名邦"纪念碑。据清同治《房县志》(卷五)载:"房号'忠孝名邦',盖以西有黄香祠,东有尹公墓也。""忠孝名邦"石碑原镶嵌在被当地视为吉祥迎宾之地的房县古城墙东城门上,现该碑被收藏在房县博物馆。

此外,在宝堂寺有一块"一九八七年十二月房县人民政府公布:县级重点文物保护单位"石碑,一块"二〇〇八年三月湖北省人民政府立:省级重点文物保护单位"石碑。

(4)房县有尹吉甫墓遗迹

清同治《房县志》(卷七·古迹)载:"及闻城东有尹吉甫祠墓,在荒烟蔓草中,周围数十里,长松古柏,谡谡有声……适郡守卫台,常详称房令沈用将,具详诸生张友奎、戴玫以山树若干,助广尹公墓地,属余为文志不朽。噫,是又与余凤昔企慕之心相孚,而今得以成其志也。二生诚可嘉也哉!今士大夫平居读书论世,见古名臣良佐煜耀史册者,辄有生不同世之感。及掇巍科登仕版,诩诩夸耀乡里,而先贤遗迹泯灭,略不加意,以视二生何如耶?计尹墓旧界山三百九十一丈五尺,今广八百七十丈。界内树二千四百九十二株,今增四千一百三十三株。总计尹山一千二百六十一丈五尺,树六千八百六十九株(笔者注:《房县志》统计有误,应为六千六百二十五株)。尹公岂必借此以传不朽!第有此山,自宜申画界圻,严禁樵牧,以慰前贤人之灵。故亟如所请为记,而刻石于墓旁。"

房县万峪河乡老人坪村、大堰村一带有一座古墓,历代相传为尹吉甫墓，名曰"天官坟"。此地从风水或环境而论，确是一块风水宝地。依《史记·周本纪》说："夫国必依山川。"这里正好背靠大山，三面溪水环流，四顾群峰合围，真有后世"秦皇陵背靠骊山、脚踏渭水"之气势。

天官坟坐西朝东，地表现状是：正面七级台阶至墓顶，台阶南北宽2.2米，墓顶封盖一块1.2米见方的石块，石块正中有一个直径为0.46米的八边形井口，从井口俯视，可见下宽上窄呈倒斗状的四壁，四壁用石条堆砌，层层叠压，成45度斜面，井内现已填塞土石，深不可测。据年长者讲，原来墓前还有护栏，护栏为上圆下方的石柱，石柱之间用雕花长方形石板相连接，建筑整体古朴典雅，庄严肃穆。

关于墓顶设天井，其解释有二。据范文澜《中国通史》，西周时，"人住邑中必须饮水，因此邑必有井。""殷周时，有殉葬制，除'杀殉'，还有'生殉'，留口井作'生殉'者的通气孔。"

村民中还流传着许多关于尹吉甫墓葬的故事传说。

相传尹吉甫因反对周幽王废掉王后申氏和太子宜臼，孤意册立褒姒为王后，并立褒姒之子伯服为太子，而遭褒姒陷害被杀头，后又被平反昭雪，周幽王下旨厚葬。因是厚葬，为了防止盗墓，采取了以假乱真的方法，用12副同样的棺材同时发丧，分别葬于房县的12个地方。

## 3.《诗经》中的相关民歌仍在千里房县传唱

笔者曾在房县古老的民歌中寻找与《诗经》有关的民歌。笔者和房县门古寺镇干部张兴成在采访中发现门古寺镇草池村一组60多岁的村民邓发鼎等传唱的"姐儿歌"："关关雎鸠往前走,在河之洲求配偶,窈窕淑女洗衣服,君子好逑往拢绣,姐儿羞得低下头……"

在房县九道乡发现农民杨家富会唱民歌《年年难为姐做鞋》,其歌词是："关关雎鸠（哎）一双鞋（哟）,在河之洲送（哦）过来（咿哟）,窈窕淑女（哟）难为你（耶）,君子好逑大不该,（我）年年难为姐（哟）做鞋（咿哟）。"

房县白窝乡黄堰村61岁的民歌师刘昌言告诉笔者,在唱薅草锣鼓或是唱待尸歌时,有时也把《关雎》的前四句作为开场白,或唱或说出来,以此助兴。在房县,人们不仅唱与《诗经》有关的民歌,还用《诗经》里的《蓼莪》来哀悼已去世的父母。

### 4.房县历代不少官员文人赋诗赞颂周太师尹吉甫

明万历《郧台志》（卷十·著述）记载"七言绝句"："往日跳梁今按堵,三边共说裴开府,当知文武宪群工,天为皇朝生吉甫。"

据房县文史资料研究委员会1987年编《房县文史资料·第一辑》载："房县素有'忠孝名邦'之称,'忠'是指辅佐周宣王勋绩卓著的周太师尹吉甫……周宣王为了奖赏他的功劳,令其食采邑房陵,收其租入,以为俸禄。他死后葬于房陵。"

### 5.尹吉甫的故事在房县传为佳话

房县历代一直把尹吉甫推崇为"忠义至尊"、做人为官的典范,尹吉甫的传说在千里房县广为流传。

房县万峪河老人坪村有个石门沟,溪水由西向东流,小河的东西各有一道石门。相传,这里是一个龙脉之地,出生了一个"尹天官"。

除了石门沟出尹天官的传说,房县民间还流传着尹吉甫升官的传说、尹吉甫尽忠报国的传说、尹吉甫父母施粥救民的传说、尹氏"父忠子孝"的传说、尹吉甫蒙冤被错杀及平反的传说、周幽王赐尹吉甫金头的传说、12副棺材同时出丧传说、石匠老爷修尹吉甫家庙传说、尹吉甫之子伯奇变伯劳鸟传说等故事。

住在尹吉甫镇七星沟村尹吉甫家庙附近的85岁的刘大斌,解放前租种尹吉甫庙产土地,他不仅会讲许多与尹吉甫有关的传说故事,而且还会唱《诗经·关雎》民歌。2008年11月,刘大斌被湖北省非物质文化遗产保护中心宣布为"尹吉甫传说"传承人。

### 6.房县有尹姓后裔代代传扬尹吉甫故事

尹吉甫故里在房县。据舒新城主编的《辞海》考释,周初有另一"姞"姓之国——鄂国(西周的诸侯国),鄂亡于楚,其一支迁居楚西北的房陵,吉甫为鄂侯后裔。故尹吉甫原本是"姞姓鄂氏"的后裔。尹吉甫食邑房陵,卒葬于房陵。

据统计,房县以及外迁到邻近的丹江口市官山镇、盐池河镇,十堰市茅箭区茅塔乡、郧阳区安阳镇的尹氏后裔,总计406户1546人(2006年),中华诗祖、周朝太师尹吉甫的民间传说,尤其在尹姓家族中传为佳话。房县万峪河乡当年80多岁的老人尹维鹏,不仅能一口气背出尹吉甫下传的56代(部分)家谱,而且能讲尹氏家族争祖宗、夺庙产的传说,尹吉甫外出带兵打仗的传说,尹吉甫的长子伯奇的传说等。房县青峰镇62岁的尹义清,是守看尹吉甫祖墓之人的后代,他能讲尹吉甫宗庙及宝堂寺兴衰的传说等故事,并代代相传，引以为荣。笔者和陈伯钧等先后搜集尹吉甫的故事60多个，尹吉甫的故事在尹姓后裔中代代传颂。

### 7.专家学者研究和高度评价尹吉甫

笔者从1980年起就开始搜集整理关于尹吉甫的资料，先后随同新华社湖北分社老社长徐士杰同志、湖北省民间文艺家协会主席傅广典等有关专家、学者，多次到房县考察尹吉甫与西周诗经文化及尹吉甫传说故事，并组织袁源、袁君、谢钰龙、陈伯钧等人，搜集、挖掘、整理尹吉甫有关文字资料100多万字、录音带20多盘、数码录音100多兆及录像带13盘，拍摄照片资料万余张。笔者研究尹吉甫及其传说，先后撰写《中国中西结合部古文化沉积带的珍贵遗产——民间文化宝藏"房陵文化圈"》《房县民歌大王的非物质文化生存》《千里房县是歌乡》《浅谈2500多年前诗经相关民歌至今仍在中华诗祖、周太师尹吉甫故里千里房县民间传唱的渊源》《建立中华诗祖尹吉甫房陵生态文化名胜园，打响鄂西生态文化旅游圈的"国际品牌"——整合房陵文化圈资源 打造房县百里生态文化旅游圈的调研报告及建议》等文章。新华社、人民日报、中央电视台、中国新闻社和省市新闻媒体纷纷采访报道，受到一些专家学者的高度关注。

2005年11月，文化部副部长周和平听取了笔者（十堰市委政策研究室正县级政策研究员、十堰市民俗学会会长）、十堰市民间文艺家协会副主席、十堰市民俗学会副会长李相斌，享受国务院特殊津贴的专家、十堰市民俗学会副会长陈吉炎关于中华诗祖、周太师尹吉甫故里房县西周诗经文化及房陵文化圈的搜集整理情况的汇报，周和平副部长高兴地说，周太师尹吉甫故里房县的发现与研究，使人听了为之震撼，希望湖北和十堰市及房县进一步做好抢救保护工作，切实抓紧做好周太师尹吉甫相关材料的非物质文化遗产申报工作，以弘扬我国优秀民族和民间文化。

民间文化专家、北京大学教授陈连山在《一份融会中华民族口头和文字两种知识传统的宝贵文化遗产》中写道："房县是周宣王时代的太师尹吉甫的故里，至今仍有其墓碑和庙宇。尹吉甫曾经率军驱逐狁狁至大原，也创作了《崧高》《烝民》赠送同僚，后来收入《诗经》，是目前已知为数不多的《诗经》作者之一"，"这是中华民族非常宝贵的一份无形文化遗产"。

中央音乐学院博士生导师周青青教授在《房陵文化圈民歌的多元文化特征初探》中写道："房陵地区的《诗经》民歌，不仅清楚地证实了湖北文化南北交融的地域性特征，又能使地域文化的学者认识到，不论从地理位置、历代政治区划，还是人口构成上，房陵文化圈都表现出多元文化的特点。"

中国音乐学院教授李月红2006年"十一"国庆期间，先后在房县榔口、桥上、门古、青峰、城关等乡镇深入广泛采风房陵民歌，考察了尹吉甫宗庙宝堂寺，听当地几位老人讲述了尹吉甫的民间传说，还在当地听到了古老的《诗经》民歌，她说："这些珍贵资料不仅是鄂西北房陵文化的宝贵遗产，而且对研究我国历史名臣周太师尹吉甫及《诗经》相关民歌也有着重要的价值。房县是民歌研究的富矿。"

2008年8月26日，在湖北长阳召开的"20年来中国非物质文化遗产保护的理论与实践学术研讨会"上，笔者发言说，十堰市是湖北的文化资源大市，在湖北西部生态文化旅游圈的"荆楚文化、神农炎帝文化、秦巴文化"等九大特色文化中,十堰市有七大文化,尤其是十堰市所辖的房县,是中华诗祖、周朝太师尹吉甫故里,西周诗经文化、宫廷帝王流放文化等特色文化底蕴深厚,博大精深,这些珍贵的非物质文化遗产是荆楚文化灿烂夺目的绚丽瑰宝。2007年,中华诗祖、西周太师尹吉甫传说入选湖北省首批非物质文化遗产项目名录,引起轰动,国家非物质文化遗产知名专家刘锡诚等给予了高度评价,称之为"珍贵的非物质文化遗产"。

2010年8月6日,河北师大教授、博士生导师、中国诗经学会会长夏传才教授在"中国(房县)诗经文化节暨诗经文化研讨会"上说:"尹吉甫故里在房县有两大不争的事实:(1)房县是《诗经》大雅、小雅中确切记载姓名的诗人尹吉甫的故里,他封邑于此,葬于此。(2)古代鄂国是一个以'姞'为姓的方国,商代时被封为侯爵国,建都野王(今河南沁阳市),周初迁徙湖北鄂城,西周中期被楚国所灭。被灭后,'姞姓鄂氏'中的一支迁徙于当时楚国西北的房陵(今湖北房县)。尹吉甫封邑于此,葬于此,其后裔绵延于此,而成为大家族。"

2012年9月9日,在"中国(房县)尹吉甫·诗经文化研讨会"上,中国诗经学会会长王长华在致辞中说:"房县是尹吉甫的籍里,房县县委、县政府高瞻远瞩,实施'文化立县、文化兴县、文化强县'战略,深入挖掘、开发、利用房县深厚的文化资源,大力弘扬传承诗经文化,以文化大繁荣助推经济大发展,无疑是一件造福地方、功德无量的事情。本次研讨会对促进房县深入挖掘诗经文化内涵,全力打造诗经文化品牌,着力提升文化服务功能会起到一定的推动作用。"

## 8.尹吉甫故里房县对诗经尹吉甫文化的挖掘、整理和弘扬

房县县委、县人大、县政府、县政协领导十分重视诗经尹吉甫文化挖掘整理和宣传工作,把弘扬诗经尹吉甫文化作为一个重大决策,写进县委、政府工作报告,将此作为推动房县大旅游、大交通、大项目、大招商的重要工作来抓。

为弘扬诗经尹吉甫文化,房县县委、县政府倡导诗经文化进机关、进校园、进社区、进乡村、进农家大院的活动,制定了房县诗经文化园建设项目。

房县县委、县政府高度重视诗经尹吉甫文化,着力把诗经尹吉甫文化作为鄂西生态文化旅游圈上的一颗灿烂明珠来宣传打造。2010年8月6日到8日,举办了中国(房县)诗经文化节暨诗经尹吉甫文化研讨会,引起了房县及社会各界的高度关注,中央电视台新闻联播、湖北卫视等媒体纷纷予以报道。经笔者联系,中央电视台七频道的栏目组专程来到房县拍摄了尹吉甫文化节目。2011年,在湖北省委常委、宣传部部长尹汉宁的重视下,中央电视台"探索·发现"栏目组和湖北电视台来房县摄制了《〈诗经〉溯源》专题片。2012年9月9日,中国(房县)第二届诗经文化节暨诗经文化研讨会成功举办,千里房县呈现一派"吉甫故里诗经热,房陵人歌动地诗"的热烈景象。房县县委、县政府正在着力宣传、打造诗经尹吉甫文化,让诗经尹吉甫文化唱响全国,走向世界。

## 二、吉甫北伐　驻平遥考

尹吉甫是不是山西平遥人？笔者于2008年8月23日和2009年7月中旬，两次专程到山西平遥考察，并查阅《平遥县志》和有关史籍，经研究认为，尹吉甫只是征战猃狁，曾到过平遥，平遥当地史料从未说尹吉甫是平遥人，平遥的尹吉甫墓碑系纪念性墓碑。由此，尹吉甫非平遥人，不存在"尹吉甫是山西平遥人"之说。

《诗经·六月》曰："六月栖栖，戎车既饬……薄伐猃狁，至于大原，文武吉甫，万邦为宪。"据清光绪八年（公元1882年）《平遥县志》载："周宣王时，平遥旧城狭小，大将尹吉甫北伐猃狁曾驻兵于此。筑西北两面，俱低。"

据刘家骐、赵昌本编著的《平遥县文物志》记载："尹吉甫墓坐北朝南，明万历二十五年（公元1597年），知县周之度于墓前方竖神道碑，上书'周卿士尹吉甫神道'，此碑曾一度埋没。明万历三十四年（公元1606年）知县陈所学以砖砌墓，前建厅堂四楹（后期失存）。"1987年，平遥县文物管理所为之加高封土至3.5米，墓丘直径7米，墓丘之周围筑包土砖墙，高0.9米，四周植柏。

1999年8月中华书局出版的《平遥县志·文物篇》记载："尹吉甫生卒年代不详，江阳（今四川省泸县）人……"而《平遥县志》《平遥古城志》载："尹吉甫，江阳（今四川省泸县）人。"经查四川省《泸县志·艺文志》载"尹吉甫故里辨"及"驳吴省钦吉甫非泸里辨"两文载："尹吉甫故里郧房陵人。"

平遥尹吉甫墓、祠是后人修建的纪念性墓冢。据光绪八年《平遥县志》载，平遥城墙始建于西周。西周宣王姬静（公元前827—前

728年）派大将尹吉甫北伐猃狁，尹吉甫驻兵于平遥，出于军事防御的目的，筑素土城墙。在平遥城上东门（太和门）下，沿东马道北行一百余米，有一个宽敞但破败的院落，尹公祠是也。如今的尹公祠，只留下一座濒临废毁、门窗紧闭的主殿。出太和门，北行一百余米，向东拐入城外的小巷，有尹吉甫墓。尹吉甫墓底边包砖，上实封土，规模不大，是后人修建的纪念性墓冢。

笔者在平遥考察时，平遥县机械厂退休老工人薛自强介绍时亲笔写道："在'文革'前，尹吉甫墓大致形状：约有15平方米，圆形，高有3.5米，底层约砌有15层砖。尹吉甫北伐猃狁时在此打仗，驻扎逗留一段时间，这里世代相传是人们为纪念尹吉甫而修的一个象征性的墓。"

刘福田在《伟岸婆娑·平遥柳》一文中说："《平遥县志》载：'周宣王时尹吉甫北伐猃狁，驻兵于此。'当时的城墙为夯土所筑，距今已2700余年。平遥百姓感念其人，在上东门建有尹庙、尹墓。"

尹耀彬先生在《探访尹吉甫的遗迹》一文中说："据上了年纪的老人介绍，平遥出太和门，北行一百余米，向东拐入城外的小巷，在一停车场旁便可以看到尹吉甫墓，旁边立着一块县文物保护的石碑。"

## 三、吉甫河北　南皮传说

据《南皮县志》等有关史料记载，"尹吉甫，周宣王时为内史大臣，执掌周王室政策法令。"后人称赞尹吉甫"事业文章，炳然千古"。《诗经·小雅·烝民》是尹吉甫随仲山甫出征南皮时而作的颂扬仲山甫之诗。尹吉甫所作《烝民》在南皮颇具盛名，因此，尹吉甫在南皮又被称为"文以服众，武以威敌"的一代名臣。南皮县城西北五公里处的将军坟是纪念尹吉甫的墓。

尹吉甫是否是南皮人？笔者于2008年8月20日冒着倾盆大雨专程到南皮考察，又据有关史料研究，得出尹吉甫仅是出征南皮，并非南皮人。

1.《南皮县志》对尹吉甫的有关记载

据1992年12月河北人民出版社出版的《南皮县志》的《人物传》记载："尹吉甫，周宣王时为内史大臣，执掌周王室政策法令。""周宣王派仲山甫筑城于齐，以保障东方，临行时，尹吉甫作长诗《烝民》相赠。诗中赞扬仲山甫的美德和他辅佐周王室的政绩。""后人记载尹吉甫'文以服众，武以威敌''事业文章，炳然千古'。墓在南皮镇西黄家洼村西南处，当地习称'将军坟'。"

2.有关南皮县"将军坟"的传说

据有关文人2007年4月5日发表的《将军坟的今昔》一文："据传说，当年将军带领千军万马征战疆场，来到河边，被敌军挡住去路，于是一场厮杀在所难免。战争的结果是将军一命归西，敌军也损失一驸马，为了让他们死后也能捉对厮杀，就在河的两岸分别将他们掩埋。"此故事莫须有，此文系后人杜撰的小说。

3.笔者对尹吉甫非南皮人而以"文才武略"名传燕齐南皮之由的考察研究

尹吉甫故里及食邑地非河北沧州市南皮县，而为什么在南皮县又有些传说呢？

笔者经查阅《南皮县志》、阅读《诗经》和有关书籍，认为尹吉甫非南皮县人，南皮县亦非尹吉甫食邑，而是宣王命樊侯仲山甫筑城于齐，"文才武略"的尹吉甫在此地作《诗经·大雅·烝民》送之。"吉甫作诵，穆如清风"，《烝民》自古以来就在南皮县世代相传。

4. 笔者查阅《南皮县志》和到南皮县考察，得知复立的尹吉甫墓碑是纪念碑

笔者到南皮县考察，当地尹吉甫文物古迹甚少，仅有重新整修封土的将军坟。2008年8月21日，笔者到南皮县地方志办公室考察尹吉甫的相关记载情况，地方志办公室的2名老同志热情地介绍了《南皮县志》对尹吉甫的记载情况。他们说，南皮县关于尹吉甫的传说不多，文物古迹只听说县城西黄家洼有个土堆的尹吉甫"将军坟"，但他们也没去过。笔者购买了一本《南皮县志》，随后赶到县城西黄家洼。穿过一片玉米地，有一两丈高的土山包，旁有一开凿的渠塘，在土山包与黄土地之间有一重新整修封土的尹吉甫墓，封土高1.9米，东西长5米，南北宽2.5米。碑的正面刻文："周卿士尹吉甫墓碑""南皮县人民政府文物保管所""二〇〇〇年三月立"。碑的背面刻文："周卿士尹吉甫墓于公元一九八二年七月二十三日被划定为省级重点文物保护单位。清乾隆三十六年春二月所立御制墓碑已失，后经县文馆所文物普查，在南皮齐庄村发现残缺墓碑两块，碑文不全，遂收回保存。二〇〇〇年三月三日，南皮尹氏磋商筑坟之际，协商决定，由南皮尹氏家族集资复立墓碑。"（笔者到南皮县

考察，尹吉甫墓确属南皮尹氏磋商筑坟，由南皮尹氏家族集资复立墓碑。）

笔者走访编辑《南皮县志》的老同志、考察当地尹吉甫墓后认为：尹吉甫非南皮人，只是周宣王派仲山甫赴齐筑城、吉甫作诵等传说流传于南皮而已。具体理由如下：一是《南皮县志》没有记载尹吉甫是南皮何乡人士；二是当地介绍尹吉甫的内容有误，如尹吉甫墓在南皮县西三十里，实际应为南皮县西五公里，相关表述"东周名臣（尹吉甫）就是南皮人？"有误，应是西周末；三是缺少其他史志文献的相关记载；四是传说故事比较离奇；五是文物古迹较少，南皮尹氏家族协商决定筑坟，并集资复立的墓碑只是纪念尹吉甫的衣冠冢。

（《尹吉甫征战南皮考》原文3200余字，本文系摘编）

## 四、吉甫伯奇　泸州传说

据四川《泸县志》记载："尹吉甫，泸县人。为周内史。与方叔、南仲并事宣王。有文武才……全蜀乡贤及州乡贤俱崇事，其专祠曰'穆清'。有明至清，世荫其后入州庠，以奉祠祀。"在泸州，亦有尹吉甫是其石洞人的传说。郦道元《水经注》记载："尹吉甫子伯奇至孝，后母谮之，自投江中，衣苔带藻，忽梦见水仙，赐其美药，思惟养亲，扬声悲歌……"尹吉甫之子伯奇投江的神话传说在四川泸州流传较广。

尹吉甫是不是泸州人？笔者于2006年7月中旬专程到泸州，购买《泸县志》及到石洞进行实地考察。通过查阅史书，笔者研究认为，尹吉甫并非泸州人，其夫人为泸州人马氏系误传，其子伯奇投江只是神话传说，流传较广，但伯奇亦非泸州人。

## 1.尹吉甫在四川泸州有相关传说，但缺少文物古迹以考证尹吉甫是泸州人

据2005年3月泸州市人民政府地方志办公室点校、方志出版社再版的民国二十四年重编《泸县志》（全八卷）"卷第八·古迹志"记载"抚琴台"："《广舆记》云：在州北二里，山石生成，周围七尺，特立山腰。《皇与考》云：周孝子伯奇被后母谗逐，抚琴于此，作《履霜操》以自悲。""尹吉甫祠堂记"中记载："《寰宇记》云：宋许沉撰。石碑现存，字迹消磨不可考。""尹吉甫故里坊：在县北石洞镇，清乾隆二十四年知州夏诏新为周太师尹吉甫立。"

笔者到泸州市考察，听一位退休后被返聘编纂县志的老同志介绍，尹吉甫在四川泸州有些传说，主要是孝子伯奇的神话传说，后来当地为纪念尹吉甫而修建的"尹吉甫故里坊""尹吉甫祠"早已不存在了，缺少文物古迹，难以证明尹吉甫是泸州人。

## 2.《泸县志》载"《尹吉甫故里辨》及《驳吴省钦尹吉甫非泸里辨》，尹吉甫乃里郿房陵人"

民国二十四年重编的《泸县志》记载，清代乾隆年间进士、七任乡试正副考官、曾提督四川学政的吴省钦在《尹吉甫故里辨》一文说："尹吉甫必里镐而不里蜀。若其为太师，传记无之，而四川志、州志又言州东六十里有尹夫人马氏墓，诚不意周宣时已有氏马者也！视荣县荣夷公墓，荒诞不滋甚耶！"《驳吴省钦尹吉甫非泸里辨》一文载："虽郿阳志载吉甫为房陵人，卒葬房之青峰山，然又传

南皮、平遥皆有尹墓，是无定里（故里）且不在镐矣！""考郧阳志，吉甫父子并祀乡贤，亦谓泸之归子山为吉甫故里，吉甫殆始为泸人，继为郧阳人也。""吉甫或生于泸，居于郧，仕于周，死于他县，辗转迁葬于房。""伯奇则生于泸，卒于泸，葬于泸。乡贤则父子并祀于泸、郧，皆以忠孝感发两地之人心故也。里镐，里泸，里郧，皆不必辨也。"

民国二十四年重编的《泸县志》"卷第七·艺文志"记载，《马夫人墓碑记》一文说："王荩诗云：'俎豆旧祠周孝子，岁时误说白将军。'非惟吊古，抑以正讹也。考伯奇之父吉甫，佐周中兴，功第一。夫人马母，伯奇生母也。夫人生于泸，殁葬东漕尖峰山之阳。后世郡牧岁时致祭，土人虑其扰也，迁其出于土地坳，即今之战门口，是揆诸邱首之义。夫人之体魄，其凭依兹墟也宜矣。""康熙四十六年，巡抚能泰以马氏夫人墓闻，请给祀、生世袭焉。辛未夏杪……因楚民黄姓盗葬墓侧，报宪缴诉于庭，予既断之迁。复查夫人墓，惟一抔土，并无碑志，无惑乎人不识之，屡犯盗葬。"

据文学博士李辰冬教授《诗经研究》一书，周宣王三年（公元前825年）尹吉甫随卫侯之孙、卫武公次子惠孙（《诗经》中被称为孙子仲）去平陈（今河南淮阳）与宋（今河南商丘），初春出征，十月凯旋，与孙子仲的女儿仲氏恋爱，留下《击鼓》《女曰鸡鸣》等诗。周宣王六年（公元前822年）冬天，尹吉甫与仲氏私自结婚，被双方家长反对。后来仲氏的父亲孙子仲答应了婚事。周宣王八年到十年（公元前820—前818年），尹吉甫又被派去东征以恢复鲁国的土地。此一去三年，回家时，父母为他娶姜女来抗衡仲氏，致使仲氏非回家不可。仲氏回去后住在漕邑，尹吉甫去漕邑接她回来，但二人终断绝关系，其时仲氏已身怀六甲。后来仲氏改嫁给蹶父的儿子伯氏，也就是尹吉甫的本家侄儿。仲氏临出嫁时还去浚邑看望尹吉甫，告之再嫁，这时有《载驰》等诗。周幽王四年（公元前778年），西戎作乱，镐京危急，尹吉甫随伯氏西征，伯氏因不听尹吉甫的计谋，丧兵失地，反将责任推给尹吉甫，这一时期有《何人斯》等诗篇。尹吉甫四处控诉，终将本家侄儿正法，这时侄媳妇仲氏怨怼尹吉甫，鼓动卫侯撤掉了尹吉甫的官职，没收了他的土地，将他逐出卫国，并把她所带大的伯奇也驱逐了。

综上所述，尹吉甫非四川泸州人，尹吉甫之子伯奇生母非马氏，"复查夫人墓，惟一抔土，并无碑志"尤其能说明这一点。由此，《平遥古城志·古城胜迹》载"尹吉甫，江阳（今四川省泸县）人"有误。

### 3.《泸县志·人物志》对尹吉甫的相关记载及点校之偏颇

《泸县志·人物志》在2005年3月再版时，将《水经注》记载的"尹吉甫子伯奇至孝，后母譖之，自投江中，衣苔带藻，忽梦见水仙，赐其美药，思惟养亲，扬声悲歌……"之神话传说，在点校时注为"北魏郦道元著《水经注·卷三十三江（长江）水一》之江阳县记尹吉甫事迹"。

但笔者将《水经注》原文与《泸县志·人物志》比对后认为，此段出自扬雄《琴清英》的神话传说，不能作为史料，也不能证明尹吉甫其人有此事迹。

综上所考，尹吉甫非四川泸州人，只是有传说在泸州，尹吉甫之子伯奇的神话故事在四川泸州流传较广。

（《吉甫伯奇泸州传说考》原文6300余字，本文系摘编）

袁正洪（右1）、张华田（左2）等采访老农尹维鹏，听他背家谱和讲述尹吉甫故事（刊登于新华社《半月谈·内部版》2005年8月第八期）

# 第十三章
## 民间故事　赞尹吉甫　传奇动人　世代相传

湖北房县是西周太师尹吉甫的故里，自古以来流传着许多关于尹吉甫的民间故事，如老人坪石门沟出了个尹天官的故事，西周雎水上巳节赛歌兮甲姜凤夺冠定亲的故事，尹吉甫狩猎救宣王的故事，尹吉甫征战猃狁的故事，周朝太师尹吉甫尽忠报国的故事，尹吉甫老宅武官下马、文官下轿跪拜的故事，大旱之年太师吉甫传信老家父母舍粥救民的故事，石匠师傅为尹吉甫义修宗庙的故事，周幽王错杀尹吉甫赐偿金头的传说故事，尹吉甫十二座天官坟的传说故事，尹吉甫之子伯奇化作伯劳的传说故事，西周太师尹吉甫与《诗经》和茶的故事，尹吉甫编纂《诗经》的故事，八旬老妪用尹氏家谱打胜祖宗案的故事等。本章是笔者从搜集整理的60多个尹吉甫民间故事中选摘的7篇。

### 一、房陵东乡　老人坪村　天官吉甫　诞生故事

彭国房陵东乡老鹰山下的万峪河，有个地方叫老人坪。此地俗

名碾盘湾，因坪子路中间有一个直径3米的石碾盘。湾子向西，有一条小河名叫石门沟，传说西周时有位白胡子老人来过石门沟，说这里是出大官和名人的风水宝地，后来果真灵应，于是人们称此地为老人坪。

石门沟是个什么样的风水宝地呢？原来石门沟自西向东流，河流两岸有两道大山梁子，曲曲弯弯，蜿蜒起伏，形如两条龙，一公一母，盘卧在那里，龙头对龙头，龙尾交龙尾，形成了东、西两道"石门"。会看风水的白胡子老人说："石门沟是一块双龙相会的龙脉宝地，这地方一定要出一个一人之下、万人之上的大人物。"

西周后期的时候，石门沟住着一户姓吉的人家，吉家儿媳一天夜里梦见天空中出现五彩祥云，彩云飘动，变幻莫测，突然变成一条飞龙，一下子飞到她身上，钻进她肚子里。她惊醒后腹中还隐隐阵痛。

儿媳把梦讲给婆婆听，问这个梦是好梦还是恶梦。吉家婆婆最会圆梦，听完儿媳的梦，笑呵呵地说："梦见天现五彩祥云，云龙附身，这是吉祥的兆头啊！好梦，好梦！"不久，妇人果然怀了孕。

俗话说，十月怀胎，一朝分娩。这妇人却多怀了一个多月，才生了一个儿子。这儿子出生时，哇哇地哭个不停，全村也开始鸡叫、狗吠、马嘶，山林里的百鸟也叫起来，连那大山上的野猪、老虎、豹子也惊叫起来。吉家人不知这是什么缘故，个个心神不安，心里总在想，这是好兆头，还是不好的兆头呢？

家里人不知是福还是祸。吉家公公坐在堂屋一言不发，吧嗒吧嗒地一连抽了好几锅旱烟，然后在凳子腿上磕了几下烟袋锅说："是福不是祸，是祸躲不过。莫着急，过两天我请个算命先生，来排个八字。"

洗三那天，吉家老爷子出门请算命先生，走到石门沟口，遇见一位白胡子老人，自称会看风水和算命。吉家老爷子就诚请白胡子老人到家给新生的孙子算命。算命先生进了屋，掐指头一排算，笑嘻嘻地说："恭喜主人家，贺喜主人家，你家这孩子以后一定是个了不起的大人物。你们以后要好好供他读书习武，让他成才，长大了为国办事，但天机不可泄露。"

吉家一家老小听了白胡子老人的话，个个喜笑颜开，感谢白胡子老人的吉言。全家人高兴之际，吉家老爷子又说请白胡子老人给这孩子取个名字。

白胡子老人也没推辞，笑眯眯地思考了片刻说："孩子是孙辈老大，乳名就叫兮甲，甲就是老大的意思……孩子名字就叫吉甫吧，你们家姓吉，吉又是吉祥的意思，这孩子出生的时辰好，是良辰吉时，吉还有喜得贵子的意思。甫是男子美称，这孩子既是吉家长孙，又将有文才，以后必成大器；甫又与'辅'相通，这孩子长大后要辅佐天子。"

吉家老爷子听了笑哈哈地说："这名字好，就叫吉甫。"

白胡子老人也不要赏钱，就走出门外。这时有几个老农拦住他问："老先生，这地方本是龙脉，按道理，应该出天子，您怎么说这娃子只是个大人物呢？"

白胡子老人说："你们有所不知，这里虽是龙脉，但石门沟口的龙头与龙头之间没有合拢，只差三尺多一点，走了点地气，所以只能出个大人物，不能出天子。"

有个老农听了点点头，自言自语："一人之下、万人之上的大人物，天底下又能有几个呢？难得！难得！"

吉甫自小聪明，五六岁的时候就要求上学，父母便送他去上学。

教书先生对学生管得很严,先生的书桌上常放两样东西:一是盖方,二是戒尺。学生们不好好读书,在下边交头接耳,老师便将盖方在桌子上一拍,叫学生们吓一跳。学生们不敢再说话了,就好好地读起书来。学生们若犯了学规,老师就用戒尺打学生们的手掌心,或是打学生们的屁股。因此,学生们都很怕老师。

吉甫上学,是个好学生。学习用功,不旷课,不迟到,不早退,书背得好,字写得好,样样听老师的话,老师很喜欢他。有一回,吉甫与一个姓袁的同学一起上学,路上袁同学不小心摔了一跤,头碰破了,直流血。吉甫就背着袁同学,把他送回了家。这样,吉甫到学堂时,已经晚了一个时辰,老师教训了他,还打了他的手心。吉甫却并没说什么。第二天,袁同学的家长来到学堂感谢吉甫,老师才知道吉甫昨天迟到的原因,认为自己错怪了吉甫。老师想,吉甫做了好事,不表功,不夸口,还甘愿受委屈,这么好的德行,真是难得。

民间采风——在诗祖尹吉甫故里听故事(著名画家谭荣志画)

吉甫天生聪明，读书悟性很好，一学就会，还从小练武功，长大后文武双全。后来，吉甫果然当了太师，辅佐周宣王、周幽王，还是周平王的老师，人称三代天子之师。天子赐官，封他为师尹、天官，居周朝"天官、地官、春官、夏官、秋官、冬官"六官之首，主管邦治。后来他以官为姓，名为尹吉甫，人称"尹天官""周太师"。

## 二、古上巳节　雎水赛歌　兮甲姜凤　夺冠定亲

周朝是礼治国家，男女婚姻必须经由媒妁之言，朝廷还设有掌管婚姻的地官"媒氏"。为了鼓励男女相亲，民俗上每年三月上旬巳日（后固定为三月初三）还举办上巳节（又叫"三月三""女儿节"）。

上巳节是中华民族最古老的男女相亲的节日。原始的上巳节，是先民的大规模生殖崇拜活动的遗风，于每年农历三月上巳日开始。上巳节是春游联欢节，也是一个求偶节、求育节。春天的芍药花芳香艳丽，又有祛风解表、理气活血、清热补益的功效，此时男女或用芍药花，或用水边兰草，在水边洗濯去垢，名曰洁身洗垢，实为驱鬼求育，为妇女生育创造条件。人类社会形成之初，没有家庭，没有夫妻，男女关系相当随意。到了周王朝，随着宗法制度的完备，婚姻制度成为社会制度，两性关系受到了一定限制，但为了人口繁衍，朝廷提倡和组织春游联欢。《周礼·春官·女巫》载："女巫，掌岁时祓除衅浴。"《周礼·地官·媒氏》载："仲春之月，令会男女，于是时也，奔者不禁。"于是在上巳节这一天，年轻男女去往水边，女孩举办成人礼，男女相会，赠芍药花以定情。

一年之计在于春,一年一度的春日上巳节到来了,彭国房陵雎水河洲好热闹,雎水情歌回荡山乡。

"关关雎鸠,在河之洲。窈窕淑女,君子好逑。参差荇菜,左右流之……"

清脆悠扬、充满古老韵味的阵阵民歌,回荡在古雎山间。山间古树参天,松柏郁郁葱葱,成千上万只雎鸠欢快地鸣叫,飞往碧波荡漾的雎水河。河上雎鸠追逐嬉戏,船只穿梭,男女对歌,好一片热闹欢快的景象。

雎水河畔,群山环绕,古老山城,民居城池,若隐若现。在雎水河洲,上巳节的舞台赛场已经搭建好,巨幅丝绸绣画上,群山环抱,高山苍松,飞瀑溪流,雎鸠飞翔,桃花盛开,芍花朵朵,兰花丛生。华丽的舞台上,金文大字"大彭国雎水上巳节赛歌相亲"十分醒目。

人群中,有穿着西周古装的,有穿着豹皮服的,有穿着虎皮夹衣的;姑娘们有的发间插着锦鸡花羽,有的提着花篮;男子们有的拿着笛笙,有的背着剑,有的扛着白茅,里面包着相亲用的獐子、鹿、麂子,有的手拿刻诗竹简,边走边诵诗,有的身佩兰草,有的手捧芍药花……大家从四面八方赶往上巳节中心会场。

房陵城南六里,大王沟口跑马道校场山下的吉家大院内,吉家兄妹几个簇拥着,将眉清目秀、身材魁伟、个高英俊的吉家老大推到站到堂屋中的兮甲母亲姜妇人面前。姜妇人严厉地说:"兮甲(吉甫乳名,兮甲兄弟六个,一个妹妹,兮甲是长子),你给我跪下。"

接着,姜妇人威严地问道:"兮甲,你要到哪里去?"

兮甲说:"我想到东乡老人坪石门沟看看老宅。"

姜妇人道:"兮甲,你今年已十九岁了,今天是上巳节,男女相亲婚约吉日，你知道你该做什么吗？"

西周礼制规定了结婚年龄，男子二十岁"冠而列丈夫"，就是将头发全部挽至头顶结为发髻，戴上保护发髻的小帽子"冠"，表示成年；女子十五岁为"及笄"，就是将头发梳理为垂于脑后的发髻，是为成年。男女未达到成年年龄不得成婚。周礼规定男子最迟三十而娶，女子最晚二十而嫁。女子因故晚嫁的，不可超过二十三岁。女子超龄未嫁，使长吏配之，就由官府把她强行嫁人。女子或男子超龄未婚配，要受到惩罚。

兮甲说："我现在喜欢读诗简和习练武术……"

不等兮甲说罢，懂得周礼的兮甲母亲就劝说兮甲："按礼制规定，当朝人缔结婚姻关系，男女双方都必须严格服从父母之命、媒妁之言，男女无媒不交。兮甲，你的大弟胖墩也十七岁了，你的二弟十五岁了，你的妹子英子也十三岁了……你不去相亲，他们怎么相亲？今日赶快带他们一块去相亲。"

弟弟妹妹也催着兮甲说："我们就等着大哥你了，快带我们去相亲！听说今年雎水上巳节有民歌大赛、划船比赛，彭国国王参加，亲自给对歌相亲的歌王授雎水上巳节芍药花婚配奖，还为划船比赛夺魁的年轻人颁奖呢！"

兮甲揪着大弟胖墩的嘴说："我不想相亲，才想偷跑到老宅石门沟去，谁知就是你告的密，将我抓回来。现在只好去观看上巳节，也罢，看看也好。"

姜妇人担心兮甲无心相亲，怕兮甲再跑，在儿女们的陪同下，与兮甲一起赶赴雎水上巳节会场。

姜妇人、兮甲、胖墩、英子一行赶到会场，正遇到人山人海的会场中让出一条道，只见一队人举着展翅点头、'关关'鸣叫的竹制雎鸠入场,后面花枝招展的两列女子手持绘有雎鸠图案的红绸扇,围着一位骑着梅花鹿的妙龄女子翩翩起舞,钟鼓笛笙齐鸣,好不风光热闹。

人们无不仰头啧啧赞称,那骑鹿女子就是姜子牙太师后裔彭国公姜坤的掌上明珠姜女,名姜凤,小名凤儿。姜凤今年十六岁,才貌双全,善歌好武,精通琴棋书画,她一心参赛,想获得心仪的芍药花婚配奖。

姜妇人看到姜凤表演队入场的热闹场面后,情不自禁,连连赞叹:"姜凤如此美貌,果不虚传!要兮甲好好比赛,把姜凤给我娶回来!"舞台上,彭国国王、春官、地官等文武官员,绅士,富豪等都已就座,人人喜气洋洋,热情赞叹。姜坤和兮甲的父亲作为地方名人也在台上。

辰时,春官讲话:"房陵南山接连雎山,滔滔雎水由南向北,流经古城向东,此地尤以雎水风情民歌远近闻名。上巳节,维士与女,伊其将谑,赠之以芍药。今日比赛,彭国国王将亲自为参赛歌王、武艺高强的年轻人颁奖,为对歌相亲的歌王授雎水上巳节芍药花婚配奖。"随即宣布雎水上巳节开始。

在一阵阵喜庆的琴瑟鼓乐声中,吉祥爱情鸟雎鸠被放飞,成千只花雎鸠展翅飞向雎水河那端,一会儿又俯冲飞向波浪荡漾的河水中,欢叫着逐水嬉戏。

人群中不少后生将自家养的雎鸠也一起放飞。高兴之中,兮甲索性将胖墩手中抱着的两只花雎鸠也拿过来放飞。说也真奇,这两只花雎鸠因晚放,没赶上成群放飞的雎鸠,却与其他十多只晚放的雎鸠一起,在会场上空盘旋飞翔了几圈后飞向了雎水河。这时,有两只雎鸠突然俯身向下飞,钻进了姜凤手提的彩色花篮里。原来,姜凤绣艺高超,那花篮里的丝绣雎鸠栩栩如生,竟迷得活的雎鸠结伴而来。姜凤满心高兴，但不知是哪家后生放飞的雎鸠。而兮甲也不知钻进姜凤彩色花篮的两只活雎鸠是哪家的。

接着，春官宣布雎水对歌赛开始。

房陵雎水民歌婉转动听，韵味深长。山民几乎人人会唱山歌，唱民歌，唱情歌，有许多年轻人因从小学歌，成为年轻的"山歌王""民歌师""情歌王"，会触景生情，随心所欲地唱起那悠扬、古老、婉转、动听、情意缠绵的山歌。以歌为乐，以歌传情，使人们无不陶醉在民歌的海洋中。

第一对男女对唱——
男唱：
房陵南山，雎山茫茫；
溪流雎水，汇成河洲。
关关雎鸠，爱唱情歌；
窈窕淑女，君子好逑。
姐儿羞得，低下了头……
（《关关雎鸠》）

女唱：
雎鸠咕咕，姐儿河洲；
纤纤细手，洗衣清褥。
歌郎放牛，情歌迷姐；
姐儿捶衣，打在手上。
歌郎忘情，掉下水里……
（《雎鸠咕咕》）

男唱：

哥帮姐儿背茶篓，姐走前啊哥在后；

哥看姐儿花了眼，莫笑哥掉沟里头。

（《莫笑哥掉沟里头》）

女唱：

哥姐揉茶（茶）头碰头，情意揉在茶里头；

秋波浪打哥走神，揉来揉去是姐手。

山为媒，茶代酒，撕片红霞当盖头；

扯来彩虹作绣球，情哥牵我早进屋。

（《撕片红霞当盖头》）

第二对男女对唱——

男唱：

肩扛一杆铳（啊），手提个火鸡公（啊），

引一个黄狗娃（啊），呜呜！唆唆！

咣咣咣！叮通！

打一个呱呱鸡（哟），妹子（哟），

住（呀）在半山里，

找一个丈（啊）夫打枪的（哟），

丈夫（啊）在对门（哟），

炮（啊）号响（啊），

姐在（哟）屋（哇）里笑眯（啊）眯（哟），

今晚上（啊）又（啊）有消夜的（哟）……

（《打一个呱呱鸡》）

女唱：

考槃思郎，咣咣当当，

莽莽睢山，英俊小伙，

赛唱民歌，激情喜怀。

考槃咣咣，悠扬悦耳，

回荡山谷，动人心弦。

歌郎听歌，渐入梦中，

亲昵呼唤，窈窕姑娘。

考槃姐儿，循声追来，

梦中歌郎，呼唤姐儿。

姐儿一听，心如击鼓，

面似桃花，钟情歌郎……

（《考槃思郎》）

第三对男女对唱——

男唱：

樱桃好吃树难栽，山歌好唱口难开；

我把妹子实在爱，就是不好说出来。

（《山歌好唱口难开》）

女唱：

眼看姐儿穿花衣，哥问贤妹你爱谁；

小哥说话真奇怪，我不爱你能爱谁。

（《我不爱你能爱谁》）

第四对男女对唱——

男唱：

满树黄灿灿，长的是木瓜；
爬上木瓜树，挑着摘大个。
悄悄抛给姐，羞红她脸儿；
郎情姐有意，木瓜来传递。
哥投一木瓜，姐回一绣绢；
绣绢哪算报，互送相爱呀。

（《木瓜歌》）

女唱：

喜鹊筑巢呀，杜鹃占有它；
姑娘要出嫁，车儿去送她。
喜鹊筑巢呀，杜鹃占住它；
姑娘要出嫁，车儿迎接她。
喜鹊筑巢呀，杜鹃拥有它；
姑娘要出嫁，车儿成全她。
歌郎情姐呀，要学那喜鹊；
勤劳来筑巢，莫做占巢鸟。

（《鹊巢》）

第五对男女对唱——

男唱：

关关雎鸠声闻天，君子好逑雎水边；

窈窕淑女鸳鸯配,荣华富贵万万年。

(《关关雎鸠声闻天》)

女唱:
关关雎鸠声清脆,在河之洲绿茵美;
窈窕淑女赏雎鸠,君子好逑也着迷。
一家养女百家求,不求到手不罢休;
一家求到百家休,白头偕老好雎鸠。

(《窈窕淑女百家求》)

第六对对唱赛歌的男女是兮甲与姜凤。

赛歌台上,因相传彭国公姜坤是姜子牙的后裔,姜凤是彭国公姜坤的独生女、掌上明珠,年方十六,姜家急着为姜凤相亲,所以今年上巳节,姜凤参赛的阵势大,表演队伍十分隆重,引起轰动。

登台赛歌,姜凤压轴出场。只见姜凤表演队的舞女翩翩起舞,提的花篮十分亮眼,尤其是首排舞女的花篮里放有姜凤亲手用金丝银线绣制的一对工艺精湛、形象逼真、十分美丽的花雎鸠,那对花雎鸠眼圈金红、眼仁黑亮,长嘴花羽,毛色赤橙、粉红,夹以白花、黑点,栩栩如生,人们无不交口称赞。只见清秀的姜凤头戴遮脸面具,声音清脆地说:"乡亲们好!欢迎登台赛歌。"但许多青年男伢不敢登台与姜凤赛歌。

为了打开场面,姜凤唱了一首雎水河边最常见的情歌:
关关雎鸠,在河之洲,
窈窕淑女,君子好逑……

姜凤唱后,不见有人登台,就又唱了一首地方民歌:
太阳出来了(喔),照四方哟,
照在姐房上,姐在绣楼里,
天天思我郎……

此两首歌不仅有情调,又有点酸味,表明姜凤参赛是情真意切的。

一些男后生无不惊呼、着迷,个个跃跃欲试,但自知喝的墨水少,且家底不般配,不敢上台与姜凤对歌,于是几个年轻男子一起,互相壮胆,上台对歌。有的上场就慌得走了调,有的一时忘了词,有的只顾看姜凤姿容,呆立着忘了唱歌……

这时兮甲的母亲拍拍兮甲的肩膀,叫兮甲上场,"把这才女给我赛回来!"兮甲不想找大家闺秀,但不由兮甲分说,胖墩和英子急忙推兮甲,"听妈的话,快上场对歌。"

兮甲只好头戴一遮脸面具上场,他首先唱了段高山号子,高亢、雄浑、悠扬、动听,震惊全场。

兮甲唱:
太阳出来了,上睢山喔嗨,
睢水是家乡,习武天天忙,
琴棋和书画,诗歌月月唱,
今日来对歌,妹莫笑歌郎。

姜凤唱:
睢山泉水流下来,睢水河岸百花开;

风不吹花花不摆,哥不招手妹不来。

(《哥不招手妹不来》)

此歌一唱出,姜凤又感到后悔,不知对歌郎究竟是谁。

姜凤聪明伶俐的丫环月儿心思细腻,这时她看向钻进花篮的活雎鸠腿上的记号,有个"吉"字,她断定这是黄帝后裔吉家的雎鸠。早就听说吉家老大兮甲英俊,能文能武。但对歌者是否是兮甲?月儿将花篮里的活雎鸠抱出,放在台上,两只雎鸠一下子飞到了兮甲的肩上。月儿一下子明白了,对歌者就是吉家老大兮甲。月儿急切告之姜凤:飞来的雎鸠是吉家雎鸠,对歌的男子是兮甲。

两只雎鸠飞到了兮甲的肩上,兮甲顿时面红耳赤,赶紧赛歌压场。

兮甲唱:
郎是梧桐树一棵,妹在树上做个窝;
窝里栖的凤凰鸟,凤凰天天唱情歌。

(《凤凰天天唱情歌》)

姜凤唱:
月亮出来亮堂堂,犀牛望月妹望郎;
郎有情来妹有意,有情有义结成双。

(《犀牛望月妹望郎》)

却说兮甲正在对歌,一下两只雎鸠飞到肩上,他心里一下就明白,刚才放飞后钻进了姜凤那装着丝绣雎鸠花篮的雎鸠,原来是我家雎鸠。因正在唱歌，不便理雎鸠。兮甲待这首歌唱完，又举手放飞了雎鸠，谁知姜凤的丫环月儿一下子举起花篮挥舞，加之篮里放有炒熟的芝麻，十分香甜，两只雎鸠一下子又被吸引着钻进了花篮。台上台下，见此情景，无不轰动。

却说姜凤听月儿一说，心里暗喜："今儿定要将兮甲拿下，也叫他知道我的文才贤德。"于是姜凤唱起了《考歌郎》。

姜凤唱：
歌郎歌郎你来听，我要问你山歌的根。
什么年代歌出世？山歌又是谁人制？
什么地方出歌本？谁把山歌传到今？
歌有几千几百简？字有几万几千零？
山歌传到何处去？又在哪里把歌生？
（《考歌郎》）

兮甲唱答：
三皇五帝歌出世，山歌本是黎民制；
古周时期来采诗，歌郎把它传到今。
我唱山歌传天上，天上飘起五彩云；
山歌传到山上去，山上树木绿茵茵。
山歌传到河里去，河里鲤鱼跳龙门；
山歌传到茶（茶）山上，采的茶叶香喷喷。
山歌传到田里去，田里五谷都丰登；
山歌好比春天风，人浴春风长精神……

接着兮甲考姜凤。兮甲想,姜凤是大家闺秀,虽文才好,对农事肯定一窍不通,于是便以农事考姜凤。

兮甲唱:
什么结子高又高?什么结子半中腰?
什么结子像鲜桃?什么结子棍棍敲?

谁知姜凤喜欢到田间了解农事,听农夫唱歌、学调。

姜凤唱:
高粱结子高又高,玉米结子半中腰。
棉花结子像鲜桃,芝麻结子棍棍敲……

兮甲唱:
什么子盘脚岩上坐?什么子岩下织绫罗?
什么子会打三板鼓?什么子会唱五更歌?

姜凤唱:
猴子盘脚岩上坐,蜘蛛岩下织绫罗。
唱戏的会打三板鼓,锦鸡会唱五更歌。

兮甲暗想,没想到这大家闺秀有如此歌技。他紧接着又唱一首:

什么子红红升上天?什么子红红水中间?
什么子红红长街卖?什么子红红姐面前?

姜凤对唱：
太阳红红升上天，荷花红红水中间。
辣子红红长街卖，头绳红红姐面前。

且说姜凤在对唱中，不时闪电般动一下遮脸面具，偷看兮甲长相；兮甲在对唱中，也不时闪电般动一下遮脸面具，偷看姜凤长相。两人在偷看中一见钟情，也就越发激情地赛起歌来。

越唱越有情意，两人不禁对歌表白——

兮甲唱：
青丝帕儿丈二长，挽个绣球甩过墙，
千年不让绣球散，万年不让妹丢郎。
（《万年不让妹丢郎》）

姜凤唱：
要想出门先看天，要想交友讲在先，
情长就像雎河水，心诚好比是雎山，
情哥情姐来相爱，千年万载永不变。
（《千年万载永不变》）

兮甲、姜凤赛歌，博得人们一阵又一阵热烈的掌声和喝彩声。
比赛最后，春官宣布——兮甲、姜凤对歌夺魁。
接着，雎水河划船比赛开始，百只赛船齐发，最终兮甲、姜凤的赛船同时靠岸，齐名第一。

比赛结束，彭国国王为兮甲、姜凤颁发了雎水上巳节芍药花婚配奖、雎水龙舟比赛奖，还为第二、第三名颁发了雎水上巳节芍药花婚配奖和雎水龙舟比赛奖。国王为媒，礼节至高。彭国公姜坤夫妇、女儿姜凤与黄帝后裔吉家父母、兮甲一同拜谢彭国国王为兮甲、姜凤颁发雎水上巳节芍药花婚配奖，二人以此定亲。彭国国王等人祝兮甲与姜凤姻缘美满，百年好合！

《诗经·关雎》曰："关关雎鸠，在河之洲……"房县雎水河上的雎鸠，当地俗名"花斑鸠"

## 三、太师吉甫　编纂《诗经》　荼（茶）的故事

我国第一部诗歌总集是《诗经》，先秦时称为《诗》或《诗三百》。汉代时，汉武帝采纳董仲舒"罢黜百家，独尊儒术"的建议，

尊《诗》为经典，定名为《诗经》。

《诗经》涉及周朝社会的历史、政治、经济、文化、民俗、天文、地理、农林、医学、民族、军事等诸多方面，是一部以德育民，注重礼法、文明、和谐的"社会百科全书"。

在《诗经》中提及的动植物有三百余种，其中有"荼"诗七首。"茶"古称"荼"，唐玄宗撰《开元文字音义》一书，将"荼"字去一横，改为"茶"。

我国最早记载"荼"的文字在《诗经》中，如"谁谓荼苦？其甘如荠""出其闉阇，有女如荼""采荼薪樗，食我农夫"等溯源茶的故事，引人兴致不休。

### 1."荼露井泉·老人坪村"的故事

山里娃子，心最爱山，山山水水，故事很多，缠着老人，讲述不完。而关于茶树、茶叶"糊涂"、茶米锅巴、茶糕、茶桶、茶壶、茶碗等的故事，尤其动听。

从尹吉甫一家住的石门沟，经碾盘湾而行，可见老人坪村庄里一座一面依山、三面环溪的四合大院，院里住的富户人家五世同堂。这家长老积德行善，在大院的东院办了所山村私学。奇特的是，大院门前不远处的小岩峰下，长有一棵四人合抱的大茶树，二十多米高，像一把巨伞，四季常青，苍劲挺拔。当阳光照射，微风吹拂，浓郁油绿的茶叶飒飒作响，闪闪发亮，成为山村的一棵风景标识树。

古老茶树，沧桑美丽，树干的上部，上百根密集的枝干弯弯曲曲，似一条条巨龙，竞相延伸，簇簇茂密的茶叶，似百凤展翅。大茶树主干上长了一层形似"龟甲""武士铠甲"的老皮，露出的根部凸凹不平，盘根错节，似龙爪有力地抓住大地。在大茶树根旁不远，有一弯原本径长两尺多的石泉，相传村里的祖辈们将石泉扩挖成径长八尺的泉水池，俗称井泉。

最为独特的是，茶叶上的露珠晶莹透亮，滴入井泉，犹如香料，加之茶树大根绕井泉生长，使井中泉水有一股茶树特有的清香。人饮井泉水后，清心提神。不论是在炎夏大旱还是数九寒冬，井泉里的水都能保持固定水位，夏不浑水，冬不结冰，常年清澈。人们都说，大茶树，茶叶香，露水多，滴井中，茶根粗，扎地深，水质好，味道美。

不仅四合大院里的富人和私学的师生喜饮此水，而且为了方便村庄里上百人来此取水，村民们合力将从四合大院通向溪河对岸村庄小街的独木桥扩修成了石拱桥。村民们称这井泉是宝泉，饮用此水，清心明目，健康长寿。这里的老年人平均年龄在90岁以上，不少老人年过百岁，故人称老人坪为"长寿村"，远近闻名。

## 2. "茶花引蜜·茶米锅巴"的故事

相传西周初期，人们就开始吃茶叶了。如彭国的房陵东乡老人坪、石门沟因山高气寒，坡陡地薄，粟黍麦产量低，山民生活平时靠"瓜菜代"，尤其是遇到雨涝、山洪、冰雹或大旱等灾荒之年，就挖野菜、采树叶，甚至剥榆树皮、采茶叶做"糊涂"来度荒。

"茶"是多音字，可读作"涂"，也可读作"舒"。由于山高气寒，若遇阴雨连绵，粮食生产遭遇秋风（较长时间的阴雨低温），稻谷和大豆（古时大豆称"菽"）难成熟，颗粒一包浆，农人就将这种大豆掺兑茶叶，用石磨或石碾盘磨成菽茶生浆，放入木桶（俗称木缸）存放，要吃时再用勺子挖出来，用锅煮熟食用。储备这种菝茶生浆可防冬春饥荒，农谚有云："房陵万峪乡，家家做木缸，没米和面，只装糊涂浆，能够度饥荒。"

如不磨成浆，茶叶也可直接用来做"糊涂"，煮法也比较讲究：先将粟米或米淘洗干净，放入锅里，也可适当放点豆子或藜粒、麦粒，添上水，旺火烧开，待水煮开就放入茶叶，继续用大火煮，边煮边用饭勺或锅铲来回搅动，防止粟米沉锅，然后转用小火熬茶叶"糊涂"，撒几把碎柴火进灶里，待火灭了，就让余温继续慢慢地熬着，最终就成茶叶"糊涂"了。茶叶"糊涂"香气四溢，山民比较喜欢吃。

说起茶叶"糊涂"，相传尹吉甫小时候有一个"茶花引蜜·茶米锅巴"的故事。一天吉甫的父亲起早到二十多里远的狮子峰去接回娘家的吉甫的母亲，说中午就可回来。十岁的吉甫对父亲说，我把茶叶"糊涂"饭做好，你们中午回到家就可吃饭，给母亲一个惊喜。

且说吉甫提早就开始煮茶叶"糊涂"，他放了一灶洞栎木柴，之后就不时地跑出厨房，站在屋门前院子里，眺望对面山路，看父母是否快回来了。

当吉甫再次出厨房，到屋门前院子里眺望时，突然听到嗡嗡声，只见一大群蜜蜂飞向屋旁不远处大岩屋边的一棵大茶树。吉甫好奇地寻蜂观奇，只见数万只蜜蜂嗡嗡地飞向茶树，群蜂团团地围着茶树上一个脸盆大的树洞，一个挨一个，排成一个大蜂巢，蜜蜂来回穿梭，进进出出，不停地采茶树花花蕊上的蜜……邻居家一位白发苍苍的八旬老人边看边赞不绝口："这群蜜蜂从外地迁徙而来，在古茶树筑蜂巢，是好兆头。石门沟定会甜甜蜜蜜，五谷丰登，人畜兴旺！"

正当吉甫看得入迷之时，猛然听到母亲叫他，他转身看见母亲提着从外婆家带来的一篮子木耳和香菇，父亲则背着一满篓东西，有獐子、麂子腿、野猪肉。吉甫连忙帮母亲提篮子。

父亲问吉甫："你做的饭好了吧？"吉甫这才想起只顾好奇看蜜蜂迁巢，而忘了厨房锅里还大火煮着茶叶"糊涂"呢！他连忙回家到厨房一看，糟糕，糟糕！一锅茶叶"糊涂"煮干了，煮成了圆圆一层茶叶锅巴，锅中心碗口大的一块则煮成了茶米干饭（茶糕）。吉甫连声自责，说自己错了。和蔼可亲的母亲连忙安慰吉甫，一边说没事没事，一边顺手揭起一块茶叶锅巴尝了尝，又香又脆，又顺手递给吉甫的父亲一块，吉甫的父亲一尝，连说："茶锅巴，好吃好香，真好吃。"吉甫一尝，也连说茶叶锅巴太好吃了。这顿中午饭，父母和吉甫不仅将大半块茶米锅巴和锅心的茶糕吃了，而且还留了一些给乡邻品尝，大家都说好吃。

吉甫还从茶叶锅巴、茶糕得到启发。以往他出石门沟到老人坪古茶树大院上私学，午饭是用小漆木桶装两桶茶叶"糊涂"，此后他就将"糊涂"做成茶米或茶粟锅巴、饼、糕，既方便携带又好吃。后来，吃茶米锅巴、茶糕，喝"茶粥"的民间饮食方式传开了，成了当地习俗，"茶花引蜜·茶米锅巴"的故事也在民间传开了。

3. "供茶垫茅·神圣祭祀"的故事

在房陵城东一百一十里的青峰山脉，有一座高耸入云、山峰众多的万峰山，其中有两座似弟兄般紧连的山峰，峰顶分别有一个周长一百零八米的古寨，俗称连环八宝寨，曾经是古战场。古寨周围地势险峻，奇洞异穴，天井地缝，深不可测，十分奇特。

自八宝寨往下，有一座形似雄狮的奇峰岩壁，人称狮子峰。相传，西周太师尹吉甫伐狁狁、东夷，打了胜仗班师回镐京时，周宣王亲迎之，并设宴为出征领兵元帅尹吉甫庆功，还允许吉甫请假回故里房陵。吉甫千里迢迢回到房陵万峪河老人坪石门沟后，吉家宗亲非常亲热，尹吉甫却顾不得休假，而是忙于选址兴建宗庙。尹吉甫从石门沟南行二十余里，到达狮子峰，并久隐此山，旁观四野，朝夕留心，此地峰峦幽雅，如龙脉萦绕，于是选定狮子峰，安排人开凿岩壁，兴建尹氏宗庙——宝堂寺。

宝堂寺是一座古代石窟建筑，由人工开凿而成。石窟坐西朝东，分上下两殿，下殿有近百平方米，石雕大门两侧有石雕花窗。下殿右侧是倚山开凿的三十八级台阶，带石雕护栏，通往上殿。上殿的三间石殿，排列呈"品"字形。下殿外的前院，建有前、中、后三重殿，左右有厢房。殿内雕梁画栋，工艺精湛，门楼、立柱、房檐、屋脊、屋梁，均以雕刻、绘画装饰，神仙圣贤、龙凤狮马、花鸟草虫，令人目不暇接。此石窟岩庙历时三年建成，周围奇峰错列，古木参天，林壑别致，清幽宜人。

宝堂寺每年还有两次活动。正月十二日至十四日举办三天庙会，由尹氏家族、地方绅士、地方官员组织，庙会期间彩旗飞扬，锣鼓喧天，诵经唱戏，热闹非凡。另一次活动在阴历十月初一，为尹氏家族"吃祭"（祭祀祖宗，商议本族重要事宜）。

祭祀先祖，以孝为先。尹吉甫本姓姞，尹是官姓。姞姓后人为黄帝的嫡系子孙，古籍载："凡黄帝之子，二十五宗，其得姓者十四人，为十二姓。姬、酉、祁、己、滕、箴、任、荀、僖、姞（后去"女"字旁，简为吉姓）、儇、依是也。"周宣王姬静的姬姓与尹吉甫本姓的吉（姞）姓都是黄帝后裔的姓氏。宝堂寺尹氏宗庙，也可谓吉姓、尹姓之人的宗庙。

在尹氏宗庙宝堂寺建起后的第十个新春，尹姓、吉姓宗亲和地方长老官员听说尹吉甫要回故里房陵宝堂寺祭祖，接待甚是隆重。房陵各乡及庸国、卢国等地的不少吉姓、尹姓也来赶庙会。

这次庙会真是隆重而热闹，其主要特色活动有"供茶垫茅·神圣祭祀""吉甫诵祖""尽兴斗茶""谁谓茶苦·兴致品茶""茶诗竞答·诗意解茶""茶艺盛宴""茶艺神通·闻香品茶"以及民歌表演、唱戏等，此次庙会活动集合了爱国敬祖、弘扬诗学、茶艺品尝、唱戏等主题，高尚典雅，又充满生活气息，令人大开眼界，无不称赞。

"供茶垫茅·神圣祭祀"开始了。祭祀隆重神圣，要祭天、祭地、祭祖。石殿神龛正中有几个香炉，用以点燃艾香；石殿贡案上放着几排用葛藤编织并用树漆油漆得发亮的工艺藤碗，里面装满了粟谷、小麦、麻实、黑黍米、稻米、薏仁米等粮食作物，和干枣、栗子、核桃、干梅、杏干等果类。

石殿贡案面上铺有一层白茅。古时民俗以"茅"作为人与神灵、先祖沟通的媒介，从而让人得到神灵、先祖的福佑，具体做法就是在祭祀时将白茅垫在祭品下面，神灵和先祖就不会怪罪人类了。这反映出白茅具有吉祥意象，可以作为避祸、祛邪、禳灾、吉祥的象征；祭品必须用白茅作为垫衬（蒩），才表示人的庄重恭敬。凡祭祀都要献酒，就是把酒淋到白茅上面，酒渗过茅草叶，然后洒落到地上或者神坛上，经过这一"过滤"后，人们就当是神灵和先祖喝过酒了。

茶更是祭祀时的必备之物，古人认为茶是仙山云雾、甘露作用下的灵芽，是圣洁珍品，可以祛秽除恶，能净化人与神灵、先祖的关系，带给自己福寿康宁；又认为荼是圣物，为神灵、先祖所喜好，故用荼来祭神灵和先祖。祭祀时将上好荼叶献于神像前，请神灵、先祖享受荼之芳香，再由主祭人庄重地调荼，包括提用荼壶、沸水沏荼等，以示敬意。祭祀结束后，再将荼水洒于大地，以告慰神灵、先祖，祈求平安喜乐。祭祀后剩余的干品荼叶，作为珍贵供品，以小袋分发给参祭人员带回，与亲友分享。

祭祀时还要恭敬地点燃一炉三支香，用竹编小笆箩装上供品荼，作揖祈祷，求神灵、先祖保佑全家及其他宗亲后裔康泰幸福。

祭祀最为重要的事项就是"颂诗"，以尊神敬祖。这里要说的是"颂诗"的"颂"。《诗经》分《风》《雅》《颂》，《风》出自各地的民歌，《雅》分《大雅》《小雅》，多为贵族祭祀之诗歌，祈丰年、颂祖德，《颂》是宗庙祭祀的诗歌，是宗庙祭祀之乐，其中有一部分是舞曲。尹吉甫为周太师，每逢朝廷重大祭祀活动，由太师唱《颂》，所以《诗经》中称"吉甫作诵，穆如清风"，也就是尹吉甫唱诵祭祀诗文，柔和美妙得像一股清风。

这次在宝堂寺祭祀，由尹吉甫亲自吟唱诗文，他神态自然，动作协调，声韵柔美，悠扬动听，引人入胜，一展宗庙乐歌的雅韵清风。

### 4."谁谓荼苦·其甘如荠"的故事

《诗经》古为国学，西周时周天子直接封国、名义封国计有四百个，再加上服从周天子而前来首都上贡的约八百个诸侯国（称作

"服国"),共计有一千二百余个诸侯国。《诗经》三百篇是各国贵族们学习政治的必修科目,不懂得《诗经》就无法参加朝聘盟会那种大事。周朝有采诗、献诗制度,太师为乐官之长,掌教诗乐等。

太师尹吉甫非常重视诗学,因《诗经》中有七首诗最早记载"荼",所以他借宝堂寺庙会开展诗学活动"荼诗竞答·诗意解荼",形式生动活泼,很有特色,周太师尹吉甫与民学诗同乐。

第一道题——

《诗经·邶风·谷风》载:"谁谓荼苦?其甘如荠。"那么荼是苦的还是甘的?

这时有人抢答说:"荼是苦的,是苦菜。"有人说:"荼是苦荬菜。"有人说:"荼是苦丁菜。"有人说:"荼是蒲公英。"有人说:"荼是刺芥芽。"有人说:"荼是野苦马。"……人们说的苦菜种类就达二十多种。也有人说:"荼是荠菜,是甜的。"有人说:"荼是野菜。"有人说:"荼是树木,不是野菜。"大家争来抢去,答得非常热烈。

太师尹吉甫高兴地解答说:"大家抢答的热情很高,诗学精神可贵。荼,是苦菜。苦菜包含面广,像用来做'神仙豆腐'的连翘叶,还有椿芽、榆钱、荼树叶都叫'野菜',而田地里、房前屋后、路边长的苦荬菜、蒲公英、刺芥芽等也称'野菜'。至于荼是草还是木……"尹吉甫手指着宝堂寺前面山上几棵绿油油的大树说:"那就是荼树,大家一看就一目了然了。"

那么荼是苦的还是甘的?太师尹吉甫叫人在案桌上放了一个大茶壶(房陵民间称煮茶叶水的壶叫茶壶)、五个装茶水的茶盆,十多个饮茶水的小茶杯;又让人端来五种茶品,有带梗的茶叶,有鲜茶叶,有茶糕,有茶"糊涂",有精制茶芽。

这是要表演什么呢?只见太师吉甫用茶勺舀了三勺带梗的茶叶放入茶壶,将沸水冲进茶壶,沏成茶水,过一会后,将茶壶里的茶水,俗称头道茶水,倒入第一个茶盆里,汤色为浓重发暗的土黄色;接着他再向茶壶中倒入沸水,浸泡一会后,将茶壶的茶水,俗称二道茶水,倒入第二个茶盆里,汤色为橙黄色;接着他再向茶壶中倒入沸水,浸泡一会后,将茶壶的茶水,俗称三道茶水,倒入第三个茶盆里,汤色为黄绿色;接着他再向茶壶中倒入沸水,浸泡一会后,将茶壶的茶水,俗称四道茶水,倒入第四个茶盆里,汤色为泛浅黄的淡绿色;接着他再向茶壶中倒入沸水,浸泡一会后,将茶壶的茶水,俗称五道茶水,倒入第五个茶盆里,汤色已是浅绿色。

接着,他请大家依次品尝这五道茶水。众人饮后普遍认为:头道茶水,闻着有一股青草味,味道苦涩,说茶是苦茶;二道茶水,闻着带清香,味道略苦,但感到甘醇;三道茶水,闻着清香扑鼻,其甘如荠;四道茶水,闻着清香,味道甘爽;五道茶水,味清淡如白开水。

接着人们品饮了沸水沏泡的鲜茶叶、精制茶芽,品尝了茶糕、茶"糊涂",连连称赞茶叶饮品和茶叶食品,尤其是通过沸水沏茶、品茶,清楚地理解了"谁谓荼苦?其甘如荠"的含义。

5."有女如荼·美如茶花"的故事

第二道题——

《诗经·郑风·出其东门》载:"出其闉阇,有女如荼。"用来比喻女子的荼是什么样的纯洁美丽之花?是白茅花,还是茶树花呢?

这时一个苦读《诗经》，但没见过世面的书生说："私塾先生教我们学过，我能熟背'出其闉阇，有女如荼……'诗意就是漫步到城东门外，美女像茅花一样多如云……'荼'用来比喻女子像轻飘如云的白茅花。"

一个当地的后生否定那个书生说："荼，不是白茅，我们这里河沟山坡上长的白茅草很多，但白茅花很脆，冬天干枯，风一吹就断，没什么好看的。我们这山里茶树很多，茶树是个宝，茶树叶能做茶'糊涂'，可好吃呢。我认为，'有女如荼'的'荼'字，就是比喻女子像茶树一样四季常青，受人夸赞。"

一个大胆泼辣、名叫"茶妹子"的女子说："茶树的花每年腊月打花苞，傲立冰寒，正月就开花，满树白花，一朵朵纯白耀眼，花期长，茶花香，纯洁美丽，惹人喜爱，怎么能说女子长得像茶树呢？'有女如荼'的'荼'字，就是比喻女子像纯洁美丽的茶花。"

这时，一个肩扛弓箭的小伙子，双手举起用白茅捆着的一只被箭射死的獐子说："白茅是山里人捆东西用的茅草。"接着他介绍说，房陵自古以来就有用白茅包猎物去求婚的习俗，几个人一起打猎，猎物被打死后，大家听到吹哞筒声，就知道已打到猎物。分点狩猎的伙伴赶来会合，有的人虽然没有直接射杀猎物，但是按照约定俗成的规矩，这几个人都有资格参与"分账"，各分得猎物的一只腿或一块肉。但同去的猎人中，若有人用白茅将打死的野兽（如獐子、鹿或麂子等）捆绑起来，就意味着他要用一只完整的猎物去相亲，其他猎人理解并支持去相亲的猎人，也就不再参与"分账"了。"这只獐子就是今早我们几个人一同赶仗（狩猎）得的猎物，大伙都支持我用猎物相亲，所以我用白茅草把猎物捆起来。我也是利用赶庙会,与定了亲的女子会面。所以白茅是山里人捆东西用的很普通的茅草,怎么能用来比喻纯洁美丽的女子呢?"这个小伙子说。

"有女如荼"的"荼"是白茅,还是茶树花?周太师尹吉甫越听越高兴,开始向大家说明。《诗经·豳风·七月》中有:"昼尔于茅,宵尔索绹。"诗意是:白天去割茅草,晚上(用白茅草)搓绳子。《诗经·小雅·白华》中有:"白华菅兮,白茅束兮。""英英白云,露彼菅茅。"诗意是:开白花的菅草呀,用白茅把它捆成束呀。天上飘着朵朵白云,甘露普降,润泽菅和白茅。《诗经·召南·野有死麇》中有:"野有死麇,白茅包之。"诗意是:山野里有一只被猎杀的鹿,猎人用白茅草将打死的鹿包起来。

总而言之,《诗经》中有"白茅",也有"荼",它们是两种不同的植物。荼花冬腊正月傲霜竞开,艳得让人无不喜爱,古昔以来许多人赋诗赞美荼花,洁白荼花胜茅穗,"有女如荼"中的"荼"非白茅,而是比喻女子纯洁和美貌的荼花。"有女如荼"之"荼"与成语"如火如荼"之"荼",都是指白色荼花,而火是红色,"如火如荼"就是说像荼花那样白,像火那样红,此指白红相间的戎装,形容军容壮盛,也借此用来形容大规模的行动气势旺盛、气氛热烈。

接着大家热烈地猜答了以下五题。

第三道题——

《诗经·豳风·七月》载:"采荼薪樗,食我农夫。"荼是炒制的吗?鲜荼叶能凉拌着吃吗?大家经抢答后明白:采荼,即为采荼叶;薪樗,是说砍樗树当烧柴。这句是说采荼叶、烧柴炒荼,给我们农人吃。有的当地人采了鲜荼叶,把锅里的水烧开后,把鲜荼叶放沸水里汆一道水,也就是用沸水轻煮一下,再将荼叶从锅里捞起来,做成凉拌鲜茶叶当菜吃，还可待客，可口味美。

第四道题——

《诗经·豳风·鸱鸮》载："予手拮据，予所捋荼。"这句诗的引申之意是什么？众人经抢答后明白：拮据是"撽挶"的假借，是一种手病，即过度用力而手指不能屈伸；捋荼，就是用手从茶树这一头向另一头抹取茶叶。这句诗表明了经济窘迫、采茶劳苦的意思。

第五道题——

《诗经·大雅·绵》载："周原膴膴，堇荼如饴。"这句诗中"堇荼"比喻的是什么？众人经热烈抢答后明白：此诗句是说周原岐山这个地方的土地肥沃，连地里的堇菜（水芹菜）、荼菜，都像饴糖一样甘甜，这是一种用比喻夸赞的说法。

第六道题——

《诗经·大雅·桑柔》载："民之贪乱，宁为荼毒。"茶能去毒，还是茶为毒物？众人经抢答后明白："荼毒"原是说茶能清火去毒，在这里被反用，成了毒害的意思，实际上茶并非毒物。此诗句是比喻残忍之人贪婪昏乱，使人遭受痛苦灾难。

第七道题——

《诗经·周颂·良耜》载："其镈斯赵，以薅荼蓼。荼蓼朽止，黍稷茂止。"诗句中的"荼""蓼"是树，还是草？经农夫用垦荒种地的经验抢答以及众人辩论，大家明白：农夫用农具镈扒地，除掉要开垦土地中的荼树和蓼子，被铲掉的荼、蓼都沤烂成了绿肥，使农作物黍稷生长得茂盛喜人。

赶庙会的人越听越高兴，都说这七个题好，越答越争，越辩越明，对诗学大有益处，大有必要。

茶古称"荼",《诗经》中有七首诗记载"荼",房县是茶文化的重要发祥地之一,图为本书作者在诗祖尹吉甫故里房县南山发现的千年古茶树

## 四、吉甫长子　仲氏所生　孝子伯奇　传说故事

传说西周的时候,彭国房陵东乡青峰山石门沟出了个文武双全的人——尹吉甫。他经人举荐,到镐京做了官,与长相美貌、才华出众的卫武公次子孙子仲的女儿仲二小姐以诗传媒,自由恋爱,不顾家长的反对,私定终身。在宗法制度严厉的西周社会里,这种无媒妁之言的自由婚姻,是不被家族所认可的,故仲氏所生的伯奇虽是长子却不算"嫡长子",只能称为"庶出"。而后尹吉甫被迫奉父母之命而娶的"正妻"——相传为姜子牙的后裔姜女——所生的儿子,虽然是次子,但因其母是明媒正娶的,故算是"嫡出"。

尹吉甫的父母反对他自主成婚,为他娶姜子牙的后裔姜女来反对仲氏。仲氏生伯奇后,随尹吉甫回到他老家房陵,尹吉甫的父母不让仲氏进家门,吉甫只得与仲氏含泪别离。仲氏要求把孩子带走,但吉甫的父母又说孩子伯奇是吉家后人,不允许带走,仲氏不得不独自回娘家河南漕邑居住。后仲氏改嫁,伯奇由尹吉甫的父母及姜氏养育。而后姜氏也生一子,取名伯封。

伯奇为尹吉甫的长子,伯封为次子。但尹吉甫的后妻姜氏处心积虑地想除掉伯奇,好让自己的亲生儿子伯封将来继承尹吉甫的全部财产和爵位。

光阴似箭,伯奇长到十八岁。这年夏天,尹吉甫奉周宣王之命率兵外出打仗,伯奇听说后,要求随父亲出征。尹吉甫道:"孩儿,现在要在家好好读书,听姜母的话。等过几年我再带你上阵杀敌。"伯奇顺从地点点头,"请父亲放心。"

几年后,尹吉甫打仗取胜回来。岂料,尹吉甫回到家中,花容

月貌的妻子姜氏竟愁眉苦脸,泪水涟涟,经再三追问,姜氏才说:"还不是你那畜生儿子伯奇!我说了你也不信,还是明天你到花园楼上自己看吧!"

第二天一早,尹吉甫带着猜疑的心情,来到柳枝遮掩的花园楼上,隐身观察。

姜氏见尹吉甫去了花园,就将事先请佣人捉来并拔去毒针的六只"气鼓牛"毒蜂藏在自己的衣袖里,又叫人去喊伯奇到花园里来。她自己装模作样地在离花园楼台较远的地方散步。过了一会儿,伯奇果然来了。他刚走到后母姜氏跟前,后母就把袖子一扬,朝衣裳胸口处一抖,"气鼓牛"毒蜂从黑咕隆咚的袖筒里掉出来,滚落到姜氏胸口的衣襟上。

伯奇看见后母胸脯上的毒蜂,大吃一惊,说:"母亲,毒蜂,毒蜂,快抖衣服!"

姜氏也故作惊慌,忙说:"啊呀,伯奇你快帮我捉毒蜂。"

伯奇急得什么也不顾了,就把双手伸到后母姜氏的胸脯上捉毒蜂。

姜氏却直叫唤:"哎哟!哎呀!你无理!"

尹吉甫远远地看不大清楚,以为是儿子在调戏妻子姜氏,不由得火冒三丈,勃然大怒,厉声道:"大胆,畜牲!"尹吉甫赶忙从花园楼上下来,冲着伯奇跑来,不由辩说,立刻把伯奇毒打了一顿,然后将伯奇逐出家门。

无家可归的伯奇流落到汉江上游一大支流南河的岸边,静下心来,觉得很委屈,他明白这全是后母捣的鬼。后母为了让亲生儿子伯封得到尹吉甫爵位、封邑、财产的全部继承权,就使毒计。尤其让伯奇想不通的是,本来是帮后母捉毒蜂,反而落了个不孝、侮辱后母的罪名，如此罪名，不用说亲属，就是社会上的人都没有人看得起，今后如何有脸见人？生不如死，于是伯奇产生了轻生的念头。但他转念一想，这样不明不白地冤死，世上人如何看尹家后代呢？于是就编写了一首很凄惨的《履霜操》，歌曰："朝履霜兮采晨寒，考不明其心兮信谗言；孤恩别离兮摧肺肝，何辜皇天兮遭斯愆；痛殁不同兮恩有偏，谁能流顾兮知我冤；父兮儿寒，母兮儿饥……母生众儿，有母怜之；独无母怜，儿宁不悲。"伯奇在南河唱这首歌诉冤。这首歌作得哀切动人，歌中非常直白地表达了自己思念父亲、思念亲人的无限情愫。所以这首歌一唱起，便引得渔民纷纷围上来，静听学唱，后来竟成了人们喜爱的流行曲，在当地流传开来。而伯奇越唱越动情，越唱越觉得生活很绝望，饥寒交迫中欲投南河寻死。在南河以摆渡和打渔为生的一位吉姓农人怜悯伯奇，劝他去找亲生母亲，并资助吉甫远行寻母。

且说伯奇离房陵、过商洛，到了今属渭南大荔的冯翊。伯奇在当地投宿时，与当地人谈起自己的姓氏和遭遇，他们表示对伯奇之父尹吉甫很是敬佩，对伯奇蒙冤受屈很是同情。他们告诉伯奇，你母仲氏已改嫁，你去了会使仲母为难。他们见伯奇是尹吉甫之后，会诗能文，就留他在冯翊湾安居创业，伯奇非常感激，于是在此定居。后伯奇寄信老家房陵，告之父母自己居冯翊，一切安好。伯封之母姜氏也很后悔，尹吉甫也原谅了姜氏，两代人从此和好。

按《通志·氏族略序》之说，三代（夏、商、周）之后，姓氏合而为一。尹吉甫的长子伯奇迁居冯翊，其后人以"吉"为姓氏，因此，冯翊自伯奇起始有吉姓，伯奇被称为冯翊吉氏的始祖。

江苏丹阳《尹氏族谱》的"历代年表和世系前编"中记述，少昊金天氏为一世祖，少昊与其次妃所生之子般公为二世祖，寿公为七世祖（曾为帝尧师，又传道彭祖），西周宣王时的太师吉甫公为三十九世祖，吉甫的长子伯奇公和次子伯封公（《吉氏族谱》中作"伯邦"）为四十世祖等。

湖南临澧《吉氏家乘》的"序"中说："粤稽吾姓，系始姬周，发源冯翊，为尹公吉甫之后，其子伯奇，以氏为姓。其先本姓姞，系出黄帝之孙伯儵之后，封南燕伯，至周为吉甫。"

清代湖南梦鹿堂《吉氏家乘》"重修族谱序"和"远祖源流图"中的记述更为详尽："我族系出周卿吉甫，其子伯奇居于冯翊，尊字为氏，其得姓有自来矣。"

当代湖北作家杨书案在其作品《佚名的绝唱——吉甫》中记述，周宣王六年（公元前822年）冬，吉甫与仲氏（卫武公次子孙子仲的女儿）自由恋爱，不顾双方家长的反对而私定终身。周宣王十年（公元前818年），仲氏有孕在身，但因吉甫的父母又为其娶姜女，以此来反对仲氏，仲氏不得不回漕邑老家居住。

1974年12月，在陕西扶风县北桥村的雍水之滨出土了一批西周青铜器，其中有三件与吉氏相关联。专家学者根据铜器上的铭文，将这三件青铜器分别命名为"伯吉父鼎""伯吉父簋"和"善夫吉父鬲"。"伯吉父"和"善夫吉父"都是西周时雍地的吉氏族人。

综上记载，伯奇蒙冤被放逐后，并没有投河死亡，而是远离家乡房陵，后安居乐业于冯翊，为吉姓后裔世代敬重。

但人言可畏，有的人说尹吉甫妻死了，后续娶妻；有的人说尹吉甫听信后妻姜氏谗言，一怒之下杀死伯奇；有的人说尹吉甫知道伯奇蒙冤后，用箭射死了姜氏。

对于伯奇的传说，一些文人借题发挥，越传越奇。三国魏曹植《贪恶鸟论》："昔尹吉甫信用后妻之谗，而杀孝子伯奇；其弟伯封求而不得,作《黍离》之诗。"

逯钦立在其所辑《先秦汉魏晋南北朝诗·汉诗卷十一·琴曲歌辞·履霜操》中说:"履霜操者,尹吉甫之子伯奇所作也。吉甫,周上卿也。有子伯奇。伯奇母死。吉甫更娶后妻。生子曰伯封。乃谮伯奇于吉甫曰:伯奇见妾有美色。然有欲心。吉甫曰:伯奇为人慈仁。岂有此也。妻曰:试置妾空房中。君登楼而察之。后妻知伯奇仁孝。乃取毒蜂缀衣领。令伯奇缀之。伯奇前持之。吉甫大怒。放伯奇于野。伯奇编水荷而衣之。采楟花而食之。清朝履霜。自伤无罪见逐。乃援琴而鼓之曰云云。宣王出游。吉甫从之。伯奇乃作歌。以言感之于宣王。宣王闻之曰:此孝子之辞也。吉甫乃求伯奇于野而感悟。遂射杀后妻。"

《后汉书·黄琼传》注引《说苑》曰:"王国子前母子伯奇。后母子伯封。后母欲其子立为太子。说王曰:伯奇好妾。王不信。其母曰:令伯奇于后园。妾过其旁。王上台视之,即可知。王如其言。伯奇入园。后母取蜂十数置单衣中。过伯奇边曰:蜂螫我。伯奇就衣中取蜂杀之。王遥见之,乃逐伯奇也云云。据此西汉初年始有与琴操本事相同之故事。然尚无琴曲之事。《水经·江水》注引扬雄《琴清英》曰:尹吉甫子伯奇。至孝。后母谮之。自投江中。衣苔带藻。忽梦见水仙,赐其美药。思惟养亲。扬声悲歌。船人闻之而学之。吉甫闻船人之声。疑似伯奇。援琴作《子安之操》云云。据此伯奇故事虽演为琴曲,与本操亦相异。又后汉王充《论衡》书虚篇、赵岐《孟子注》,均谓伯奇流放,作《小弁》之诗。可见后汉前期伯奇的故事亦尚未固定。至曹植《贪恶鸟论》引俗传云,吉甫后悟追伤伯奇,遂射杀后妻。而《世说新语》注引《琴操》谓伯奇作歌,以言感之。"

尹吉甫之子伯奇投江的神话传说在民间流传较广。民间有些传说认为，伯奇死后，灵魂化作一只小鸟，长着长长的尾巴，头部为灰褐色，眼睛至双颊是带状的暗黑色，像是蒙了黑眼罩一般；背部和翅膀上橙色、白色、黑色相间，似一道道受冤被打的伤痕。它总是站在田野河岸的树上不停地哀鸣。这种小鸟如此不辞劳累，不停地哀鸣，"伯奇劳乎"，因而人们把它叫作"伯劳鸟"。

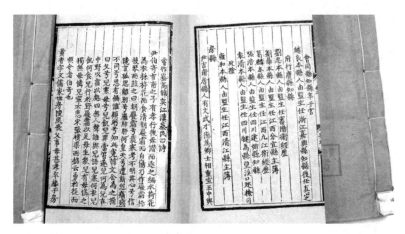

清《襄阳郡志·房县》记载尹吉甫与伯奇之事

## 五、太师吉甫　胜仗回乡　修筑宗庙　光耀先祖

尹吉甫从房陵到镐京，受周宣王重用，北伐猃狁、南征荆蛮，立下赫赫战功。尹吉甫回到镐京，周宣王设宴为他庆功。庆功宴上，周宣王封尹吉甫为太师，奖赏他车马珠宝，还把尹吉甫的籍里房陵封为他的食邑。

尹吉甫官做大了，钱也多了，就向周宣王告假，回家乡修宗庙，以供奉、祭祀祖宗，让尹姓香火千秋万代地传下去。周宣王准了他三个月假期。

尹吉甫回家以后，请了风水先生，带上儿子尹球、管家尹池，到处看风水，选宗庙庙址。他们一行人翻过尹家山，又南行十多里，登上主峰峰顶似一个巨大仙桃的万峰山。尹吉甫环视群峰，四处眺望，发现旁边有两峰如"一象一狮"，即一侧的珠藏洞旁有象鼻峰，而在另一侧，有一座山峰形似雄狮，该山峰上古树繁茂，"狮身"是陡峭如刀削的岩壁，岩下起伏的群峰中参差错落的梯田坡地，远远看去像一条波光粼粼的大白鱼。这狮子山朝向极佳，紫气东来，景色怡人，也很幽静。尹吉甫问随同的风水先生："这里的风水好吗？"

风水先生一笑说："这万峰山是万峰来朝，狮子峰是'雄狮朝阳'，风水最好，象征荣华富贵。若能在崖壁上建造石屋宗庙，可以传千秋万代，香火不断。太师你想想，石头房子烧不坏，沤不烂，可谓永垂不朽！"尹吉甫听了风水先生的话，心里更是高兴，就对儿子和管家说："就选这个地方吧。"

过了几天，管家尹池请来一个老石匠，这人姓戴，人们都喊他戴师傅。戴师傅手艺精巧，干活麻利，头脑灵活，是方圆百里最有名的石匠，所以也被人叫作"石匠老爷"。戴师傅遵照尹太师的吩咐，画好了图纸，请尹吉甫过目。戴师傅说："太师，我想把宗庙修建成这样，就是以'狮身'岩壁为主体，凿成石窟，分上下两层，上层为'品'字形的三个方形石窟，下层石窟为主殿，寓意尹家的基业如日之升，子孙位居高官。"

尹吉甫一看，竖起大拇指说："好！就按图纸开工。"尹吉甫开出一斗石渣一枚青铜贝币的工价，在当时是最高工价。尹家是大户，在当地名声又好，别人都愿意给尹家干活。

这样的好事，谁不干呢？戴石匠作为工头，又找了他的亲朋好友、徒子徒孙，一下子来了一百多个石匠。为什么有这么多石匠来呢？因为尹太师给的工钱高。开工之前，尹球对匠人们说："工钱虽高，但要等到工程完工以后才能结算。大家放心，我们尹家说话算数，绝对不会坑人。"

戴师傅相信了尹球的话，就带着徒子徒孙、亲朋好友及尹吉甫的部下、尹家家丁共几百人动工修建宗庙。

三年之后，尹家的宗庙快完工了。这是两层石窟，上层有一间正殿两间偏殿，呈"品"字形。下层是主殿，除了石房、石门、石窗，还有石神像、石香炉、石化钱炉，前院里还有石戏台、石凳、石盆等多种石器、石建筑。上下层之间由三十八级石阶相连，石阶外有石护栏。可真是一座千年不朽的宗庙。

天有不测风云。就在宗庙即将竣工的这年夏季，房陵大地出现了百年不遇的特大旱灾，地里的禾苗干死了，庄稼颗粒无收，山上的树也干死了，河沟干涸了，人们没有水喝，家里的存粮吃光了，开始饿饭。先是吃草根，后是吃树皮，再后来，只有吃观音土。

尽管外面大旱，尹吉甫家人对待修庙的石匠还跟以前一样，并没有因为闹灾荒而怠慢他们，让他们缺吃少喝。这些石匠都看在眼里，记在心上。

尹吉甫在朝中是大官，尹家在房陵也是大户，家里存有不少粮食。尹吉甫在镐京听说家乡遭受大旱的消息，知道地里的庄稼无收，饿死了好多人，就派了一匹快马，差仆人给父母带了一封信，叫父母把家中贮存的粮食拿出来，救济那些饿饭的荒民。

尹吉甫的父母收到儿子的来信，就在宅院东西南北方向的十字路口搭了四个舍粥棚，开仓施粥救民，叫仆人每天煮粥给灾民们吃。

方圆百里的灾民们从四面八方涌来，从早到晚，吃粥的灾民不断，吸粥声几里路都听得到。

天旱，一旱就是三年。大旱第二年的时候，尹吉甫家里的粮食都用来舍粥了，他们就又把积蓄的钱拿出来，到外地买粮食，请人挑回来继续舍粥。

救荒救人命要紧。眼看着宗庙就要完工了，按照当初一斗石渣一枚贝币的约定，尹家就要给石匠们付工钱了。但是尹家为了救济灾民，把预留给石匠的工钱也都拿去买粮食舍粥了。尹吉甫的父母很着急，为了兑现当初的约定，他们正商量着把尹家老宅和最好的田地卖了，给石匠们发工钱。

尹吉甫父母的这些举动，石匠老爷都看在眼里，记在心上。到了宗庙完工那天，石匠老爷召集所有的工匠说："这些年尹家待我们不薄，大旱三年，田里的庄稼无收，我们在这里有吃有喝，我们的父母、老婆、孩子天天喝着主人家的粥，才能活到今天，要不是主人家，我们怕是早都饿死了。主人家虽是大户，但是每天灾民这么多，要吃多少粮食啊！主人家为了救济灾民，还花钱到别处买粮食，家里也没有多少钱了，正在为我们工钱的事发愁，准备卖田地、卖宅院来付我们的工钱。这工钱我们不能收高价，就只按最低工价收一点。"这些修建宗庙的徒弟都是石匠老爷一手教出来的，自然听从石匠老爷的话。

尹吉甫的父母说："这怎么行呢？哪有做了活不按约定给钱的道理啊！我们虽然一时兑付不了，但是我们可以立下欠据，剩下的钱晚一点给呀！"

石匠老爷说："主人家，这钱，我们生不带来，死不带去的，灾荒之年你们为了舍粥给百姓，导致欠了我们的债，我们要这欠据有什么意义呢？这欠的工钱也只当我们跟你们一起舍粥救灾民用了。"

尹吉甫的父母听后，说什么也要叫管家立下欠石匠工钱的字据。石匠老爷执意拒绝。最后，石匠老爷说："我看要不这样，我们不收你们的工钱，让我们在你们的宗庙前雕琢一尊石匠老人修宗庙干活的像，代表我们石匠。托你们老祖宗的洪福，让石匠和尹氏宗庙一样千古留名吧。"尹吉甫的家人答应了。

于是石匠老爷戴师傅带领徒弟们在尹氏宗庙前雕琢了一个石匠老人，石人一手拿着锤子，一手拿着錾子，这就是石匠师傅们做活的样子。石匠雕像享受着尹家及其后人敬奉的香火，也跟戴师傅一样被人叫作"石匠老爷"，石匠师傅为尹吉甫义修宗庙的故事也留给后人传说。

（本故事由92岁高天元、75岁尹维鹏、80岁刘大斌讲述，陈伯钧、袁正洪、袁源搜集整理，2004年10月1日）

中国诗经学会常务理事黄震云一行在诗祖尹吉甫故里听民间"歌师""民歌王"唱《诗经》民歌

## 六、太师吉甫　传十二座　天官之坟　民间故事

传说西周晚期,周幽王昏庸无道,当时褒国的国君看幽王做事荒唐,就直言进谏。幽王嫌他啰唆,就把他关进监狱。他的儿子知道周幽王昏庸好色,就花千金买来一个花容月貌、千娇百媚,但心如蛇蝎的美女,献给周幽王以求赦免其父。这个女子叫褒姒。

周幽王得到褒姒后,立即赦免了褒国国君,封褒姒为妃嫔,褒姒进宫后深得周幽王的宠爱,一年后就生下儿子伯服。

周幽王儿子宜臼八岁那年,周幽王在周朝文武百官建议下立宜臼为太子。宜臼身为长子,又是王后申氏所生,在古代按照嫡长子继承的规矩,宜臼被立为太子是理所当然。然而,褒姒想让自己的儿子伯服当太子。幽王为讨褒姒欢心,也想立伯服为太子,这遭到了尹吉甫等一帮重臣的极力反对。

褒姒因为自己的儿子没能当上太子,心中时常嫉恨太子宜臼和反对立伯服为太子的重臣尹吉甫。在褒姒眼中,尹吉甫就是她儿子没当上太子的最大绊脚石,是她的一块心病。

褒姒妖艳的姿色博得了幽王的欢心和宠爱,幽王对褒姒言听计从,每日与她花天酒地,寻欢作乐,还导演了一场"烽火戏诸侯"的恶作剧,诸侯国被戏弄之后,怀怨而归,从此对周幽王失去了信任。

朝中的文武大臣看到幽王对褒姒如此沉湎,议论纷纷,尹吉甫看到问题的严重性,不顾一切向周幽王直言进谏:"远小人,疏女色,勤政于民。"褒姒从幽王口中得知这件事后非常生气,从此就和尹太师有了不共戴天之仇。

一个雨后天晴的夏日，尹吉甫在书房教周幽王的太子宜臼读书，王后申氏独自来到太子书房，了解宜臼的学习情况。申王后头上戴的几朵花鲜艳美丽，花香袭人，吸引了一些蝴蝶、蜜蜂。突然一只一寸多长的大毒蜂"气鼓牛"落在王后的头上，爬来爬去，情况十分危急。

尹太师看到王后遭难，岂肯袖手旁观，连忙赶到王后身边，挥起自己的袍袖去扇打毒蜂，由于用力过猛，毒蜂倒是被打死了，但是王后的头饰却被打落在地，顿时蓬头散发。王后不知有毒蜂，虽没被毒蜂蜇着，却因此受到了惊吓，脚步乱了方寸，脸也变了颜色。

暗中跟踪王后的褒姒目睹这一幕，脑海中突然闪出一个邪念，要利用这一难得的机会，制造一个假象，就说尹太师调戏王后，寻机让幽王除掉尹吉甫，现在的情景正好是让尹太师跳到黄河里也洗不清的机会。

于是褒姒就跑到周幽王那里诬告尹吉甫，说尹吉甫在太子书房非礼王后。周幽王开始还有点不相信，褒姒说："尹太师看表面好斯文，实际上是假斯文，年岁这么高了，还在太子书房调戏王后，把王后的头饰都弄掉了，头发也散了。是真是假，你到书房看看就晓得了。"

幽王听到褒姒这些话，赶紧来到太子书房，果然像褒姒所说的那样：王后的头饰掉在地上，头发还凌乱地披在肩上。周幽王信以为真，气得脸红脖子粗，暴跳如雷，不问青红皂白，怒吼着让人将尹太师拿下，押往刑场斩首。

第二天午时三刻，三通鼓声后，尹太师被带到都城西门外法场，推上断头台，刽子手手执大刀，早已在此候命。太师对突如其来的横祸有无限的感慨，可是连一点辩解的机会都没有。这一切都做得天衣无缝,好像是褒姒事先安排好了一样。他一生忠孝廉洁,上天可知,大地作证,难道让他永远蒙受这不白之冤,叫后世人千载唾骂吗?

时值六月,酷热难当,天空万里无云。太师环视四周,看到自己的学生幽王和褒姒在一起得意忘形的样子,一阵酸楚泛上心头,引起阵阵心痛,他心想:幽王啊幽王,不久周必亡,亡在你那宠妃身上。再看那些文武大臣,个个没精打采,显出无力回天的模样。

这时监斩官投下火签,发出号令,刽子手挥起大刀,一刀下去,太师的头被砍掉,滚出一丈多远,无头的尸体仍然直立在法场,几个人用力推,却推不倒。刀上、尸体上、地上和滚落的头上没沾一点血迹,所有的血凝集在一起,化成一道血光直冲天空,与黑云相会。霎时,天空中风和雷交加,血光与黑云相撞,变成了倾盆大雨,落在地上像鲜血一样殷红,整个都城都充满了血腥味。这风雨寒冷刺骨,冻得人直发抖。不一会儿又下起了冰雹,冰雹积了一层,都城成了"冰血茫茫"的一片,留下鲜明的红白痕迹。

刽子手见此情景,预感枉杀了好人,怕来日遭报应,吓得喊出声来:"冤……""枉"字还没有喊出口,只听见一声响雷,他便口吐鲜血,倒地身亡。

却说周幽王听信妃子褒姒谗言,错杀忠臣尹吉甫,当天晚上一合眼,就看见尹吉甫的无头尸体站在他面前喊:"大王,我死得好冤啊!我帮申王后打死大毒蜂,救了她的性命,却被你冤杀。"周幽王恐惧不安,醒来后就派人到太子书房去寻找被打死的毒蜂。

大家找遍了书房也没找到那只被尹吉甫打死的毒蜂,正在大家准备离开的时候,太子喊道:"大家快来看哦,桌子底下有好大一只黑蜂子呀!"周幽王过来一看,是一只被打死的大毒蜂"气鼓牛",

这才知道自己错杀了太师尹吉甫。

申王后闻此消息,对周幽王说:"太师帮我打死毒蜂,救了我的性命,反倒被你杀了。"

周幽王听了王后的话,再回想起尹太师几十年来为周室江山所作的巨大贡献,觉得实在对不起他老人家。为弥补过错,他真心忏悔,并下旨为尹吉甫平反昭雪,并赐给太师尹吉甫一颗金头,令人厚葬。

大臣们领了旨,分头去给尹吉甫办丧事。负责铸金头的臣子立即挑选了几个能工巧匠,精选上等材料,连夜给太师铸金头。直到现在房县还流传着一句俗话:"扯起风箱支起炉,一夜做个天官头。"

一切都准备好后,周幽王为方便尹家后代祭祀,根据"树高千丈,叶落归根"的民俗,就安排人把尹太师安葬在他的故里房陵青峰山,以慰英灵。为了防止别人盗墓,确保金头和陪葬品的安全,周幽王采用混淆视听的方法,在房陵四里八乡修建了十二座坟,以十二副棺材同时出葬,摆了一个"迷魂阵",将金头及殉葬品秘密地藏在其中一座坟里。由于尹吉甫是周朝太师,官职是位于六官之首的天官,当地老百姓习惯叫他"尹天官",故这十二座坟被称为"天官坟"。周幽王给尹吉甫陪葬的金头及大量的皇室珍贵物品藏于何处成了千古之谜。

尹吉甫的十二副棺材下葬后,周幽王下旨让尹氏后人守护墓地,享受不纳税、不交粮、不支差的特殊待遇,这种特殊待遇一直延续了很久。

按:笔者在考察、搜集尹吉甫的民间故事时,了解到房县有尹吉甫墓的遗址。关于尹吉甫的死,有三种说法。一是尹吉甫在京城病死,尸归故里。二是周宣王在病危的时候,托付尹吉甫等几位大臣好好地辅佐周幽王,继续振兴大业,但周幽王沉溺于酒色娱乐,不理朝政。尹吉甫作为忠臣，多次进谏，严词规劝，幽王充耳不闻，拒不纳谏，并任用奸佞，倒行逆施，尹吉甫愤然辞职，告老还乡，忧愤而死。三是尹吉甫作为三代大子之师，在辅佐周幽王时，因反对周幽王废去王后申氏和太子宜臼，册立褒姒为王后、立褒姒之子伯服为太子，而遭褒姒陷害，被杀头，后又被平反昭雪，周幽王下旨厚葬。因是厚葬，为了防止盗墓，采取了混淆视听的方法，用十二副同样的棺材同时发丧，分别葬于房陵的十二个地方。

房县传说尹吉甫的十二处墓地位置如下：青峰镇三处（青峰街村松林垭一处，东西店村一处，中堰河村一处），县城南炳公村尹吉甫老宅后山山坳一处，县城城关镇东关（老糖果厂）一处，沙河乡三处（沙河乡中学一处，沙河乡五塘村一处，蕉草沟一处），榔口乡（现尹吉甫镇）白鱼河村一处，万峪河乡老人坪村一处，土城镇白鸡铺村明堂凹一处，土城镇班茅垭五官土一处。老百姓称尹吉甫墓为"天官坟"，也有的称"太师墓"，青峰镇松林垭有尹吉甫家的祖坟，古有守墓人。

房县青峰镇中堰一座高66米、周长300米的古代人造坛山，传说是尹天官（尹吉甫）十二座坟之一

# 七、祖宗之案　苦争五年　八旬老妪　家谱定胜

天下奇事样样有，认父认母认亲疏，认父认母报恩情，认错祖宗不罢休。1931年，房县政府受理了一个"争祖宗"的民事诉讼案。此案涉及几千年的历史，无法考证定论。原告和被告两家的社会关系错综复杂，你来我往，明争暗斗，整整耗费了五年时间，最后一位八十岁的老妪上阵，越级上诉至郧阳专署，关键时刻，老人出示了特别证据——尹氏家谱，终于打赢了这场"争祖宗"的官司，在民间传为佳话。

原告尹光鼎，50岁，家住房县青峰镇青峰街，祖籍河南开封，民国初年举家迁入房县青峰街，以经商为生。被告尹明学，50多岁，房县万峪河乡石门沟人，务农出身，宝堂寺庙产管理主事。尹光鼎向房县政府递交了一份关于"宝堂寺供奉的尹吉甫，祖籍河南开封，是本人的老祖宗，不是石门沟尹明学家族的祖宗"的上诉状，要求县政府把宝堂寺的庙产产权断给他。

尹明学接到县政府的司法传票，急忙召集尹氏家族商议与尹光鼎对簿公堂的大事。面对这位不速之客的无故挑衅，绝不能马马虎虎、掉以轻心，应对之人需要有文化素养和具备法律知识，更需要花精力去沟通各个环节。他把这一重大任务交给了儿子尹维均。

尹维均聘请了律师，写好了答辩状，在县法院与尹光鼎展开了唇枪舌剑的交锋，结果法院判决"被告尹维均证据不足，宝堂寺庙产权不能裁定"。从此，年轻的尹维均长年奔波在房县县城及青峰、红庙、椰口、万峪河等乡（镇），寻找证明尹吉甫是自己祖先的证据，与尹光鼎展开了拉锯式的持久战。

尹光鼎自幼读过书，上过学堂，了解《诗经》的许多典故，他从河南迁入房县青峰镇后，专门研究了西周太师尹吉甫的历史和尹吉甫在房县青峰镇的民间传说，又从其二女婿——县政府政务科长那里得到县志。县志上记载了尹吉甫的资料，但不够详尽，加上西周幽王时期距此时已有两千七百多年，尹光鼎便觉得有机可乘，有漏洞可钻。尹光鼎是个精明人，也善于交际，又有三个如花似玉的宝贝女儿，当地有头有脸的人物都围着他转，为他鞍前马后地效劳。不出几年，尹光鼎就在青峰镇这地方冒出了头，成了有钱有势的大财主。他的三个女儿也结了三门亲，大姑娘嫁给了青峰街上的富豪，二女婿是县政府的政务科长，三女婿是县大队的大队长，真可谓是讲钱有钱，讲权有权，讲人有人，家里整日里门庭若市。三个女婿像三根柱子一样撑着尹光鼎，哪有他办不成的事？

尹光鼎向房县政府这么一告，把石门沟尹家扯进了官司。石门沟尹家为宝堂寺产权官司一事伤透了脑筋，法院判决后也不敢继续贸然经营。尹光鼎却在青峰街坐收渔利，不明不白地当上了宝堂寺执事，明目张胆地收起租来。

石门沟的尹家憋了一肚子火，毅然从宝堂寺"祖宗案"的被告席转到了原告席。可他们百般的努力都无济于事，尹维均一家的一切活动都在尹光鼎的掌握之中，再次开庭审理的判决结果还是："原告证据不足，不能裁定。"

房县政府把这场关于宝堂寺产权的"祖宗案"当成二锅的水一样"憨"着（指对此事很不上心），明眼人一看那判决就知道其中的用意。石门沟尹家为打这场官司，既花了钱、时间和精力，又失去了祖宗留下来的庙产管理权，赢不了官司也脱不了身，有苦说不出。居住在青峰镇红庙、中堰河、椰口、沙河及万峪河等处的尹氏家族的精明人会集在一起,总结这场官司没能胜诉的教训。大家面对这骑虎难下、事关尹氏家族荣辱的局面,纷纷发表了不同的思路和策略,然而各种策略尹维均都用过,起不了决定性的作用。正在大家一筹莫展时,老族长尹洪喜之妻杨氏——年过八十的"洪喜奶奶"一语道破了争"祖宗案"的关键,并指出了转败为胜的玄机。大家认为此方法完全可行,推举洪喜奶奶挂帅出征,与尹光鼎对峙。洪喜奶奶乘坐轿子,领着侄儿尹明贤、孙子尹维均,带着必胜的信心走进了郧阳专署。

郧阳专署受理了这宗民事案,根据原告提供的材料,查找房县政府的史志档案,校对了宝堂寺的碑文,决定了开庭日期。开庭当日,双方引经据典,各持己见,争论得不可开交。洪喜奶奶挂着拐杖,要求发表意见,征得法官的同意后,洪喜奶奶清了清嗓子说道:"大家都姓尹,为了祖宗的事闹到这种地步,有辱列祖列宗,被世人耻笑。今已对簿公堂三年五载,从县堂到府堂,这大堂之上都得要讲真凭实据,不许弄虚作假,信口开河。在座的各位法官大人、各位律师先生,可记得一句名谚,'人有房屋地有界,要认祖宗拿家谱来。'"此言一出,满堂皆惊,公堂之上的法官律师皆称有理。随后主审法官宣布双方继续准备,明日再审。

尹光鼎做梦也没想到这八旬老妪如此精明,一语道破玄机,说出这既合情合理又有理有据的结实话。本是凭借势力无中生有、搬弄是非,好从中捞取利益,做的是亏良心的事,哪有什么祖传家谱?

第二天开庭,洪喜奶奶在公堂上非要尹光鼎出示家谱,尹光鼎拿不出家谱。此时洪喜奶奶从容地从怀中取出珍藏的尹氏家谱,慎重地交给主审法官查看。将宝堂寺的碑文和尹氏家谱比对核准后,法院做出判决:宝堂寺庙产归石门沟等尹氏家族共同所有。尹光鼎败诉。历时五年的"祖宗案"终于画上了句号。年轻的尹维均抱着奶奶和叔叔高兴地哭出声来。遗憾的是,那张珍藏了不知多少代的尹氏族谱交给法官后就再也没有能要回来。

尹光鼎回青峰镇后,摆了十桌宴席,遍请青峰山区的尹氏族人和地方知名人士,表示赔礼道歉。

有人将此事编成民谣传唱:"八十老妪上郧阳,为争祖宗对公堂。铁嘴利齿句句实,怀藏祖传谱一张。人有房屋地有界,为何要沾祖宗光?聪明反被聪明误,认错祖宗不光堂。别看得势称霸道,真理一出都遭殃。大路不平众人踩,老人自有妙主张。要学'天官'忠节义,莫学光鼎欺骗郎。尊老爱幼传家宝,和谐文明益兴邦。"

(本故事由尹维鹏、尹义新、尹义洲、尹义成等讲述,李新民、袁野搜集整理)

2003年10月3日,袁正洪(右)、袁源(左)在白鱼村(现七星沟村)采访解放前租种尹吉甫宗庙庙产地和看护尹吉甫宗庙的老农刘大斌(中),刘大斌是湖北省级非物质文化遗产代表性传承人(2016年已病故)

# 第十四章
## 编纂《诗经》　影响深远　中华诗祖　当之无愧

　　诗,是文学的一种体裁,是文学的重要类别之一。《诗》是中国最早的诗歌总集,它高度集中地反映了西周至春秋中期人民的社会生活,饱含作者丰富的思想和情感;后被儒家列为经典之一,称《诗经》。祖,可指言行、功业为后世所崇仰和关注的人,也可指某种事业或派别的创始人。可否被称为"诗祖",必须根据其诗歌的创作水平和其诗歌(诗集)对民众和社会的影响及贡献来判断。

　　著名诗经研究专家林中明教授在《诗行天下》一书中说:"《诗经》的内容广泛,单从文学角度来看,它除了是中华的'诗祖'之外,也是流传后世的诗篇集结、'诗选之祖'。就文学而言,它不仅是最早的诗歌总集,又因为有组织有文学性的韵文早于散文,我们也可以说《诗经》是最早的'文选'和'纯文学之祖'。更因为《诗经》是以有韵的诗为主,所以人们可以称它为中华'韵文之祖'。"

　　根据尹吉甫作诗、编纂《诗经》的贡献,以及《诗经》对后世的深远影响,笔者认为,他应被尊称为"中华诗祖"。

## 一、尹吉甫是《诗经》中少有的已知名的作者

笔者所著《尹吉甫研究》(中国文史出版社2015年10月出版)载:"西周太师尹吉甫是中国历史上卓越的政治家、军事家、大诗人。据有关考证,他是《诗经》中少有的已知名的作者,又是《诗经》的采风者、编纂者,还是被歌颂者。"

据陈鑫明先生有关《诗经》的研究作品载:"公元前823年,猃狁势炽,宣王命吉甫率师伐之,有功而归,吉甫赋《六月》以美之。王舅申伯出封于谢,吉甫美宣王能建国,亲诸侯,作《崧高》。召虎吉甫平淮夷,作《江汉》为记。韩侯来朝,作《韩奕》。仲山甫筑齐城,作《烝民》。吉甫随宣王出征,作《常武》《出车》。为国家储备军粮,助农耕,富国库,纳贡品,作有《黍苗》《采薇》等。一部《诗经》中,《小雅》《大雅》多为尹吉甫作品,《小雅》为天子之政而作,《大雅》则为天子之乐而记,被后世称为'中华诗祖'。"

## 二、尹吉甫是周宣王时期《诗经》的总编纂者

战国末期思想家、哲学家荀子在《乐论》中说:"使夷俗邪音不敢乱雅,太师之事也。"

汉班固《东都赋》云:"尔乃食举《雍》彻,太师奏乐。"

《周礼》卷二十三《大师》云:"大师……教六诗:曰风,曰赋,曰比,曰兴,曰雅,曰颂。"大师即太师,组织乐工开展各种场合的诗歌演出,该职责也为太师保存诗歌提供了方便,太师将乐工在各种场合演出的诗歌经过校勘整理,进行保存,以便各诸侯国太师及

世人能够观赏到比较完整的《风》《雅》《颂》等诗乐。因此,太师成为《诗经》及其演出方法的集大成者。在西周不同时期,由当朝的太师负责编纂《诗经》。

河北衡水学院袁长江教授在其所著《先秦两汉诗经研究论稿·诗经发生学论》第四部分说:"无疑,周太师是《诗经》本子的总编订者。《荀子·王制·序官》说的太师的职责,'审诗商,禁淫声,以时顺修',便是指的编选诗。自西周至于春秋中叶,历届的周太师坚持不懈地把各国太师选送来的诗歌进行汇集加工,编辑成一个全国统一的本子。他们当然有他们的编选标准。实际上,真正编选诗的第一人是各国太师,他们编选的是本国诗歌;第二是周太师,他编选的是综合诗集,并且这个综合诗集,还在不断地进行修订,直到各国太师不再选送诗歌为止。到孔子诞生之前,社会上已经有了定型的诗集,这就是被称为《诗》的本子,约三百多篇。其后再也无人编选。周太师选诗的目的是为乐工学习歌唱演奏,以供在大祭、大飨、大射等场合用乐。同时也作为贵族学校的课本,以作资政之用。由此,我们可以这样认为,周太师是《诗经》的总编订者,也是《诗经》的重要研究者,因为他们是集编选与教授于一身。"

## 三、老子、孔子、屈原、李白等文化名人受到了《诗经》的深刻影响,尹吉甫是早于他们的文化先贤

### 1.尹吉甫是老子之前的伟大思想家

在《诗经》中,"德"字有70个,"道"字有32个,比较深刻地表现了道和德的思想性,为后人所接受和推崇。老子晚尹吉甫281

年,《道德经》中有"德"字43个,"道"字有74个(一说73个)。

尹吉甫在《诗经·蓼莪》篇曰:"父兮生我,母兮鞠我。拊我畜我,长我育我。顾我复我,出入腹我。"老子读《诗经》受其教益,在《道德经》第五十一章中曰:"道生之,德畜之,长之育之,亭之毒之,养之覆之。"尹吉甫可谓是老子之前的伟大思想家。

**2.孔子对《诗经》极力推崇**

孔子是我国古代伟大的教育家和思想家,有"万世师表"之称。孔子极力推崇和倡导《诗经》,对《诗经》的主旨、作用和若干篇章做了重要解说,涉及文学、政治、伦理、教育等各个层面,其中的一些重要思想、理念,对中国的教育和文学创作起到了重要的指导作用,产生了极其广泛而深刻的影响。

由孔子弟子及再传弟子编纂而成的《论语》,是中国春秋时期一部语录体散文集,主要记录孔子及其弟子的言行,较为集中地反映了孔子的思想。

《论语·泰伯》载:"子曰:'兴于《诗》,立于礼,成于乐。'"

《论语·八佾》载:"子曰:'《关雎》,乐而不淫,哀而不伤。'"

《论语·子路》载:"子曰:'诵《诗》三百,授之以政,不达;使于四方,不能专对;虽多,亦奚以为?'"

**3.屈原《楚辞》是对《诗经》的继承和创新**

辽宁科技大学汪洋先生在《试论〈楚辞〉对〈诗经〉的继承和发展》一文中说:"《楚辞》直接继承了《诗经》以四言体为主的特

点,但又有所发展,代之以参差错落、更为灵活自由的句式,如《天问》《橘颂》《招魂》等。"

《诗经》与《楚辞》在艺术手法上是迥异的,但这种差别又不是互相游离的。《楚辞》之于《诗经》,可以说是一次开拓、一次诗歌革命,《楚辞》是在《诗经》的基础上进行了创新。

### 4.李白继承并发展了《诗经》《楚辞》的精神

李白是我国唐代伟大的浪漫主义诗人,被后人称为"诗仙",与杜甫并称为"李杜"。西华师范大学文学院方新蓉教授在《李白对〈诗经〉的接受》一文中说,"李白对《诗经》的接受有以下三个原因:第一,他在思想上自觉把《诗经》当作反对齐梁柔靡之风的武器;第二,他与《诗经》有着相同的精神契合点即抒发性情;第三,他看重《诗经》的政治讽刺精神。在这种思想的指导下,李白在其作品中从字词、句式、意境、手法、题材等各个方面对《诗经》进行了接受。"

### 5.杜甫"实取法三百篇"

杜甫是我国唐代伟大的现实主义诗人,世称"诗圣",与李白并称"李杜"。杜诗与《诗经》的关系如何呢?明代文学家宋濂说:"杜子美诗,实取法三百篇,有类国风者,有类雅颂者,虽长篇短韵,变化不齐,体段之分明,脉络之联属,诚有不可紊者。"

据《中国文学史·第二卷·第四编·隋唐五代文学》记载:"就诗歌传统自身言,杜诗的叙事与议论,显然受到《诗经·小雅》的影响。而其悲歌慷慨的格调,显然又与《离骚》相近。杜诗叙述夹议论,有'小雅'的因素,有赋的铺排技巧,有乐府的影响,也有史笔的痕迹。"

## 6.白居易直承《诗经》的六义传统和美刺精神,达到诗歌补察时政、泄导人情的功用

北京大学中国语言文学系古代文学教研室教授杜晓勤在《唐代诗人及诗歌成就·白居易》讲座中说:"白居易是杜甫之后杰出的写实性诗人,中唐新乐府诗派的领袖。他继承并发展了《诗经》和汉乐府的写实传统,沿着杜甫所开辟的道路,进一步从文学理论上和创作上掀起了一个波澜壮阔的写实性诗歌创作的高潮。"

北京大学国学研究院院长、中央文史研究馆馆长袁行霈先生主编的《中国文学史》一书这样论述《诗经》在"文学史上的地位和影响":"《诗经》在中国文学史上具有崇高的地位和深远的影响,奠定了我国诗歌的优良传统,哺育了一代又一代诗人,我国诗歌艺术的民族特色由此肇端而形成。"

作为中国诗歌的源头,《诗经》可谓一代又一代诗人取之不竭的灵感源泉。尹吉甫作诗、编纂《诗经》,贡献卓越,被尊称为"中华诗祖"当之无愧。

房县博物馆陈列的尹吉甫镇孙家坪出土的西周陶器

# 第十五章
# 西周太师　编纂《诗经》　吉甫著称　十大名家

西周太师尹吉甫何以可称"十大名家"呢？浅论如下。

## 一、伟大诗人

《诗经》是我国第一部诗歌总集，尹吉甫不仅是《诗经》中少有的已知名的作者——《诗经》中《崧高》《烝民》《江汉》等多篇名诗乃尹吉甫之作，而且是《诗经》的采风者、编纂者。

徐悲鸿的弟子、中国楹联学会名誉会长、著名诗人、著名书画家马萧萧听了笔者汇报的"中华诗祖尹吉甫研究"的材料后，激情称赞《诗经》中高度评价"文武吉甫，万邦为宪""吉甫作诵，穆如清风"当可称尹吉甫为"中华诗祖"，特书"中华诗祖尹吉甫故里"。

2009年11月，笔者在中国诗经学会秘书处曹建芬老师的热心帮助下，将有关尹吉甫的考察研究资料呈送夏传才会长指教。夏传才会长在百忙中阅看材料，在给笔者的来信中说："尹吉甫是西周宣王时代的重臣，于武功文治都建有重大的功业，是对华夏民族发展有突出贡献的历史人物。他又是确凿可信可考的西周大诗人，他的多篇政治抒情诗保存至今，或美或刺，在思想和艺术上已相当成熟，比战国时代楚国的屈原要早五百年，论先后，中国诗史应把他列在前面。尹吉甫采邑在房县，其后裔世居于此，以房县为籍里，你们调查的材料可考可信。河北南皮县、山西平遥县的吉甫墓都是纪念墓，四川泸州之说乃系误传。二《南》是西周推行文王之化的乐歌，当然会广泛地推行于尹吉甫的采邑，并深入民间。你们发掘出当地民歌与《诗经》乐歌的结合，以及与尹吉甫相关的民间传说，很有价值。诗经是中华文化的原典，诗经学是世界性的学术，你们为之作出可喜的贡献。"

夏传才教授在给《尹吉甫研究》一书作的序中认为尹吉甫被称为"中华诗祖"当之无愧。他还为十堰市诗经尹吉甫文化研究会题词："千古诗经风雅颂，吉甫故里是歌乡。"2010年8月7日，夏传才教授在湖北房县考察尹吉甫宗庙后题字"尹吉甫宗庙"。

## 二、思想家

所谓思想家，就是研究思想、思维和思考模式并且形成思想体系的人。古今中外富有独特思想和智慧的人士都可以被称为思想家，但是一般指的是那些影响特别大的人物，例如我国古代的老子、孔子。《诗经》中的名篇《烝民》《崧高》《江汉》《韩奕》《都人士》《六月》的思想性都很强，如《烝民》中"天生烝民，有物有则。民之秉彝，好是懿德"体现了哲学思想，是"天人合一""和谐社会"的语源。

孔子曰："兴于《诗》，立于礼，成于乐。""小子何莫学夫诗？

诗,可以兴,可以观,可以群,可以怨。迩之事父,远之事君,多识于鸟兽草木之名。"

国学大师、著名历史学家范文澜先生在《中国通史简编》中说:"春秋时期,诗三百篇是各国贵族们学习政治的一种必修科目,不懂得诗就无法参加朝聘盟会那种大事。"

由此可知,尹吉甫编纂《诗经》,其思想不仅为之后的名家所接受和推崇,还作为经典用以育人。故尹吉甫可谓是伟大的思想家。

## 三、政治家

政治家是指那些在长期的政治实践中涌现出来的具有一定政治远见和政治才干,并对社会历史发展起着重大影响作用的领导人物。他们积极投入政治,有理想,为国家与人民着想,着眼于民众的福祉、人类的和平与发展。许多人确实在政治上相当有建树,在促进国民福祉及全体人类利益上有重大的影响力,堪称国之栋梁,后世之楷模。

尹吉甫任西周宣王时太师,他不仅奉宣王之命,北伐猃狁,南征蛮夷,驻守成周,镇守江淮,实现天下一统,助宣王中兴,还负责整理、编纂乐诗,其编纂的《诗经》成为周朝及后世注重以德育民、注重礼治、促社会文明和谐的官方教科书。西周设有六官——天官、地官、春官、夏官、秋官、冬官,负不同职责,尹吉甫任六官之首天官,负责邦治,即治理诸侯国,使之听命于朝廷。由于治理有方,成效卓著,故《诗经》有言"文武吉甫,万邦为宪",尹吉甫可称为有政治才干的政治家。

《诗经·江汉》为尹吉甫所作。曾任中国诗经学会副会长的赵沛霖教授在《关于〈诗经〉战争诗的几个问题》中说："《江汉》一诗不仅是写战争本身,而且着重是写战胜淮夷之后如何治理疆土、册命召虎和召虎对宣王的感恩答谢。诗中提出了在新征服的土地上推行周王朝的政治统治,即诗所谓'王国来极',这不仅涉及安邦治国的根本大计,而且反映了周王朝君臣'矢其文德,洽此四国'的远大抱负,体现着天子的威严、大臣的忠诚。因此,出语庄严郑重,形成了雍容典丽的艺术风格。……召虎的答谢词……别开生面地提出:'天子万寿!明明天子,令闻不已。矢其文德,洽此四国。'这与其说是对天子的颂扬,毋宁说是对他的希望,希望天子励精图治,勤修文德,振兴国家,使王朝威震天下。这事关国家基业的重大政事,却是以答谢的名义说出的,具有词高意远,含蓄蕴藉的艺术风格。"

## 四、军事家

军事家是指对军事活动实施正确指引或擅长具体负责军事行动实施的人。一般被称为军事家者多为军队最高统帅或高级将领。战略家、战术家和军事理论家都可被称为军事家。

尹吉甫奉周宣王之命北伐猃狁、南征荆蛮、东征淮夷,战无不胜,攻无不克,实现了国家统一。《诗经》中直接写到战争的诗有三十余篇,反映了周王朝时期的战争、战略、战时徭役及民生。其名篇有《大雅·常武》《大雅·江汉》《大雅·皇矣》《小雅·六月》《小雅·采芑》及《颂》诗中的一些篇目。诗篇中多是对统治阶级、上层将领征伐武功的赞美,如《小雅·六月》写的是公元前823年,尹吉甫奉周宣王之命北伐猃狁。《六月》反映了尹吉甫作为朝廷重臣和领军统帅、把握全局、治军有方的军事才能。"猃狁孔炽，我是用急""薄伐猃狁，至于大原""以佐天子""有严有翼，共武之服""以定王国""织文鸟章，白旆央央""戎车既安，如轾如轩""文武吉甫，万邦为宪"等句，勾画了一幅将兵出征、作战有方、军旗招展、克敌制胜的壮丽画卷，表现出尹吉甫的军事才能和主将风范，受到后世军事及文艺界人物的高度赞誉。

## 五、哲学家

《诗经·烝民》是尹吉甫送仲山甫往齐筑城，为赞美宣王使贤任能及仲山甫才德出众而作，诗中不仅展现了作者的写作艺术才能，而且诗中提出了"天生烝民，有物有则"的伟大哲学思想。

《烝民》中，"天生烝民，有物有则。民之秉彝，好是懿德"，是中国"天人合一"哲学思想的源头；"既明且哲，以保其身"是"明哲保身"哲学思维的语源；"柔则茹之，刚则吐之"，是"刚柔相济"哲学思想的源头。《周颂·维天之命》《大雅·瞻卬》《小雅·正月》《小雅·小明》《小雅·十月之交》等篇章中，也表现出了许多的辩证哲学思想。

北京大学哲学系张岱年教授经研究和考证后认为："尹吉甫是孔子、老子之前的哲学家，是中国'天人合一'思想的最初起源。"

## 六、文学家

《诗经》是中国诗歌由口头创作转化为书写文学的第一部诗集，整个璀璨的中国诗史是从它开始的，它被称为中国古典现实主义文学的源头、中国诗歌之祖。《诗经》的创作思想和成功的艺术经验,哺育了中国一代代诗人,对东亚诸国的文学与文化也产生了极其重要的影响。从18世纪开始,《诗经》在全世界广泛传播,被公认是与希腊史诗、莎士比亚戏剧鼎足而立的三大世界古代文学杰作。

中国诗经学会老会长夏传才教授在《二十世纪诗经学》一书中说:"我们不能只把《诗经》看作一本古老的诗歌集;它是中华文化的元典,具有文艺学、语言学、历史学的多重无可替代的价值,研究中华文化和中国文学,研究汉语史和文化人类学,都必须研究《诗经》。"

古典文献研究专家沈锡麟先生说:"在长达数千年里,我国以光辉灿烂的文学成就,闪耀于世界的东方。而作为我国第一部诗歌总集的《诗经》,便是我国文学光辉的起点。"

台湾著名诗经研究专家李辰冬教授在《诗经研究》一书中说:"在研究《诗经》的过程中,我们发现了字与字、成语与成语、句与句、人与人、地与地、事件与事件间的关系而将三百篇连贯起来。连贯之后,再由《竹书纪年》、金文与其他有关的典籍证明我们所发现的都是事实,于是绘出了一段最清楚、最生动、最有系统的断代史。再由这断代史而发现了一位最伟大的文学家——尹吉甫。以前认为屈原是中国最古作家,他的地位应该让给尹吉甫了。"

尹吉甫作有《诗经》名篇《烝民》《崧高》《六月》《常武》《江汉》《韩奕》《都人士》等。他不仅真实地描述了战争真实情况,而且其文学写作手法独具匠心。《烝民》《崧高》弘扬国之正气,树立为人典范。《六月》《常武》开战争史诗之先河,描写战争的激烈和胜利后的喜悦。《韩奕》《都人士》分别体现了现实主义和浪漫主义的创作原则。这些作品充分显现了多种文学创作特征,为屈原、李白、杜甫、白居易、陆游等人所效法。

## 七、音乐家

　　《诗经》不仅仅是我国第一部诗歌总集,也是第一部歌曲总集。《诗经》共305篇,按传统分法可分为三大类,即《风》《雅》《颂》。《风》搜集的是各诸侯国的民间歌谣,是土调,《国风》即各国的音乐歌谣。《雅》分《大雅》《小雅》,《大雅》是西周时期的音乐和诗,《小雅》是西周末东周初期的音乐和诗。《雅》乃正声,朝廷音乐。周人将他们认为"正"的音乐叫"雅乐"。《颂》乃庙堂音乐,多用于祭祀、大典等重大场合,为歌颂赞美之意。周朝以音乐伴奏唱《诗经》各篇,称"诵诗"。

　　郭纪金先生在《"诵"字的音义辨析与楚辞的歌乐特质》中介绍——

　　"许慎《说文解字》说:'诵,讽也。从言,甬声。'南唐文字学家徐锴补充说明:'临文为诵。诵,从也,以口从其文也。''以口从文',有两种情况,一是歌唱,二是念诵。现行各种字典往往只注一个读音(sòng),词义只作'念诵''背诵'这一种解释。古老一些的字书则指明,'诵'有多种读音和字义,如《正字通》《康熙字典》《康熙字典通解》等书便列出了'诵'的3种音义:(1)'似用切',读如'颂'(sòng),为念诵、背诵之'诵'。(2)'墙容切',读如'从'(cóng),亦读作(qióng)。《九辩》:'自压按而学诵。'意谓歌唱。(3)'余容切',读如'慵'(yōng)。《诗·小雅·节南山》:'家父作诵。'指一种可歌唱的文体。……《周礼·春官·大司乐》说:'以乐语教国子:兴、道、讽、诵、言、语。''乐语'有6种不同的训练途径与方式，其中列入了'诵'与'言'，证明九江被公'诵'、朱买臣的'言'楚辞，都是唱诵，而不是念读与解说。上引《周礼·春官·大司乐》'以乐语教国子'的话，郑玄注曰：'以声节之曰诵。'这里的'以'字，训为'依'，所谓'以声节之'，就是依照曲声打出节拍。这种有乐律有节奏的唱法，便是'诵'（cóng）。"

"'诵'字又有一种兼'唱'与'讽'（怨谤）两义的用法，文献中出现频率颇高，如：（1）《国语·周语》：'瞍赋矇诵'。韦昭注曰：'矇主弦歌讽诵，谓箴谏之语也。'（2）《国语·楚语》：'宴居有师工之诵。'韦昭注曰：'诵，谓箴谏时世也。'（3）《左传·襄公四年》：'臧纥救鄫侵邾，败于狐骀……国人诵之曰……'（4）《国语·晋语三》：'惠公入，而背内外之赂。舆人诵之曰……'（5）《左传·襄公十四年》：'史为书，瞽为诗，工诵箴谏，大夫规诲。'（6）《左传·襄公二十八年》：'使工为之诵《茅鸱》亦不知。'"

"事实上不但郑玄、贾公彦早已在《周礼·春官·大司乐》注疏中指明'诵，谓歌乐也''诵，歌乐之篇章'，而且直到宋明时期，还不断有学者加以申说。如严粲《诗缉》谓'今曰"诵"，歌诵也'，胡承珙在《毛诗后笺》的《大雅·烝民》中说：'诵，可歌之名。'"

由此可知，周朝时"诵"谓歌乐也。精通"诵诗"之人可谓音乐家。《诗经·大雅·崧高》曰："吉甫作诵，其诗孔硕。其风肆好，以赠申伯。"《诗经·大雅·烝民》曰："吉甫作诵，穆如清风。仲山甫永怀，以慰其心。"周朝太师的一项重要职责是掌管诵诗，"吉甫作诵，穆如清风"充分表明尹吉甫是音乐名家。

## 八、武术家

西周太师尹吉甫可被称为武术家,主要理由见述于以下四点。

其一,《诗经·小雅·六月》中高度称赞他"文武吉甫,万邦为宪",说明尹吉甫武功高强,名不虚传。

其二,《诗经·大雅·烝民》中有"柔则茹之,刚则吐之""柔亦不茹,刚亦不吐。不侮矜寡,不畏强御"等句。

《毛诗正义》中孔颖达评说:"上既言明哲勤事,此又言其发举得中。人亦有俗谚之常言,说人之恒性,莫不柔濡者,则茹食之。坚刚者,则吐出之。喻见前敌寡弱者则侵侮之,强盛者则避畏之。言凡人之性,莫不皆尔。维有仲山甫则不然,虽柔亦不茹,虽刚亦不吐,不欺侮于鳏寡孤独之人,不畏惧于强梁御善之人。不侮不畏,即是不茹不吐。既言其喻,又言其实以充之。"成语词典中已有词条"不吐不茹"。

"柔则茹之,刚则吐之",在"柔"与"刚"这对辩证的范畴中,既蕴涵用弱守柔、谦下不争、海纳百川等多重"柔"的意蕴,亦涵盖以柔弱为刚强、以刚济柔等多重"刚"的追求,这也是武当武术"以柔克刚,刚柔相济"功理功法的语源。

其三,尹吉甫是《诗经》的总编纂者,而《诗经·小雅·巧言》中载:"无拳无勇,职为乱阶。"《古汉语字典》中,"拳"的其中一条义项为"〈名〉勇力"。《康熙字典》释"拳",其中一条义项:"力也。《诗·小雅》'无拳无勇'。"《说文解字》:"拳,手也。按,张之为掌,卷之为拳。""无拳无勇,职为乱阶"的"拳"字,是最早见述于书的"拳"字,且为"勇力""力"之义。

其四，尹吉甫武功高强的故事在民间流传，其武功被后人赞称。尹吉甫故里房县如今依然流传着《尹吉甫武功高强克敌猃狁》《尹吉甫狩猎救宣王》《尹吉甫流星锤练武功》等故事。

山西平遥县有关史料介绍，"平遥自古为京师孔道，史载：'周卿士尹吉甫，周宣王拜大将北征猃狁，曾率师平遥，增城筑台，设兵以御寇，教民以武。'自此之后，习武者众多，英才辈出。

传说尹吉甫曾与仲山甫到今河北沧州市南皮县筑城，故南皮县有关史料介绍："西周宣王时，尹吉甫为内史大臣，执掌周王室的政策法令。他不但文才超群，而且武功盖世，系西周重臣。后人称赞尹吉甫'事业文章，炳然千古'。"

## 九、尹吉甫是有实物为证和文字记载的最早的税务高官和最早的市场管理高官之一

在国家产生的同时，也出现了保证国家实现其职能的财政征收方式。在我国古代第一个奴隶制国家夏朝，最早出现的财政征收方式是"贡"，即臣属将物品进献给君王。"贡"是税的雏形。而后出现的"赋"与"贡"不同。西周时"以九赋敛财贿"（《周礼·天官·冢宰》），其中就有"关市之赋"。市场交易是税收的重要来源之一，为了保障税收和维护好市场交易环境，进而维护社会稳定和保障国家统治，要加强市场管理。

关于市场的起源，《周易·系辞》写道："日中为市，致天下之民，聚天下之货，交易而退，各得其所。"周朝时，每日的交易活动分三次举行："朝市"在早晨，"大市"在午后，"夕市"在傍晚。参加夕市贸易的，都是小商小贩。市场设有门，进入市门交易，叫

"市入",市入之时,有小吏执鞭守于门口,以维护市入秩序。市场的各个贸易地点,叫作"肆"。市场官员发表的命令,叫"市令"。商人必须遵守市令,否则会遭到处罚。处罚的方式之一是罚款,叫"罚市"。

据我国著名收藏家陈介祺以及王国维、罗振玉、郭沫若等多位史学家、考古学家的著述,出土于宋朝时的西周青铜器兮甲盘,系西周太师尹吉甫遗物。它不仅是佐证尹吉甫其人真实存在的重要实物,而且是研究西周社会、文化的重要青铜器。

周宣王五年(公元前823年),尹吉甫奉周宣王之命随天子出征,讨伐猃狁,立功凯旋,受到赏赐,之后宣王又命尹吉甫东去成周(洛阳)掌政执法,责令四方交纳贡赋。尹吉甫至南淮夷,征收币帛、粮食、冠服、奴隶,整顿市场交易,强化市场管理。兮甲盘上刻有133个字,真实客观地记载了这段历史。

由此,兮甲盘上刻的文字清楚地表明尹吉甫是有实物为证和文字记载的我国历史上最早的税务高官和最早的市场管理高官之一。

## 十、西周太师尹吉甫在教育、书法、社会历史方面也十分有名

著名诗人闻一多先生说:"《诗经》是中国有文化以来的第一本教科书,而且最初是唯一的教科书。"周朝有采诗献诗制度,太师为乐官之长,掌教诗乐等。尹吉甫负责编纂教科书《诗经》,掌教诗乐,可谓教育家。

尹吉甫的遗物兮甲盘上刻有133个字,被后世一些书法界人士称为"肥字体",字体结构严谨,笔力刚劲,表现了武将统帅的风度。

由此推知，尹吉甫可谓是指导制作兮甲盘、刻铭文的书法家。

《诗经》内容博大精深，涉及历史、政治、经济、文学、民俗、天文地理、农业、医学、动物、植物、民族、战争等各个方面，是关于西周历史和社会的百科全书。著名诗经研究专家林中明先生在《〈诗经〉里的战争与和平》一文中说："《诗经》是文也是史，而且有生物学、社会学、人类学等多种价值，我们还发现它也是'气象诗学'，甚至是广义的'气象文学'之祖。如果只从文学和诗学的角度来研究《诗经》，《风》《雅》的文学价值远胜于《颂》，而《风》和《小雅》的诗情又多过《大雅》。但是如果我们要全面研究《诗经》，那么《大雅》和《颂》里的社会政治学和民族、国防观也不能忽视。"尹吉甫编纂《诗经》，了解各地民风民情，精通当时以及之前的社会历史，可谓社会历史学家。

# 第十六章
千古《诗经》　古今诗画　楹联文赋　歌颂吉甫

## 一、《诗经》中赞颂尹吉甫的诗作

我国首部诗歌总集《诗经》里面有多首诗为尹吉甫所作，其诗作、诗风，对于历代诗人影响巨大。《诗经》的艺术风格、艺术思想，特别是"赋、比、兴"的运用，被历代诗人所崇尚、继承，是我国优良的文学传统。"还成吉甫颂，赠答此瑶华""能为吉甫颂，善用子房筹""救文之弊，……当有吉甫辈，颂君之德""《六月》之诗，美吉甫之燕喜，受祉来归"，诸如此类的赞颂期许，见于历代先贤雅士之作。《诗经》是我国传统文化的经典著作。在旧时，"子曰诗云"满天飞，"不学诗，无以言"，《诗经》成了人们说话、做事、说理的重要依据。由此可见，《诗经》之影响是何等的深远，这里面，也有周太师尹吉甫的一份重要贡献。后人称颂尹吉甫是"中华诗祖"，是十分恰当的。著名诗经尹吉甫文化研究专家吉腾久先生对诗祖尹吉甫的诗作做了很好的释译。

《诗经·小雅·六月》选译——

六月栖栖，戎车既饬。四牡骙骙，载是常服。

狁孔炽，我是用急。王于出征，以匡王国。

译：六月凄凄小雨为我壮行，战车整饬好。四匹公马强壮，将士却穿的日常军服。狁势盛，我们紧急应召好匆忙。王命出征，以匡救国家乡邦。

……

戎车既安，如轾如轩。四牡既佶，既佶且闲。

薄伐狁，至于大原。文武吉甫，万邦为宪。

译：兵车安安又稳稳，俯仰自如无损伤。四匹公马真健壮，说他雄壮却驯良。同心协力讨狁，深入大原敌胆丧。吉甫能文又能武，四方诸侯好榜样。

吉甫燕喜，既多受祉。来归自镐，我行永久。

饮御诸友，炰鳖脍鲤。侯谁在矣？张仲孝友。

译：为吉甫大摆庆功宴，获赏多福禄。凯旋归镐京，我行时已久。群臣来赴宴，佳肴样样有。同席还有谁？孝悌张仲友。

《诗经·大雅·崧高》选译——

崧高维岳，骏极于天。维岳降神，生甫及申。

维申及甫，维周之翰。四国于蕃。四方于宣。

译：巍巍四岳高大连绵，高大雄伟直插云天。四岳钟灵孕育和气，甫侯、申伯降生人间。就因有了甫侯、申伯，西周王朝就有了卫国城垣。他们是周边国家的藩篱，也是周边国家的城垣。

……

申伯之德，柔惠且直。揉此万邦，闻于四国。

吉甫作诵,其诗孔硕。其风肆好,以赠申伯。

译:申伯有美好的道德,柔和温顺而正直。以德去安抚万邦,声誉传扬于诸侯各国。吉甫作了这篇颂,诗意深邃,意义重大。就如清风化育何其好,赠诗增美,鼓励那申伯。


《诗经·大雅·烝民》选译——

天生烝民,有物有则。民之秉彝,好是懿德。

天监有周,昭假于下。保兹天子,生仲山甫。

译:老天生下了人民,有事物必有其法则。人民遵守有常道,全都爱好这美德。老天看到周政教,显灵下降为周国。为了保爱这周天子,降生了仲山甫这英哲。

……

人亦有言,柔则茹之,刚则吐之。维仲山甫,

柔亦不茹,刚亦不吐。不侮矜寡,不畏强御。

译:人们有这样的说法,软的东西就吞住,硬的东西就吐出。但有这个仲山甫,软的东西他不吞,硬的东西他不吐。不去欺凌弱小者,不怕强暴来吓唬。

……

四牡骙骙,八鸾喈喈。仲山甫徂齐,式遄其归。

吉甫作诵,穆如清风。仲山甫永怀,以慰其心。

译:四马马蹄声骙骙,驾铃行动响喈喈。仲山甫到齐地去,盼他加速回国来!吉甫作了这篇诵,就如清风缓缓吹。仲山甫远行,心怀千头万绪,我就用清淳的诗情给他安慰!


《诗经·小雅·都人士》选译——

彼都人士，狐裘黄黄。其容不改，

出言有章。行归于周，万民所望。

译：我怀念中的京都人士啊，穿的狐皮袍子黄又黄。仪容端庄守定则，说话出口成篇章。行为举止合规矩，这是人人所盼望。

……

彼都人士，充耳琇实。彼君子女，

谓之尹吉。我不见兮，我心苑结。

译：我怀念中的京都人士啊，戴在耳上的宝石亮晶晶。特别是那位君子的乖儿女，姓尹姓吉我心里明。我有多日没见到他们，愁肠百结不安宁。

（选自《吉氏族谱·内江卷》，吉腾久 释）

尹吉甫镇民间歌师传唱《诗经》民歌

## 二、古代文人赞誉尹吉甫的诗文

### 七言绝句

李荫

往日跳梁今按堵,三边共说裴开府。

当知文武宪群工,天为皇朝生吉甫。

李荫,字于美,号岈客,内乡顺阳人。嘉靖四十三年(公元1564年)举人,授临海教谕,曾任宛平知县,后迁户部主事。此诗摘自明万历《郧台志》(卷十)。

### 郧阳怀古诗

吴省钦

一抹孤城万叠山,沔流西至曲湾湾。

辨明误袭郧公号,食采纷传尹氏颁。

路辟中原还据险,人辞故土易藏奸。

无情最是浮云影,断送怀王入武关。

吴省钦,字冲之,号白华,江苏南汇人。乾隆二十八年(公元1763年)进士,曾在郧阳府和四川泸州任职。后由编修累迁左都御史。此诗摘自清嘉庆《郧阳府志》。

### 赞房陵吉甫公

钟梦瀛

我来房邑中，幅员廓千里。

尽瘁不遑息，黾勉报圣主。

作宰首贤才，高山勤仰止。

吉甫文武略，清风穆如许。

黄香步后尘，忠孝传双美。

钟梦瀛，清乾隆四年（公元1739年）的房县知县。

## 三、当代歌颂尹吉甫的诗联

### 赞颂中华诗祖吉甫

袁正洪

中华诗祖，西周太师。

兮伯吉甫，采纂《诗经》。

文武吉甫，万邦为宪。

吉甫作诵，穆如清风。

老子研之，著《道德经》。

孔子崇之，儒学乃成。

屈原继之，风骚并行。

华夏弘之，光耀古今。

选自笔者《慕访房县榔口乡周太师尹吉甫宗庙》一文,作于1997年7月8日。

### 诗经文化旅游节有感

袁正洪

吉甫故里诗经节,房陵人歌动地诗;
万众齐吟风雅颂,盛况荣登基尼斯。

名山秀水生态游,宫廷文化展雄姿;
五十万民齐欢欣,神奇魅力数房陵。

《诗经》溯源采风地,"二南"交汇歌风盛,
千古《诗经》代代唱,盛世歌乡天下闻。

笔者参加房县首届诗经文化旅游节有感,作于2010年8月6日。

### 颂尹吉甫

宋昌基

诗经精华承前继后,
颂尹吉甫不朽功劳。

2010年8月1日,在河北省石家庄市召开的"中国诗经学会第九届年会暨国际学术研讨会"上,笔者在大会上"关于中华诗祖、西周太师尹吉甫是《诗经》的采风者、编纂者,亦是被歌颂者,乃房陵人"的发言引起与会专家学者的高度关注,产生热烈反响。与会

的韩国东方文化研究院院长、韩国诗经学会会长宋昌基教授听发言后特题此联句。

## 吉甫颂二首

### 肖甫春

（一）

水绕山环锦画屏，溯源思古到房陵。
驱车挥戈边陲定，策马吟诗金玉声。
辅佐宣王成伟业，荣归大雅入山城。
中华诗祖尹吉甫，古韵民歌唱新风。

（二）

吉甫诗宗吟大雅，文韬武略佐宣王。
清风作颂传千古，征战挥师定四方。
采邑房陵青史载，太师家庙野花香。
诗经文化公园建，乡里歌谣古韵长。

中国诗经学会理事、著名诗人、时任大庆新闻中心主任肖甫春在考察尹吉甫宗庙后，给笔者寄来《吉甫颂二首》。

诗祖尹吉甫故里雎山雎水美如画(著名画家张宗权画)

## 吉甫颂

袁正洪 词
朱其全 曲

1=G 2/4
♩=90 热烈地

中华师祖哎 四周太师 文武吉甫哟 万邦为宪
维周之氏哟 辅佐天子哟 宣王中兴

兮伯吉甫哎 武功高强 王命出征
崧高维岳哎 峻极于天 来归自镐

六月栖栖薄伐猃狁 至于太原
我行永久吉甫燕喜 既多受祉

赫赫师尹哟哈哈以 匡王国 天生丞
吉甫作诵哟哈哈穆 如清风 诗乡房

民在物有则 民之秉彝 好是 懿德 吉甫作
陵吉甫故里 千古诗经文化 元典 继承弘

颂其诗孔硕 其风肆 好以 赠 申伯哎
扬 彪炳史册 国学 华章光 耀 千秋

## 四、赞颂《诗经》和尹吉甫的楹联选

2013年12月11日上午,房县尹吉甫镇在镇会议中心举行"诗经春联评选揭晓颁奖仪式暨诗经文化与生态旅游发展讲座",这是我国首次诗经主题的春联(楹联)征集评奖活动,也是我国乡镇中首次举行"诗经文化与生态旅游发展"专家讲座。

尹吉甫镇为弘扬中华优秀诗经文化,扩大诗祖尹吉甫故里的影响力,特于2013年1月1日至31日广泛征集诗经春联(楹联),收到全国各地楹联1032副,其中与《诗经》有关的楹联462副。9月上旬开始整理、初选,专家组经六轮认真筛选评审,评定一等奖1名,二等奖3名,三等奖2名,提名奖10名。

笔者(中国诗经学会会员、十堰市诗经尹吉甫文化研究会会长)楹联获一等奖,其楹联146字,系本次评选中最长的诗经楹联。

上联:诗乡房陵,周南召南交汇,维水、泮水、沮水,关关雎鸠;荡舟南河,探幽深谷,清溪瀑、珠藏风、神洞仙峡,钟乳冰究壮观;尹祠瞻碑,仰兮伯采风,编纂诗经,赋雅蓼莪、六月、江汉,穆穆清风,流芳百世。

下联:吉甫故里,彭国庸国毗邻,荆山、景山、南山,呦呦麋鹿;寻胜椰峪,赏景远山,七井泉、万峰雾、地缝天井,石窟古寨奇峭;宗庙拜祖,赞太师征战,薄伐狁狁,诵吟韩奕、烝民、崧高,雄雄韬略,光耀千秋。

横批:山风诗香

【注解】

上联：房陵（房县古为房陵），周南召南交汇（房县是《诗经》"周南""召南"交汇地），维水（《诗经·瞻彼洛矣》："瞻彼洛矣，维水泱泱。"清同治《房县志》："房陵维山；维水出焉"），泮水（《诗经·泮水》："思乐泮水，薄采其芹。"清同治《房县志》记载的"盘水河"也叫泮水。在今神农架林区，1970年前归房县管），沮水（清同治《房县志》："沮水，在东南二百里。"《左传》："江汉沮漳，楚之望也。"晋代大将军、文学家杜预注疏《诗经》："沮通雎。《水经》曰：'沮水，出汉中房陵县东山。'"据《房县志·山川》载："沮水，在东南二百里。《水经注》：'沮水出汉中房陵县雎水。'""沮水自小河口出口（澈澥堰），悬流而下，冲花激浪，漩入海眼，声如迅霆，响振山谷。"）南河（伏元杰先生在《阆中彭城遗址及其历史渊源》一文中说："南河古代称为彭水。南河发源于神农架，最早的彭国应当就在湖北的南河（古称彭水）一带。湖北南河古彭国迁地，阆中古彭国可能就由湖北南河迁川东北任河再迁阆中的。"），赋雅蓼莪、六月、江汉（《诗经·蓼莪》为尹吉甫作，诗曰："蓼蓼者莪，匪莪伊蒿。哀哀父母，生我劬劳……"房县尹吉甫镇民间有尹吉甫在大旱之年写信叫父母舍粥救民，连父母也饿死，尹吉甫回来后写《蓼莪》祭父母的民间传说故事。《诗经·六月》《诗经·江汉》皆尹吉甫作），穆穆清风（《诗经·崧高》曰："吉甫作诵，穆如清风。"），探幽深谷、清溪瀑、珠藏风，神洞仙峡，钟乳冰宄……这些描写反映诗祖故里的生态文化旅游充满了神奇魅力。

下联：吉甫故里（尹吉甫，房陵人，食邑房，卒葬于房；中国诗经学会老会长夏传才教授为房县题词"尹吉甫故里"；徐悲鸿的弟子、中国楹联学会名誉会长、著名诗人、著名书画家马萧萧应笔者之请为房县题词"中华诗祖尹吉甫故里"),彭国庸国毗邻(房县尹吉甫镇和古南河一带为彭国所在,房县窑淮镇等地和竹山县为庸国所在;彭国和庸国都是西周武王伐纣参战有功之国、毗邻友好之国),荆山(《诗经·商颂·殷武》曰:"维女荆楚,居国南乡""挞彼殷武,奋伐荆楚"。清同治《房县志》曰:"景山城南二百里。"《山海经》曰:"荆山之首曰景山"。房县尹吉甫镇紧连保康县,该镇南部大山系荆山山脉),景山(《诗经·商颂·殷武》曰:"陟彼景山,松柏丸丸。"),南山(《诗经·召南·草虫》曰:"陟彼南山,言采其蕨。"《诗经·齐风·南山》曰:"南山崔崔,雄狐绥绥。"房县古时称县南大山为南山),寻胜椰峪(清《房县志》记载,椰峪河在城东百二十里,椰口是后改的名字,故椰峪代表椰口乡地域,即今尹吉甫镇),太师征战,薄伐狁(《诗经·六月》为尹吉甫所作,诗曰:"薄伐狁,至于大原。"),诵吟韩奕、烝民、崧高(《诗经·韩奕》为尹吉甫所作,赞颂宣王任贤使能及韩侯才能出众;《诗经·崧高》曰:"崧高维岳,骏极于天。"为尹吉甫所作,赠给申伯,申伯是周宣王之舅;《诗经·烝民》为尹吉甫所作,赠给樊侯仲山甫),雄雄韬略(《诗经·六月》曰:"文武吉甫,万邦为宪。"),赏景远山,七井泉、万峰雾,地缝天井,石窟古寨奇峭……这些描写反映诗祖故里的生态文化旅游充满了神奇魅力。

横批:山风(房县《诗经》民歌节目《山风》获央视"我要上春晚"三等奖),诗香(中华诗祖故里已两次举办诗经文化节,影响力遍及全国,红遍网络)

其他优秀楹联作品列举如下。

上联:上山拜祖,下洞探幽,春光旖旎青峰地

下联：进谷采诗，临江集对，雅韵清新吉甫乡

（朱海清，中国楹联学会会员，湖南省衡山县）

上联：武可安邦，两千里猃狁驱除，点将平遥功不朽
下联：文能治世，三百篇菁华采撷，传诗禹甸史长辉

（苏雪峰，中国楹联学会会员，河北省唐山市）

上联：一代诗祖尹吉甫房陵采风留诗经千古名篇
下联：三朝太师兮吉父南征北伐保一国太平盛世
横批：文武双全

（张炳华，房县政府研究室）

上联：诗祖故里承千年诗经文化千帆竞发创千秋伟业
下联：风雅房陵展万里鸿鹄之志万众一心绘万世宏图
横批：继往开来

（张丽莉，房县化龙堰镇人民政府）

## 五、文赋

### 尹吉甫宗庙宝堂寺复修记

西周太师尹吉甫，房陵人也，仕于周，征战猃狁，辅佐宣王，采纂《诗经》，以为元典，乃文乃武，功丰至伟。诗云："文武吉甫，万邦为宪""吉甫作诵，穆如清风"。尹吉甫文物，青铜兮甲盘，器格高古，文化厚重，稀世之珍，国之重宝也。由是焉，诗祖吉甫，

高山仰止；宝堂圣寺，万世尊崇矣！

曰宝堂寺者，宝，珍也；堂，殿也；寺，官舍也，亦因宗教而名，古称神坛，以祭祀先祖者也。其石窟、圭碑始建西周；石墩浮雕，汉代复建；龟驮巨碑，明代扩修；有清一代，碑载复修。历史久远，岁月沧桑，而宝堂圣寺遗迹尚存焉。

诗祖故里，风雅房县，忠孝名邦，诗经之乡。今有文化学者、十堰市"非遗"专家袁正洪先生，历经三十载艰苦跋涉，挖掘整理，呕心沥血，著《尹吉甫研究》之书，为诗祖立传；当代诗经文化泰斗夏传才教授序之曰："吉甫作诗、编纂《诗经》，贡献卓越，称中华诗祖，当之无愧！"特意为房县题名曰："尹吉甫故里""诗经之乡"。他以耄耋高龄三赴房陵考察宝堂寺，且为复修寺院题写"尹吉甫宗庙"。千秋古寺，诗祖圣庙，于今声名远扬矣！

省市县各级领导，对此高度重视，为弘扬国粹，特创办诗经文化旅游节。全国百名著名《诗经》专家学者，荟萃房陵，倾听民众传唱《诗经》之雅韵，欣赏万人吟诵《诗经》之壮观，此"房陵人歌动地诗，一举荣登基尼斯"之盛况也。

壬辰年寅月，镇长陆龙权不辞辛劳，奔走呼吁，赢得全国诸多专家签字申报，由房县人民政府行文上呈，经省人民政府特意批示，宝堂寺之所在榔口乡更名为尹吉甫镇。甲午年乙亥月，诗祖尹吉甫传说被列入国家级"非遗"代表性项目名录。如此，实至名归焉。

然历经沧桑，宝堂圣寺，年久失修。时逢盛世，国运隆昌，文化振兴。县委领导——蔡贤忠书记、纪道清县长高度重视文物，文化部门倾心竭力，由省文化厅及县财政拨付专项经费，于丙申年癸巳月，该寺保护性建设工程启动，历时一年修复竣工。其规模形制，整旧如旧；回廊曼妙，殿宇轩昂，古色古香，广严肃穆。且于万绿丛中修一公路，蜿蜒而上直抵广场。宝堂圣寺，旧貌新颜，容光焕发，一任游客，拜谒诗祖，赏览圣境。

诗曰：万峰维岳，宝堂庄严。赫赫诗祖，万世仰瞻。是为记。

房县人民政府
二〇一八年十月十八日　立

诗祖尹吉甫故里隆重举办中国·房县诗经文化旅游节

## 附录一
## 尹吉甫掌政执法的国宝青铜器兮甲盘考

西周时代青铜器兮甲盘,系周太师尹吉甫掌政执法的遗物。

中国青铜器,在古时被称为"金"或"吉金"的极其贵重的宝物,是红铜与其他化学元素锡、铅等的合金,其铜锈呈青绿色。青铜器在仰韶文化早期和马家窑文化时期就已经出现,以商周时期的器物最为精美,主要有炊器、食器、酒器、乐器、车马饰、兵器、工具和度量衡器等,在世界青铜器中享有极高的声誉和艺术价值。

兮甲盘制作于周宣王五年(公元前823年),青铜质地,盘体呈圆形,盘沿边缘饰有精美花纹,高11.7厘米、直径47厘米,附耳,圈足,敞口浅腹,窄沿方唇,内底微向下凹,一对附耳高出盘口,两耳各有一对横梁与盘沿连接,圈足残缺。腹部饰窃曲纹,耳内外均饰重环纹,简洁朴实。

兮甲盘出土于宋代,内底铸铭文133字,记述了兮甲(即尹吉甫)奉周宣王之命征伐狁狁,获得战功而受赏赐,以及对淮夷征收赋贡之事,是研究西周社会、文化的重要青铜器,堪称国宝中的国宝。

兮甲盘因制作者兮甲而得名。据著名历史学家、古文字学家、中国科学院首任院长郭沫若考证，兮甲盘"铭文中的'兮伯吉父'，即《小雅·六月》之'文武吉甫'。伯吉父其字，甲其名。旧亦称尹吉甫，则尹其官也"。（见郭沫若《两周金文辞大系图录考释》第143—144页）

兮甲，即尹吉甫，是今湖北省十堰市房县人，为距今约2800年前周宣王的重要辅臣，是我国历史上的伟大诗人，著名政治家、哲学家、军事家。

## 一、兮甲盘的产生及流传

周宣王五年（公元前823年），周太师尹吉甫奉周宣王之命讨伐猃狁，逐之大原，大获全胜。战胜归国，受到赏赐后，尹吉甫又被宣王派去成周（洛阳）掌政执法，责令四方交纳粮赋。尹吉甫南至淮夷，征收贡奉物，包括币帛、冠服、奴隶等。他持兮甲盘威胁淮夷："敢不用命，则即刑扑伐。""扑伐"就是要出重兵武力征伐。淮夷部落慑于淫威，只好表示称臣纳贡，听命于周。兮甲盘真实客观地记载了这段历史。

兮甲盘铭文结合《今本竹书纪年》所记"宣王五年夏六月，尹吉甫帅师伐猃狁，至于大原"，加上《诗经·小雅·六月》中"猃狁孔炽，我是用急。王于出征，以匡王国""猃狁匪茹，整居焦获。侵镐及方，至于泾阳""薄伐猃狁，至于大原。文武吉甫，万邦为宪"等诗句作为印证补充，大抵可以还原出那一年战火纷飞的场景。

在周宣王五年三月，猃狁侵扰周王朝，双方爆发战争。兮甲跟随宣王亲征获胜，旋即被派遣至成周。在那里，兮甲严明政令，管制诸侯，并施压淮夷，征收了大量战争所需的人力物力。至六月，兮甲率军再次出征，大捷而归，暂时平息了周王朝的西北边患。宣王在位四十五年，重用贤良，诸侯来朝，是西周中兴之主。可以说，传奇的兮甲盘是一代盛世的明证。

随着历史的变迁，兮甲盘的流传也是颇为曲折，南宋出土的兮甲盘，因为有着非常重要的研究意义，被南宋宫廷收入了仓库。周朝之后，关于兮甲盘的文字最早见于南宋的《绍兴内府古器评》，可知它属宫廷藏器。该书作者张抡生卒年不详，活跃于绍兴、乾道、淳熙年间，官居知阁门事。书中将兮甲盘命名为"周伯吉父匜盘"，上有"铭一百三十三字"。北宋晚期著名的《宣和博古图》不见此物，可知徽宗时代兮甲盘尚未收入大内。查阅文献，除《绍兴内府古器评》一书，两宋古籍再无论及，可知宝器一直深藏宫中，唯身居高位者方可一睹。

随着战火的发生、朝代的变更，兮甲盘再次消失在了民间。时间一晃过了好多年，后来在元朝时，一地发生了一起案件，牵扯到了一些村民，一个名叫李顺甫的小官（也就是现代所说的公务员，在古代，公务员分为官和吏，官一般直接受命于朝廷，而汉代以后吏指级别较低的小官或者给官府办事的办案人员）挨家挨户地去搜查线索，后来线索没有找到，倒是瞧见了村民家的一个盘（也就是丢失的"兮甲盘"）。但李顺甫并不知情，他就对这件物品有眼缘，主要是因为他十分爱吃煎饼，看盘子的形状倒是挺适合做煎饼的，村民知道他喜欢上自家的盘子了，不管自家舍不舍得，都要送给他的，毕竟他是官身。不过李顺甫清廉，没有直接索要，而是花钱向村民买下了此盘，也因此给大家留下了好的印象。

后来元代书法名家鲜于枢去李顺甫家做客，无意间发现李顺甫做煎饼的盘子上刻有130多个金文,经过他的一番研究,证实那是文物"兮甲盘",也是宋朝官方收藏的宝贝,没想到流落到民间。两人相好,兮甲盘为鲜于枢所得。鲜于枢在著作《困学斋杂录》中自述:"周伯吉父盘铭一百三十字,行台李顺甫鬻于市。家人折其足,用为饼炉。予见之乃以归予。"

稍晚的陆友仁在《研北杂志》同样记录这一事:"李顺父有周伯吉父盘,铭一百三十字。家人折其足,用为饼盘。鲜于伯机验为古物,乃以归之。"鲜于枢卒于大德六年(公元1302年),距宋亡仅二十余载。两段文字皆表明,至迟在元代初年,兮甲盘已因人为致使底足缺失。

兮甲盘被世代相传,从元朝传到清代中叶,清代金石学家、翰林院编修,嗜好收藏文物的陈介祺买下此物,珍藏家中。陈介祺在《簠斋藏古册目并题记》记:"足损……出保易官库。"《簠斋金文题识》并言:"下半已缺。一百三十三字。字类石鼓,宣王时物也。鲁誓事文。出保阳官库……"这是古代关于兮甲盘去向的最后记录。

兮甲盘此后虽去向不明,但仍被金石学家和考古学家著书提及。清代金石学家和考古学家吴式芬《攈古录金文》(卷三)最早录入"兮田盘"(兮甲盘)全铭,释读全文后写:"未观其器,不知足有缺否……陈寿卿说三足并坐俱缺,即困学斋器也。"

清代官员、学者、金石学家、书画家吴大澂《愙斋集古录》(卷十六)记载"兮伯盘"。清代著名画家、金石学家方浚益著《缀遗斋彝器考释》(卷七)记载"兮伯吉父盘"。

中国近代史学家、古文字学家、考古学家王国维于1922年作《兮甲盘跋》,他认为:"甲"是天干的开始,而"吉"也有开始的意思,如月朔为吉月,一月前八天是初吉。铭文前半段,对周王称自己名，作"兮甲"，后半段记自己做器，故称字"兮伯吉父"。"兮田"则是金文中"田""甲"二字相似导致隶定之误。王国维进一步推测，"兮伯吉父"便是《诗经·小雅·六月》中"文武吉甫""吉甫宴喜"中的"吉甫"。《诗经·大雅》的《崧高》和《烝民》皆有"吉甫作诵"句，《毛传》开始于其字前加"尹"，尹是官职之名，《今本竹书纪年》也录有"尹吉甫师师伐猃狁"。综合文献资料，可知尹吉甫是当时著名的政治家、军事家，同时也是一位文学家，是第一部诗歌总集《诗经》的主要采集者、编纂者，历史地位举足轻重。

总之，从兮甲盘的流传来看，仅宋代以来，就有名人张抡、鲜于枢、陆友仁、吴式芬、陈介祺、吴大澂、罗振玉、王国维、容庚、郭沫若、陈梦家等重要金石学家在其著作中记载此物。王国维将兮甲盘和毛公鼎作比较，称兮甲盘"此种重器，其足羽翼经史，更在毛公诸鼎之上"。

## 二、兮甲盘铭文考

兮甲盘内底铸有铭文十三行，共一百三十三字（其中重文四），内容如下：

铭文释作现今文字为："隹（古音惟，用于句首，表示发端）五年三月既死霸庚寅，王初各（格）伐囗囗（囗、猃狁）于囗囗，兮囗（甲）从王，折首执囗（讯），休亡敃（愍），王易（锡）兮囗（甲）马囗（四）匹、驹车，王令囗（甲）政囗（司）成周囗（四）方责（积），至于南淮尸（夷），淮尸（夷）旧我囗（帛）畮人，母囗（毋）囗（毋敢）不出其囗（帛）、其责（积）、其进人，其贾，母囗（毋敢）不即□（次）即□（市），□（敢）不用令（命），□（则）即井□（刑扑）伐，其隹（唯）我者□（诸侯）、百生（姓），氒（厥）贾，母（毋）不即□（市），母□（毋敢）或入□□（蛮宄）贾，□（则）亦井（刑）。兮白（伯）吉父乍般（作盘），其□□（眉寿）万年无强（疆），子子孙孙永宝用。"

译文：周宣王五年三月（月晦）庚寅日，宣王最初下令讨伐猃狁，逐之大原。兮甲遵王命，克敌执俘，凯旋。宣王赏赐兮甲四匹良马，一辆驹车。宣王又命兮甲东去成周（洛阳）掌政执法，责令四方交纳粮赋。至南淮夷，告之——原向我周朝交纳贡帛的农人，不得欠缴贡帛、粮赋，来往经商，不得扰乱地方和市肆；若胆敢违反周王的法令，则予以刑罚、征讨。特提请我周朝各地诸侯、百姓，从事商贸应在规定的市肆进行，不得到荒蛮偏僻的地方去做生意，否则，也要给予处罚。兮伯吉父特作此盘记载。其眉寿（年寿）万年无疆。子子孙孙永宝用。

铭文的主要内容是兮甲吉父（甫）遵从天子命令征伐猃狁，立下赫赫战功而受到赏赐一事，赏赐以后，天子又命兮甲吉甫司政成周（洛阳）及四方，直至南淮夷。铭文还记载，如果被征服的部族不服从，则"即刑扑伐"。

兮甲盘上的铭文是研究西周王朝对外战争和对外关系、研究西周奴隶制特点的重要资料。

兮甲盘铭云："淮夷旧我帛畮人，毋敢不出其帛、其积、其进人。"这里的帛、积、进人当是并列的三项。"积"即是古籍中的"委积"，当指刍槁。"进人"的"进"有"纳入"义，所以"进人"是向王朝贡纳的服役之人。可见淮夷不仅要入贡布帛，同时也要向周王室输送粮草和人，后者的身份可能是奴隶。"敢不用命，则即刑扑伐",就是说淮夷必须向周王朝按时交纳布帛和其他贡物,其中包括劳动力即奴隶,否则就要受到讨伐。

兮甲盘内刻的铭文用笔粗壮,书体厚实健美,在西周时代的金文书法中具有独特的风格,开春秋时代金文用肥笔的先河。

历史文化学者赵辉先生在《考古发现,尹吉甫的功绩不仅是〈诗经〉,更在于对中国考古方向的贡献》一文中认为:"《诗经》是中国最早的一部文学作品,是中国文化与思想的源泉,是中国文化发展开山鼻祖,孔子说'不学诗,无以言'就是对《诗经》地位的最高推崇。西周时期的尹吉甫是公认为《诗经》的采集者与创作者,是《诗经》成为中华经典的重要历史人物,也是中国儒家思想与道家思想形成的关键人物。……在宋朝时期出土了一件青铜器,称为'兮甲盘'……在中国考古学的前身——中国古代金石学的研究中确认,兮甲盘就是为尹吉甫定制、尹吉甫使用的青铜器,兮甲盘中的铭文真实详细记录了尹吉甫的事迹与经历。其中的'王令甲政(征)司(治)成周四方责(积),至于南淮夷,淮夷旧我帛晦(贿)人''毋敢不即次即市'极其重要,为我们破解尹吉甫、《诗经》、华夏文化历史提供了关键线索与地理坐标。"

## 三、流传民间的兮甲盘的真假之别

兮甲盘是记录西周奴隶制国家与猃狁、淮夷之间各种关系的一个传世重器,史料价值极高。千百年间流传有序,但陈介祺去世之后,这件盘子的实物就遗失了,只有拓本存世。由于兮甲盘珍贵,乃至社会上出现真伪之品。

在日本书道博物馆,保存了一件叫做"兮甲盘"的青铜盘,但是该盘带足，是完整的器物，和此前鲜于枢、陆友仁等人所记载的兮甲盘底足缺失显然不同，此外该盘上的铭文亦与此前金石学家所录铭文有出入，因此可知日本书道博物馆的青铜"兮甲盘"是伪造的。

在香港中文大学文物馆内，也有一件青铜器，与传说中流失的兮甲盘，在尺寸、铭文、纹饰上，有着惊人的相似。不过经我国钟鼎古器鉴定专家杜迺松与香港中文大学教授王仁聪教授对该盘进行鉴定，发现这件"兮甲盘"是伪造的。

"盘子铭文是伪造的，采取一种腐蚀法。"杜迺松说道，"做这个铭文，它就是用硝酸或者是用三氯化铁这样的强酸，在上面按照字口一个笔道一个笔道来腐蚀，硝酸强酸碰到金属物，这些金属物就会腐蚀了，笔道就会出来。铸造假字的时候，若用刀凿刀刻，就容易显示出刀凿痕迹，用腐蚀法，这个毛病就可以去掉了。但也会出现不少的破绽，比如笔画过肥，或笔道出不来。香港中文大学这件器物，虽然是一件真实的铜盘，但并不是西周的那件传世的兮甲盘。"

我国古代有许多著名的收藏家、鉴赏家，其中不乏喜欢收藏古铜器的人。兮甲盘直至清末仍存，被收藏家陈介祺收藏，此后便不知下落，却时有伪品出现，但因原兮甲盘有真实的拓本存世，所以，伪造者极难得逞。

## 四、流落海外多年的"兮甲盘"归国后亮相武汉

2010年，一位旅居美国的华人在美国一个小型拍卖会上发现了"兮甲盘"，并花重金买下。

2014年11月7日至11日,流落海外多年的兮甲盘归国后,在武汉举行的首届中国湖北文化艺术品博览会上首次亮相,引起海内外关注。2014年11月11日,笔者赶到武汉,与兮甲盘的收藏者亲切交谈。收藏者看了笔者编著的即将出书的《尹吉甫研究》的样书,这将是我国第一部研究《诗经》作者的书。笔者激情地向收藏者介绍:房县是西周太师尹吉甫的故里、诗经之乡。房县有尹吉甫的宗庙、碑、宅、墓、祠等文物古迹及其北伐猃狁、南征荆蛮、施粥救民等众多传说故事。

经兮甲盘的收藏者引见,参加博览会的中国文物信息咨询中心文物鉴定室主任张习武向袁正洪介绍说,经多位权威专家鉴定,该兮甲盘是真品无疑。该兮甲盘圆形,附耳,遗憾的是盘足缺失,皆因元代时李顺父收藏时被其家人折断盘足后当作烙饼用的"饼铛"。尽管有所折损,但由于兮甲盘流传有序,铭文非常完整,内容涉及战争、封赏、税赋制度等,故此盘价值不亚于毛公鼎,堪称国宝中的国宝。它的回归,与2006年商子龙大鼎、2014年"皿天全方罍"回归祖国一起,被称为是近年我国文物回流的三件大事。张习武告诉记者,兮甲盘的返乡之旅考察有据、流传有序,实属难得。它的"回归"对于研究西周历史、文化及体制具有重要意义。

张习武认为,兮甲盘的铭文里记载的事件十分重要。有多重要呢?王国维先生说过一句话,他说兮甲盘的重要性远在毛公鼎之上。我们国家现存三个重要的盘子,一个是散氏盘,一个是史墙盘,一个是兮甲盘。兮甲盘的铭文一共是133字,较详细地介绍了周宣王的宰相尹吉甫跟随宣王打仗、出兵猃狁这个事实,获胜以后,周宣王给尹吉甫奖励,并且让尹吉甫到成周,管理成周周围直至南淮夷地区的赋税,征收奴隶,管理市场的交换等,所以涉及西周的奴隶制度、分封制度、经济制度、田地制度，因此兮甲盘是我们国家重器中的重器。

当了解到近年来房县正在弘扬以诗经尹吉甫文化为代表的房陵文化时，张习武很感兴趣，他相信，诗经尹吉甫文化一定能够成为宣传房县、推介房县的一张亮丽名片，助推房县经济社会快速发展。

兮甲盘的收藏者十分敬佩笔者执着研究尹吉甫文化的精神，破例叫笔者抱着兮甲盘照了相。笔者激动地说："见到了国宝——尹吉甫遗物西周青铜器兮甲盘并且合影，真是实现了一个极大美好的梦想。"笔者为此激情赋诗一首：

参观国宝兮甲盘
神州首展兮甲盘，
千里迢迢来参观，
吉甫故里有亲人，
见了国宝热泪盈。
三十年来研诗经，
喜抱兮甲梦成真。
实物佐证尹吉甫，
青铜铭文记战功。

2015年10月至2016年春，兮甲盘收藏者找到笔者，请笔者帮助联系，想以1亿元的优惠价将兮甲盘卖给尹吉甫故里房县。笔者回复说，房县是全国的特困山区，财政困难，希望给予优惠。收藏者说可优惠到8千万元，最低6千万元。笔者还恳请收藏者将兮甲盘带到房县。收藏者热心地说，可以将兮甲盘带到房县展出，说明兮甲盘回归尹吉甫故里，在房县卖的参观票钱归县里，收藏者则获得兮甲盘回归尹吉甫故里的宣传效果。笔者给房县有关部门汇报后，房县有关部门也热情地联系了收藏者，但因财政困难，这一合作最终没有达成。

## 五、兮甲盘拍卖，成交价2.13亿元

2017年6月29日上午，笔者收到国宝青铜重器兮甲盘的收藏者发来的短信："国宝尹吉甫青铜重器'兮甲盘'准备在杭州拍卖，七月一、二日先在上海展出。我们还要一起宣传兮甲盘，推介尹吉甫。"

2017年7月5日至7月6日（周三至周四），每日9：30－18：00，西泠拍卖将首次到深圳举行2017春拍巡展。本次巡展拍品皆为国宝重器，尤以唯一存世的南宋宫廷旧藏西周重器国宝——兮甲盘领衔。这件从还未开拍就被刷屏的兮甲盘终于在2017年7月15日晚上在西泠开拍，竞拍现场十分火热。

北京时间2017年7月15日晚，西泠春拍"南宋宫廷旧藏西周重器国宝兮甲盘专拍暨中国青铜器专场"在浙江世贸君澜大饭店举槌，国宝兮甲盘以1.2亿元起拍，1.25亿，1.3亿元，1.4亿元，1.5亿元，1.6亿元，1.65亿元，在经过了漫长的竞拍过程后，电话委托报出1.7亿元，场内报价1.75亿元，再次经过了几分钟的等待，场外出现1.8亿元的报价，最终落槌价为1.85亿元！兮甲盘不负众望，加佣金以成交价2.13亿元人民币拍出，竞拍完美落幕！买家买下后，第一时间晒出签单。

随后朋友圈曝光：恭喜史上最贵的"平底锅"震撼出世。话说

元代大鉴赏家鲜于枢的僚属李顺甫，无意中得到了兮甲盘，李家人将兮甲盘盘足折断，用来烙烧饼；而今天，兮甲盘创造了国内青铜器落槌价最高纪录！在现场举牌的是收藏圈内一位浙江的收藏家。按照当时的金价换算，此次竞拍价大约等值于0.6吨的黄金。

中华诗祖、西周太师、房陵人尹吉甫兮甲盘的拍卖与诗经尹吉甫文化的宣传红遍网络，享誉国内外！

兮甲盘铭文，左边第二行第二个字开始的四字金文为"兮伯吉父"

# 附录二
# 《诗经》首篇《关雎》与尾篇《殷武》都写在尹吉甫故里房陵考

《关雎》是我国第一部诗歌总集《诗经》的开篇,而在中国诗经之乡千里房县,千百年来传诵着原生态的《诗经》民歌:"关关雎鸠(哎)一双鞋(哟),在河之洲送(哦)过来(咿哟),窈窕淑女(哟)难为你(耶),君子好逑大不该,(我)年年难为姐(哟)做鞋(咿哟)。"

《诗经》的尾篇《商颂·殷武》曰:"挞彼殷武,奋伐荆楚。""维女荆楚,居国南乡。""陟彼景山,松柏丸丸。"景山为荆山之首,即雎山,是雎水的源头。

《诗经》首篇《关雎》与尾篇《殷武》何以均写在房陵呢?2011年9月,央视"探索·发现"栏目组为此采访笔者,据笔者31年来收集、挖掘、整理、研究的诗经尹吉甫文化成果,以及访问有关专家学者和民间歌师、歌王的经历,拍摄制作了《〈诗经〉溯源》专题片,揭开了这一千古之谜。因为房陵是雎山、雎水的发源地,是荆山之首景山的所在地,是《诗经·商颂·殷武》"陟彼景山,松柏丸丸"描写之地,是西周太师、周宣王时期《诗经》总编纂者尹吉甫的故里。

## 一、房陵是雎山雎水之乡

《诗经》是我国第一部诗歌总集,《关雎》是《诗经·国风》民歌之始,列三百篇之首,表明编纂者对它评价极高。《关雎》是民歌,亦是情歌,情歌的"情"乃传递男女真挚爱情的心声,婚姻事关人类繁衍、生存,以及社会的和谐发展,故《关雎》为人所爱。

《毛诗序》认为《关雎》是吟咏"后妃之德"。《汉书·匡衡传》记载匡衡疏云:"孔子论《诗》以《关雎》为始。……此纲纪之首,王教之端也。"但也有许多学者认为《关雎》是描写青年男女恋爱的民歌。古昔以来,房陵人将雎山、雎水的《国风》民歌称为雎水民歌,又尤以情歌之多,且为人们喜爱,故人们又将雎水民歌亲切地称为雎水情歌。

房县古称房陵,是雎水的发源地。雎水,又称沮水、沮河。

《汉书·地理志》记载"房陵县":"东山,沮水所出,东至郢入江,行七百里。"

《湖广通志》记载:"沮水……源出房陵县。漳水……与沮水合流入江。《左传》'江汉沮漳楚之望也'即此。"

王永祥先生在《且兰人探源》一书云:"一支向南逃迁的且人,到湖北房县居住。今房县有沮水,又名雎水,当是南迁且人在此居住的地方。"

《房县志》(卷二·山川)载:"沮水,在东南二百里。""沮水自小河口出口,悬流而下,冲花激浪,漩入海眼,声如迅霆,响振山谷。"房县古有两条沮水河,一条在县东南的保康县(明代从房县划出),一条在城南的西河段,出县南小河口,即澂澥堰。

房县历代文人对沮水屡有诗赋。据清代《房县志》记载:"汪魁儒有十景诗:'房城四面望团圆,沮水分流到处沿。城似明珠浮赤野,水如银线贯丹渊。两山拱抱看龙戏,九曲潆洄想蚁穿。灌溉功深泼濯便,价高岂止十城连。'""澥海晴雷——澥澥堰,两面石壁夹之,树木阴翳,藤蔓交垂,山底有三海堰。……行者缘峭壁石磴,间屏息塞耳,不敢瞬目,往往惊惧欲坠。……渠堰纵横澥海晴,晴空何自起雷声。悬流百道山头响,激浪千重海眼鸣。岩谷阴生烟雾合,蛟龙蟠伏鬼神惊。几人到此能无惧,樵客时看窄磴行。"

据中国著名历史地理学家、中国历史地理学科主要奠基人和开拓者谭其骧先生主编的《中国历史地图集》第一册(原始社会·夏·商·西周·春秋·战国时期)第17—18页的《西周时期中心区域图》标记,房县南部大山为"雎山",是"雎水"的源头,在"雎山"以东,紧连着的是"荆山",两山之间是"雎水"。

笔者经实地考察和查阅《房县志》等史料,认为房县南部野人谷镇的"雎山",就是房县和神农架(1970年房县一部分地区被划入新设立的神农架林区)紧连的南山,山下小河流古为雎水。

2011年12月24日,湖北卫视来房县拍摄电视节目"中国No.1"之"《诗经》传唱之谜(上集)"时,主持人采访笔者:"房县到底是一个什么样的地方,历史沿革是怎样的?《诗经》在房县的地域传承性如何?"

笔者介绍说:"我和张炳华等同志经过8个多月的专题采风,并对《诗经》'二南'二十五篇逐句研究,论证了以房陵为中心的鄂豫陕边区不仅是《诗经》'二南'地区的交汇地,而且是'二南'部分歌谣的产生地。西周时期,以河南陕县(现河南三门峡市陕州区)为界,产生在陕县以东的,今河南的南阳、鄂西北的襄阳、枝江以东地区的民歌为《周南》，产生在陕县以西的、岐山之阳，汉水流域上游的汉中、安康、商洛等地的民歌为《召南》。房县是承东启西的地域，为周南、召南的交汇地，这里不仅流传着周南、召南地区相关的民歌，而且有多种动植物资源及民情民俗，与《诗经》'二南'地域的生态、民俗有着传承性。"

湖北卫视在拍摄电视节目"中国No.1"之"《诗经》传唱之谜（下集）"时，主持人问笔者："西周太师尹吉甫是一位杰出的政治家和诗人，编纂《诗经》是太师的一种职责，尹吉甫和《诗经》又有着怎样的关系呢？他把自己熟悉的家乡民歌编到《诗经》的开篇，是否有这种可能呢？"

笔者说："从某种意义上说，西周太师尹吉甫是《诗经》的总编纂者，对于他来说，编纂《诗经》所起的作用更为重要，如《诗经》为何将周南、召南的民歌放在开篇呢？这是因为《诗经》的'二南'地区，是周公、召公分陕而治的地区，这些地方是西周的京都，即社会政治经济的中心。周太师尹吉甫出生于周南、召南交汇之地，而这两地的民歌更为发达，他自幼受其熏陶，擅长诗诵，在他当权后，自然不会忘记重点采集故乡房陵的民歌，所以《诗经》为何以周南、召南两地的民歌为开篇，也就不难理解了。"

古昔以来，相传尹吉甫诞生在万峪河乡老人坪石门沟，做官后（一说与姜氏订婚后）其家人从老人坪石门沟搬到了城南雎水河南岸炳公祠旁的大宅院，尹宅居雎水河岸，故尹吉甫对雎水民歌情有独钟。而雎山是雎水的源头，雎水从雎山和荆山之间流过。

《关雎》之情歌乃是男女真挚爱情的心声，婚姻事关人类繁衍，加上房陵是雎山、雎水发源地，"二南"交汇地，是诗经之乡，故尹吉甫对《关雎》民歌有特别的情感，编纂《诗经》时将《关雎》放在首篇。

## 二、《诗经》尾篇《殷武》写在房陵

周宣王六年(公元前822年)八月,因荆蛮背叛,违抗朝廷,周宣王命方叔南征荆蛮,尹吉甫跟随前行。周宣王何以让尹吉甫跟随方叔南征荆蛮?一是尹吉甫老家房陵与荆蛮之地邻近,尹吉甫对荆蛮地区的地理环境比较熟悉;二是尹吉甫与方叔同宗。

《诗经·商颂·殷武》曰:"挞彼殷武,奋伐荆楚。""维女荆楚,居国南乡。昔有成汤,自彼氐羌,莫敢不来享,莫敢不来王。"大意是"你这偏僻之地荆楚,长久居于中国南方。从前成汤建立殷商,那些远方民族氐羌,没人胆敢不来献享,没人胆敢不来朝王。"这首诗借歌颂武丁伐楚之功的历史典故,训诫荆蛮应俯首听命归服,可谓是"刚柔并举",是古代劝降言和、减少战争和流血牺牲的范文,同时也是歌颂武丁、宣王及方叔贤德的史诗。

《诗经·商颂·殷武》"陟彼景山,松柏丸丸"一句写的正是房陵荆山之首景山。

《山海经》曰:"荆山之首曰景山……沮水出焉,东南流注于江。"

《水经注》曰:"沮水出汉中房陵县景山……故《淮南子》曰:'沮出荆山。'"

《郧阳府志》载:"沮水,源出景山东,流入汉江口。"

清顾祖禹《读史方舆纪要》(卷七十五·湖广一):"沮水,出郧阳府房县西南二百里之景山,东南流经襄阳府南漳县南境……"

清同治《房县志》:"景山城南二百里。"

清代《谷城县志》(泛水考上)载:"按,泛水流经数县,水源甚长……泛水即粉水上源也,考粉水,源流最远,齐召南水道提纲谓:此水曲折行五百里,即古沮水,源出房县南景山,隋书房陵郡永清县有沮水。泛水,是泛水在房陵与沮水(即粉水)并称。"

结合前文关于雎山雎水的考证,可知雎山即景山,也叫南山,属于荆山山脉,是雎水的源头。

由此笔者认为,《诗经》首篇《关雎》、尾篇《殷武》皆写于房陵。此说在中国诗经学会年会上引起了热烈的反响。

## 三、千古《诗经》民歌至今在千里房县传唱

国学大师、著名历史学家范文澜先生在《中国通史简编》中说:"春秋时期,诗三百篇是各国贵族们学习政治的一种必修科目,不懂得诗就无法参加朝聘盟会那种大事。"随着历史的延续,《诗经》民歌代代传承,千古《诗经》民歌至今在尹吉甫故里千里房县传唱。

《房县志·风俗》载:"房陵人自古好歌","防渚多山林,少原隰,厥民刀耕火种,厥性刚烈躁急。厥声近秦,厥歌好楚","立春,农夫击社鼓,鸣大锣,唱秧歌数阕","婚姻……鼓吹及媒妁","中秋节……又有摸秋之戏,入人家蔬圃摘瓜抱归,鼓乐送至亲友家","冬至日……演戏","除夕……炙炭满屋,或添香,或放爆,或歌吹","元宵,作灯神前墓道及门庭井灶……有龙、虎、狮、麟、车船、竹马、软索、节节高、鳌山等灯,自初十日起,结彩张筵,灯影与星月交辉,爆声与歌管竞沸,至二十后,乃罢"。多少年来,房陵传统民间文化,尤其是民歌,一直世代相传。

《诗经·国风》民歌源远流长,对尹吉甫故里的民间文化影响很深。2004年盛夏,笔者和张兴成等先后采访房县多位民间歌师,发

现与千古《诗经》相关的民歌仍在房县深山民间传唱。

房县民间歌王、门古寺镇胡家街村70多岁的胡元炳等传唱的《姐儿歌》："关关雎鸠往前走，在河之洲求配偶，窈窕淑女洗衣服，君子好逑往拢绣，姐儿羞得低下头……"

房县文化馆杨才德1980年在房县九道乡发现农民杨家富会唱民歌《年年难为姐做鞋》，其歌词是："关关雎鸠（哎）一双鞋（哟），在河之洲送（哦）过来（咿哟），窈窕淑女（哟）难为你（耶），君子好逑大不该，（我）年年难为姐（哟）做鞋（咿哟）。"

对此，笔者先后搜集、挖掘、整理尹吉甫有关文字资料100多万字、录音带20多盘、数码录音200多兆及录像带20多盘，拍摄照片资料3万多张，挖掘、整理尹吉甫在房县传说故事60多个，搜集《诗经》相关民歌30多首，引起省市县领导和专家们的高度重视、支持和称赞。

中国民歌大会嘉宾、中国音乐学院教授李月红2006年10月来房县采风时说："我对于鄂西北一带民歌的了解始自2002年。这里是民歌的海洋，数量庞大，灿若繁星，较之全国其他地区，其鲜明特征是除了拥有大量咏唱劳动、爱情生活的作品以外，尤其是古老《诗经》相关的民歌至今在鄂西北千里房县传唱，十分珍贵。这些珍贵资料不仅是鄂西北房陵文化的宝贵遗产，而且对研究我国历史名臣周太师尹吉甫及其《诗经》相关民歌也有着重要的价值。房县是《诗经》的采风者、编纂者周朝太师尹吉甫的故里，他同时也是《诗经》中的被歌颂者，房县是中华诗祖尹吉甫、西周诗经文化研究的富矿。"

笔者对诗经尹吉甫文化的挖掘、整理、研究，引得新华社、央视、人民日报海外版、凤凰网、光明日报、湖北日报、十堰日报、民俗文化网、诗经文化网等新闻媒体纷纷报道，红遍网络。

# 附录三
# "非遗"项目申报·电视专题片《尹吉甫传说》解说词

【现场】吹喇叭（唢呐声声）……琴瑟友之，钟鼓乐之。

【同期】当地农民歌手：关关雎鸠，在河之洲；窈窕淑女，君子好逑……

房县榔口乡白鱼村（加注：现尹吉甫镇七星沟村）村民高天元：我今年88岁……尹吉甫很有威风。

【解说】在中国文学的历史长河和浩瀚的书海宝库中，《诗经》是我国"四书五经"之首，堪称中华文化的元典。千百年来，人们一直追寻着《诗经》的采风者、编纂者——中华诗祖、2800多年前辅佐周宣王并被赞颂为"文武吉甫，万邦为宪"的西周太师尹吉甫。

【同期】十堰市民俗学会会长袁正洪：房县地处秦巴山区，崇山峻岭、纵横千里，素有千里房陵之称。据《竹书纪年》记载："帝子丹朱避舜于房陵，舜让不克，朱遂封于房，为虞宾。""陵"是形容其地势的雄奇险峻，西周以前这里为彭部落方国。春秋曾属古麇、庸之地。战国又为房陵，属楚。房县历史悠久，文化源远流长，尤其房县是周朝太师尹吉甫的故里和食邑，从小读书时，老师就给我们讲有关尹吉甫的传说。让我印象最深的是房县城东门嵌有"忠孝明邦"四个大字。忠指的就是周朝太师尹吉甫尽忠报国的故事。笔者在房县乡村采风发现,《诗经》民歌历经数千年,仍在房县深山传唱,这在全国是罕见的,笔者撰写相关新闻报道后,迅速引起国内学术界的关注。

【同期】房县万峪河乡退休干部陈伯钧:我就出生在尹吉甫的故里老人坪,后来上学、工作都在房县东乡这一块,耳闻了许多老人讲述的尹吉甫的传说,也目睹了关于尹吉甫的一些遗迹。

【解说】地处神农架、大巴山和武当山之间的房县,古称房陵。据明代《郧阳府志》记载,尹吉甫墓在房县城东九十里,墓祠在焉,有碑脱落。尹吉甫,房陵人,食采于房。诗人为赋《六月》,卒葬房之青峰山。明《广舆记》《明一统志》《万历郧台志》,清乾隆《房县志》和1947年出版的《辞海》等文献均有关于尹吉甫是房陵人的记载。

【同期】十堰市民俗学会副会长陈吉炎:尹吉甫的传说在千里房县广为流传,尤其是在尹氏家族中传为佳话。据统计,房县有尹姓后代201户、753人,加外迁到房县邻近的丹江口市官山镇、盐池河镇、十堰市茅箭区茅塔乡、郧阳区安阳镇的尹姓,总计406户1546人(2006年)。许多尹姓家庭能讲述一些老祖宗尹吉甫的传说,并引以为荣。77岁的尹维鹏老人一口气能背出56代(部分)家谱。

【同期】房县万峪河乡谷场村村民尹维鹏:乡伯继爵国,福照孔世,鸿明维益,全华启祥,仁德大隆。

【同期】房县榔口乡白鱼村村民郑义平:自古以来,就流传着尹吉甫的传说,大人小孩、男女老少都会讲尹吉甫升官的传说、尽忠报国的传说、施粥救穷人的传说、蒙冤被错杀又被平反的传说、周幽王赐金头并且12副棺材同时出棺下葬的传说、石匠老爷为他修家庙的传说，等等。

【同期】房县榔口乡白鱼村村民刘大斌：尹吉甫的像在中间，那时候是刘关张在两边，尹吉甫在中间。

【同期】陈伯钧：老人坪石门沟那有一条小溪，对面两座山像两条盘旋的卧龙，尾西头东，两山相距只有六七尺，据传两山如果相合，里面就可以出一朝天子，结果天长地久（两山）没有合拢，仅仅出了尹吉甫一任天官。尹家发迹以后迁到大堰九组。这里是尹天官的老屋，这里原来建的房子是三层四合院，是尹天官发迹以后建的；他最初的老屋是在房县万峪河乡碾盘湾的石门沟，发迹以后在这建的宗祠。他做官、封地以后他家人才迁到房县城南，他死后的坟就在这个屋子的前边的河边，现在叫天官坟。

【解说】在万峪河乡老人坪村发现的一座"尹天官"坟墓，墓顶还设置有八卦形天井，相传有童男童女陪葬。

【同期】房县万峪河乡大堰村村民唐元祥：原来有个碑心，它两面是个站坊，这座碑是一座大碑，以前立起来像这个样式，有人把高。

【解说】在房县广为流传的还有尹吉甫在古房陵雎水采风、编纂《诗经》民歌的传说，在房县榔口乡、门古寺镇、九道乡、桥上乡（2010年1月18日，经省政府批准，桥上乡更名为野人谷镇）、白鹤乡等地，《诗经》中的《关雎》《蓼莪》等民歌至今仍在传唱。

【现场】当地农民歌手：在河之洲，窈窕淑女，君子好逑，君子好逑喔啊。窈窕淑女洗衣服哎，君子好逑，往拢啊绣喂，羞得姐儿低下哟头。

【同期】房县文化馆馆员杨才德：哎，窈窕淑女洗衣服哎，君子好逑啊，往拢绣哎……

【解说】《诗经·周南·关雎》应该是最广为人知的一首爱情诗，"关关雎鸠，在河之洲，窈窕淑女，君子好逑"。诗歌采用比兴的手法，借河边"关关"地叫着的雎鸠，来抒发爱慕之情，千百年来"雎鸠"成了爱情的象征。然而，它究竟是哪一种水鸟呢？判断雎鸠最重要的一个根据，是它"关关"的叫声。

【现场】《关雎》千古传唱，堪称中华第一爱情诗。今天的房县关于《关雎》的唱法腔调不下十种，这是否说明《关雎》的起源与房县有着密切的关系呢？相关研究仍然在进行。学者们从《关雎》等《诗经》里的诸多经典爱情诗中，发现一个有意思的现象——爱情多发生在水边。

【同期】袁正洪：在房县一带有很多叫斑鸠的鸟，有红眼边，黑眼仁，脖子花斑似项圈，粉红羽毛的花斑鸠；有棕色或褐色，并且羽毛上带有明显条纹的斑鸠。斑鸠成双成对，生活在水边，求偶时发出"关关"的叫声，很切合《关雎》的诗意，当地《诗经》研究者都认为，斑鸠应该是雎鸠。

【解说】关于《诗经》周南、召南之分（袁正洪讲述）：西周时期，以河南陕县（现河南三门峡市陕州区）为界，产生在陕县以东的，今河南的南阳，鄂西北的襄阳、枝江以东的地区的民歌为《周南》，产生在陕县以西的、岐山之阳，汉水流域上游的汉中、安康、商洛等地的民歌为《召南》。房县是承东启西的地域，为周南、召南的交汇地，这里不仅流传着周南、召南地区相关的民歌，而且有多种动植物资源及民情民俗，与《诗经》'二南'地域的生态、民俗有着传承性。

【现场】《诗经·召南》里有这样一首民歌："野有死麇，白茅包之,有女怀春,吉士诱之。"说的是一个青年打下猎物,用白茅包起来,送给心爱的姑娘作为定情信物。诗句很简单,却给研究者留下诸多疑问。白茅是什么?为什么要用白茅包裹爱情信物呢?

【同期】袁正洪:在房县青峰、榔口、万峪河等多个乡镇采风,我们发现了这种白茅,它是一种长着细长的叶子、开着像芦苇一样的(白色)花的野草,使我意想不到的是,房县山里人打猎时,如果有人用白茅包裹了猎物,就意味着他要把猎物送给心上人,一起打猎的人就不再"分账","分账"就是瓜分猎物。这与《野有死麕》有异曲同工之妙,《野有死麕》是召南民歌,而西周时期房县正在召南地域,可以说"白茅包之",说的正是房县数千年来的打猎习俗。

【解说】经过学者们多年的考证,三千多年前的一位古人——尹吉甫的面貌,正变得逐渐清晰。

【现场】陈伯钧:尹吉甫是西周时期一位杰出的政治家和诗人,他南征北伐,维护周朝统治,深受周宣王器重,被封为太师。太师是周天子下面最重要的辅弼之官,和太保、太傅并称为"三公",三公之中,太师的地位最为尊贵。《诗经·小雅·节南山》说"尹氏大师,维周之氐;秉国之钧,四方是维",意思是像尹氏这样的太师,把握国家权力,维系四方诸侯,天子赖以辅助。由此可见,太师的职责是多么重要。周宣王时期,史称"宣王中兴",政治比较稳定,经济发展、文化繁荣,这是因为任用了像尹吉甫这样有能力的重臣。

【解说】《诗经》是我国最早的一部诗歌总集,据考证形成于西周到春秋中叶,学术界认为它经过几次大编纂,最后删减改编为305篇,流传至今,成为我们奉读的经典。那么之前是什么人,又是如何将包括房县民谣在内的各地国风汇编成书的呢?长期以来,学术界众说纷纭、莫衷一是。直到一位古人进入了学者们的视野,然而,他在远古的历史中,只留下了一个模糊的身影,他叫尹吉甫,他与《诗经》结缘是因为他是《诗经》里少数几个留下确凿姓名的作者之一。《大雅·烝民》末尾有"吉甫作诵,穆如清风",《大雅·崧高》末尾有"吉甫作诵,其诗孔硕。其风肆好,以赠申伯"这样的句子。在其他几首诗里,如《小雅·六月》还称赞他:"文武吉甫,万邦为宪。"

【同期】袁正洪:关于尹吉甫的史料记载,几乎是空白,后人研究尹吉甫的生平经历,正是靠对《诗经》的解读。《毛诗序》《汉书》《郧阳府志》《湖北通志》《房县志》等古籍记述,尹吉甫,房陵人,曾任西周太师,北伐猃狁和征收南淮夷贡赋,食邑房,卒葬于房。一个功勋卓著、身份显赫的人物,为什么仅存于文学经典中呢?向来重视物证的史学界甚至有人怀疑,历史上尹吉甫是否真有其人呢?郭沫若《两周金文辞大系图录考释》里收录了历代留存的珍贵青铜器铭文拓片,其中一份拓片里,可以清楚地看到"兮伯吉父"四字,吉父通"吉甫",尹是官名,后人以官为姓,便称作尹吉甫。铭文内容记载了吉父(甫)征伐猃狁和征收南淮夷贡赋的事迹,恰好印证了《诗经》里的相关文字。这件镌刻铭文的青铜器,在宋代出土,史称"兮甲盘"或"兮伯吉父盘",属西周晚期青铜器,学者推测它是尹氏家族为纪念尹吉甫功勋而铸造。它的铭文的发现,弥补了尹吉甫身世之谜那缺失的一环,从而成为历史上尹吉甫实有其人的重要证据之一。

【解说】周朝重视建立礼乐制度,推行教化来巩固统治,《诗经》便主要产生于这一时期。古人说:"礼,所以经国家,定社稷,利人民;乐,所以移风易俗,荡人之邪,存人之正性。"《诗经》仿佛一幅周朝的社会精神文化生活画卷,既有全国各地,包括山野乡村的民间歌谣,也有天子诸侯的宫廷雅乐,为规范社会伦理、建立礼乐文明起到了重要的推动作用。那么,周朝是如何推行《诗经》编纂这一堪称国家级的文化工程的呢?

【同期】袁正洪:据史料记载,周朝在全国范围内,建立了普遍的采诗和献诗制度。《汉书·食货志》记载:"孟春之月,群居者将散,行人振木铎徇于路,以采诗,献之太师,比其音律,以闻于天子。"这段内容生动地向后人揭示,周朝设置专门的采诗官,在特定的季节,摇着木铃铛,风尘仆仆地奔赴全国各地,寻访歌手、采集歌谣。《诗经》的主体十五《国风》,还有部分《小雅》作品,都是由采诗官采自乡村田野。通过采诗,周朝统治者可以观民风、知得失、自考正。《诗经》里的其余部分作品,则可能来自于文人献诗,无论是民间采诗,还是公卿献诗,都要由朝廷收集整理,交由乐工编曲和配舞,在朝廷整理《诗经》的过程中,有一个人的作用极其重要,周朝太师相当于后世宰相,总揽朝政。《诗经·小雅·六月》称赞尹吉甫"文武吉甫,万邦为宪",就是说他文能治国,武能安邦。制礼备乐,大兴文教,这也是他分内的职责。显然,周朝的采诗献诗制度,都是在太师的领导下统一进行的,史料中这方面的记载屡见不鲜。《国语·鲁语》里说:"正考父校商之名颂十二篇于周太师。"《礼记·王制》也记载:"天子五年一巡守……命大(太)师陈诗以观民风。"周朝建立采献诗制度的目的,是了解政治和民俗民情及利弊,所以采献的诗歌,它必然是现实主义的,反映社会真实生活的。尹吉甫作为《诗经》的总编纂者,他忠实地执行了采诗献诗制的这一政策和原则,不为当权者隐恶,不虚美,所以我们看到《诗经》里,保留着大量的针砭时弊、或褒或刺的诗篇。作为总编纂者,尹吉甫的这一功绩不容忽视。

**【解说】** 我们从前面的视频中了解到，目前的考古材料从相关方面佐证了尹吉甫这样一位身份显赫的人物在历史上确有其人，而且他和整个家族以房地为食邑。那么目前房县还留有哪些遗迹和证据呢？我们是否可以说尹吉甫就是房县人呢？他及他的家人是否就长期生活在这里呢？

**【同期】** 袁正洪（提纲）：2010年4月，房县青峰镇有关部门在组织清挖一处淤泥水塘时，找到了20世纪50年代埋于水库底下的一块大石碑。石碑用青绿色石材雕刻，高2.5米，宽0.8米，厚0.158米，碑文内容为："下马青峰道，焚香拜尹公。出师宣薄伐，作颂穆清风。烟冷千秋石，云幽万古松。允怀文武略，谁嗣奏肤功。"这块大石碑为清代人所制，内容是歌颂尹吉甫受宣王之命，出兵征战猃狁，以及赞美尹吉甫文韬武略之才德。认为尹吉甫是房县人，很有说服力的便是房县至今还保存着尹吉甫的墓葬、祠庙、碑刻等遗迹。位于房县榔口乡万峰山的宝堂寺，寺院后面岩壁上现存两个古代石窟，据称为尹吉甫宗庙，与普通庙宇不同的是，它的主坛供奉的石像，俨然是一位朝廷官宦。宝堂寺的主体建筑，今天已不存，石窟前发现的石碑立于明正德十一年，青峰山乃周朝名宦尹吉甫"佳城"，佳城即墓地的别称。古人向来称颂人杰地灵，房县人自古以尹吉甫为荣，宝堂寺因此多次重修扩建，规模礼制盛极一时。尹吉甫究竟葬于青峰山何处呢？时光变迁，今天的房县青峰山已无迹可寻，但在民间，却留下一段神秘的传说。

**【解说】** 尹吉甫是西周时期一位杰出的政治家和诗人，被封为西周太师。那么太师的职责是什么呢？尹吉甫和《诗经》又有着怎样的关系呢？他把自己熟悉的家乡民歌编纂到《诗经》的开篇，是否有这种可能呢？

【同期】袁正洪（访谈）：从某种意义上说，西周太师尹吉甫是《诗经》的总编纂者，对于他来说，编纂《诗经》所起的作用更为重要，如《诗经》为何将周南、召南的民歌放在开篇呢？这是因为《诗经》的'二南'地区，是周公、召公分陕而治的地区，这些地方是西周的京都，即社会政治经济的中心。周太师尹吉甫出生于周南、召南交汇之地，而这两地的民歌更为发达，他自幼受其熏陶，擅长诗诵，在他当权后，自然不会忘记重点采集故乡房陵的民歌，所以《诗经》以周南、召南两地的民歌为开篇，也就不难理解了。

【解说】在房县门古寺镇、城关镇还有用《诗经·蓼莪》作祭文的习俗。

【现场】袁正洪激情地打电话给时任湖北省民间文艺家协会主席傅广典，时任华中师范大学历史文化学院院长、博导王玉德，国家级非物质文化遗产评委、博导姚伟钧等专家学者，引起他们特别关注。他们多次深入房县，广泛采访传承人，研究尹吉甫及其传说。袁正洪先后撰写出多篇文章在报刊和互联网上发表，新华社、中国新闻社、中央电视台、人民日报海外版、半月谈、中国文化报、民间文艺和香港大公报等一百多家媒体纷纷报道尹吉甫相关新闻，受到文化部、中国文联、中国民间文艺家协会、湖北省文化厅、湖北省民间文艺家协会等有关领导和一些专家学者的高度关注。时任文化部副部长周和平听取了袁正洪关于中华诗祖周太师尹吉甫资料的收集整理情况的汇报后说，希望进一步抓紧做好周太师尹吉甫相关材料的非物质文化遗产项目申报工作，以弘扬我国优秀民族民间文化。民间文化专家、时任北京大学副教授陈连山认为房县是周宣王时代的太师尹吉甫的故里，至今仍有其墓碑和庙宇，尹吉甫创作了

《崧高》《烝民》赠送同僚，后来将此诗收入《诗经》，是目前已知为数不多的《诗经》作者之一。中央音乐学院教授、博导周青青，时任中国电影音乐学会会长、著名作曲家王立平，时任中国音乐家协会副主席、著名作曲家赵季平，电影《红色娘子军》主题歌作曲者黄准，武汉音乐学院教授孙晓辉等专家，对房陵文化圈中民歌的多元文化给予肯定。中国音乐学院教授李月红来房县采风时说，房县是中华诗祖尹吉甫西周诗经文化研究的富矿。

【同期】中国地域文化研究会主任、湖北省民间文艺家协会主席傅广典：诗经文化，它的最大特点就是宫廷文化和民间文化的融合，这种融合不仅是从宫廷到民间，而且由民间到宫廷，形成了一种非常具有特色的地域文化，诗经文化对房县这个地域产生了很重要的影响，所以今天在房县文化考察当中你可以发现有很多的歌谣很有宫廷文化意味。

【同期】袁正洪：多年来，现已收集尹吉甫相关资料100多万字，录音带10多盘，数码录像带10多盘，数码录音200兆，以及照片1万多张，目前十堰市民俗学会正在抓紧发掘、整理、抢救、保护尹吉甫的有关资料，以弘扬民族和民间文化。

【同期】房县榔口乡党委书记：保护好、传承好尹吉甫传说故事是我们榔口乡迫在眉睫的一个任务。近几年来，我们党委、政府集中精力在做好这方面工作，主要是通过学校教育，举办文娱活动和红白喜事的时间来讲尹吉甫的故事，传承民间文化，以此来让尹吉甫的故事源远流长。

【现场】当地农民歌手唱《诗经》民歌——

【字幕】中华诗祖尹吉甫民间故事有特殊地域性、广泛流传性、历史任务研究的参考性、《诗经》民歌的传承性，以及民间的认同性等基本特征。中华诗祖尹吉甫民间故事具有重要的历史研究价值、文学研究价值、建筑艺术研究价值、社会价值和生态文化旅游经济价值。

十堰市民俗学会<br>
房县榔口乡人民政府<br>
二〇〇六年十月十八日

## 附录四
## 吉甫编《诗》 最早记荼 荼古称茶 汉茗唐茶

我国是诗的国度,又是茶叶的故乡。茶,古称"荼",始见于《诗经》。《诗经》古称《诗》,汉代后称《诗经》。西周宣王时期,太师尹吉甫是《诗经》的总编纂者。《诗经》中有七首诗记载了"荼"(茶),这对于研究我国的茶文化,证明诗祖尹吉甫故里、诗经之乡千里房陵是中国茶树和茶文化的重要发祥地之一,具有十分重要的价值和意义。

笔者从史学、诗经学、考古学、名物学、植物学、地域学、民俗学、新闻学、生态文化等方面进行了比较深层次的研究,认为我国"茶"字溯源,乃《诗经》中的"荼"。有些学者将"荼"注释为"苦菜""白茅花""香草"等。东汉以后,"荼"始称"茶",开元年间(公元713—741年),唐玄宗李隆基撰《开元文字音义》,将"荼"字去掉一横,明确为"茶"。茶圣陆羽在《茶经》中明确把"荼"写为茶。

俗话说:"柴米油盐酱醋茶。"中国是世界茶的故乡,云贵川渝、秦巴武当是中国茶树的主要原产地。鄂西北十堰市地处《诗经》"周南""召南"交汇地,融会了巴蜀、秦岭、汉水、武当、神农架一带的地域特色,笔者从《诗经》中溯源荼(茶)文化,追寻武当道茶文化,实地考察了神农架北坡地域、武当深山古茶树。

武当道茶先后被评为"中国第一文化名茶""中国驰名商标","武当道茶"的品牌无形资产价值达40.3亿元,成为十堰市百亿茶文化产业的支柱。这表明古老国学诗经文化为生态文化旅游经济的发展作出了很大的贡献。

## 一、茶古称荼,《诗经》七首,考古茶树,历史久远

《诗经》古称《诗》,或叫《诗三百》。《诗经》不仅是中华文化的元典之一,而且在历史、社会、文学、商贸、农学、教育、美学等方面具有多重价值,是古代政治伦理的教科书和礼乐文化的集大成之作,是一部认识周朝社会的百科全书。

《诗经》中有七首诗最早记载"荼"。

《诗经·邶风·谷风》载:"谁谓荼苦?其甘如荠。"

《诗经·郑风·出其东门》载:"出其闉阇,有女如荼。"

《诗经·豳风·七月》载:"八月断壶,九月叔苴,采荼薪樗,食我农夫。"

《诗经·豳风·鸱鸮》载:"予手拮据,予所捋荼。"

《诗经·大雅·绵》载:"周原膴膴,堇荼如饴。"

《诗经·大雅·桑柔》载:"民之贪乱,宁为荼毒。"

《诗经·周颂·良耜》载:"其镈斯赵,以薅荼蓼。荼蓼朽止,黍稷茂止。"

《诗经》中最早记载"荼",但之后古代各家对"荼"的解释有

多种。

《说文解字》:"荼,苦荼也,释草、邶毛传皆云荼苦菜。"

实际上"荼"在古籍中有多个义项。清代学者徐灏在其《说文解字注笺》里作了梳理——

"《尔雅》'荼'有三物。其一,《释草》:'荼,苦菜。'即《诗》之'谁谓荼苦''堇荼如饴'也。其一,'薰、蒡,荼。'茅秀也。《诗》'有女如荼'。其一,《释木》:'槚,苦荼。'即今之茗舛也。"

《康熙字典》注释"荼"——

"《唐韵》《正韵》:同都切,音涂。《诗·邶风》'谁谓荼苦,其甘如荠',《传》:荼,苦菜也。……《疏》:一名荼草,一名选,一名游冬。叶似苦苣而细,断之白汁,花黄似菊。又《诗·豳风》'采荼薪樗'……《注》:荼,萑苕也。《笺》:荼,茅秀,物之轻者,飞行无常。……孙炎曰:荼亦秽草,非苦菜也。王肃曰:荼,陆秽。又《尔雅·释木》:'槚,苦荼。'《注》:树小如栀子,冬生,叶可作羹饮。《野客丛书》:世谓古之荼即今之茶,不知荼有数种,惟荼槚之荼即今之茶也。……荼陵,县名,在长沙。"

对此,笔者查阅许多相关资料,认为"荼"非苦菜,应为"茶"的称谓。具体理由如下。

**1.探索考古发现茶遗物**

1973 年,在距今7000 年至5000 年的余姚河姆渡遗址中,考古专家发现了一些堆积在古村落干栏式房屋附近的植物叶片,认为是原始茶遗物。这在当时震撼了考古界、史学界和茶学界。

2.唐代以前关于"茶"的文献记载

(1) 荼(茶)为贡品,在周武王时就已出现

东晋常璩撰写的《华阳国志·巴志》记载:"周武王伐纣,实得巴蜀之师……其地……鱼、盐、铜、铁、丹、漆、茶、蜜、灵龟、巨犀、山鸡、白雉、黄润、鲜粉,皆纳贡之。"这一记载表明周武王伐纣后,巴国将荼(茶)与其他珍贵产品一起纳贡于周天子。

(2) 荼(茶)为饮用商品,在西汉已出现

西汉宣帝神爵三年(公元前59年)正月里,资中(今四川资阳)人王褒与其名叫"便了"的家奴签下契约,即《僮约》。《僮约》中有两处提到荼(茶),即"脍鱼炰鳖,烹荼尽具"和"武都买荼,杨氏担荷"。"烹荼尽具"意为煎好荼(茶)并备好洁净的茶具,"武都买荼"就是说要赶到邻县的武都去买回荼(茶)叶。

3.唐玄宗编《开元文字音义》,改"荼"为"茶"

唐开元年间,唐玄宗李隆基编撰《开元文字音义》,将"荼"字去掉一横,明确为"茶"。按照文字学家和考据学家的意见,"茶"字旧读tú,汉魏以后读作chá,作为俗字的"茶"在隋代已经被收入字书,唐玄宗李隆基编撰的《开元文字音义》中,正式把"茶"正名为"茶"。这一笔省得非常有道理。因为,荼字下半部减去一横便是"木"而不是"禾",意即茶是木本而不是草本植物。

陆羽在《茶经》中列举了人们对茶的多种称呼,"其名一曰茶,二曰槚,三曰蔎,四曰茗,五曰荈。"唐代中晚期,石刻文献中的"茶"字均已写作现在通行的形态。五代的文字学家徐铉在校订《说文解字》时注"荼"曰:"臣铉等曰:此即今之茶字。"

4."荼"为"茶",出土文物为证

目前已出土的饮茶器物中仍然有"荼"字代"茶"字的。1983年,湖南省文物部门在清理湖南长沙市望城县(现望城区)石渚湖北岸的蓝岸嘴窑址时,采集到一件碗中心写有"荼埦"二字的唐代玉璧底圆口碗,命名为"长沙窑青釉褐彩荼埦",是一件具有重要考古意义的茶具。

据长沙马王堆汉墓出土的一方西汉滑石印章的相关简介,该印文为"荼陵",与《汉书·地理志》的记载完全一致,可见西汉已有"荼陵"地名。荼陵县即今茶陵县。

综上所述,笔者认为"茶"古称"荼"。

## 二、"谁谓荼苦?其甘如荠",千古误释,荼非苦菜

《诗经·邶风·谷风》载:"谁谓荼苦?其甘如荠。"这句诗是说:谁说苦菜味儿苦?它尝起来像荠菜一样甘甜。各家注释如下。

《毛传》:"荼,苦菜也。"

《郑笺》:"荼诚苦矣,而君子于己之苦毒又甚于荼。"

朱熹《诗集传》:"荼,苦菜,蓼属也。详见《良耜》。荠,甘菜。"《诗经·周颂·良耜》"以薅荼蓼"句,《诗集传》注曰:"荼,陆草。蓼,水草。一物而有水陆之异也。今南方人犹谓蓼为'辣荼',或用以毒溪取鱼,即所谓'荼毒'也。"

综上所述:①荼,历代大多注释为"苦菜";②对"其甘如荠","甘"多释为"甜","荠"多释为"荠菜,味甜可食"。对此,笔者分析如下。

1. "荼"为"苦菜",此说模糊、不确切

据《唐本草》《本草纲目》《中药大辞典》《全国中草药汇编》等介绍,苦菜别名有苦荬菜、大苦荬菜、小苦菜、白苦荬菜、花白荬、紫苦菜、苦丁菜、黄花苗、黄花地丁、蒲公英、败酱草、苦叶苗、小苦苣、山莴苣、地丁、滇苦菜、续断菊、大刺芥芽、野苦马、黄鼠草、猴屁股、老鸦苦荬等,多达20余种,笼统地说"荼"为"苦菜",究竟是哪种苦菜?苦菜有多种,形状各异,味道也有所不同,所以说"荼"是"苦菜"的注释太模糊、不确切。

2. "其甘如荠"的"甘"多释为"甜","荠"多释为"荠菜,味甜可食",注释错矣

查《说文解字》,"甘"本义为"美",段玉裁注:"甘为五味之一,而五味之可口皆曰甘。"

荠菜又名护生草、地菜、地米菜、菱闸菜等,十字花科,荠菜属,草本植物,生长于田野、路边及庭园,以嫩叶供人食。民间传统习俗是开春到野外的田间或路边采荠菜,用来炒鸡蛋或包饺子,味道清香鲜美。所以荠菜的味道并不是甜的,而是清香鲜美的。

杯子里泡的茶水,刚入口时有些苦涩,尤其是当茶叶放多了,喝时味道更苦涩,故人称"苦荼",但越喝,苦涩味道逐渐去了,而觉味道越来越甘美清香。所以"谁谓荼苦?其甘如荠"的意思是说,茶沏泡后,头杯令人感到苦涩,但喝第二杯(二道茶)时滋味就像荠菜一样,回味是甘美的。

## 三、"有女如荼",荼非白茅,荼花喻女,美胜茅花

《诗经·郑风·出其东门》载:"有女如荼。""荼"是何物?古昔以来,众释纷纭。《毛传》:"荼,苦菜也。"朱熹《诗集传》注"有女如荼"曰:"荼,茅华,轻白可爱者也。"

笔者考证如下。

1. 《诗经》中有"白茅",也有"荼","荼"非白茅,故《诗经》中的"荼"与"白茅"应是两种不同的植物

《诗经》不仅是我国文学名著,而且被称为周朝社会百科全书。《诗经》中提到的动植物共338种,其中植物178种,动物160种,诗中对这些植物的名称说得大都比较明确。

《诗经·召南·野有死麕》:"野有死麕,白茅包之。""林有朴樕,野有死鹿,白茅纯束,有女如玉。"大意是树林里有片丛生的小树,青年猎人在山野猎杀了一只鹿,用洁白茅草将打死的鹿捆包好送人。

《诗经·豳风·七月》:"昼尔于茅,宵尔索绹。"是说白天去割茅草,晚上(用白茅草)搓绳子。

《诗经·小雅·白华》:"白华菅兮,白茅束兮。""英英白云,露彼菅茅。"这两句的意思是:开白花的菅草呀,用白茅把它捆成束呀。天上飘着朵朵白云,甘露普降,润泽菅和白茅。

由此,《诗经》中有"白茅"这种植物,所以"有女如荼"等诗句中的"荼"字不会是指"白茅"。《诗经》中的"荼"与"白茅"应是两种不同的植物。

## 2.《诗经》中"白茅"用来捆绑东西,不用来比喻美女,地方民俗也不用"白茅"比喻美女

房县民间有将白茅当绳子用的民俗。《诗经》中描写了丰富的狩猎、牧业、农业等生产生活民俗,笔者曾专门研究并撰写了《尹吉甫故里房县是<诗经·二南>交汇地域考》和《浅论<诗经·二南>与房县民俗的传承遗风》两篇文章,计4万多字。笔者对《诗经》"二南"的二十五篇诗逐篇细读,又通过查阅历史资料、深入民间采风,从民俗、文化、方言、生产、生活习俗及动植物生存的地理特点等方面,就"二南"与房县的民俗特点,"二南"与房县的区域性,"二南"与房县的方言相似性,"二南"与房县的民俗延续性,"二南"与房县的生活生产习俗、民间文化传承性,分析对比了《诗经》"二南"民俗与房县民俗的遗风,进行撰文。如《诗经·召南·野有死麕》"野有死麕,白茅包之",房县自古以来有用白茅草或者其他类似绳子一样的植物捆绑猎物的习俗。

二是民间通常没有用白茅来比喻美女的民俗。从"白茅"本义讲,茅为草名,俗称茅草。茅在《康熙字典》《现代汉语词典》中还有茅店、茅草屋、茅房(厕所)、茅坑等词条。

《本草纲目》谓:"茅有白茅、菅茅、黄茅、香茅、芭茅等,叶皆相似。"又谓:"夏花者为茅,秋花者为菅。"

俗称茅草者指白茅。白茅,是一种茅草,又名茅芽草、白茅草、白茅根,为禾本科,属多年生草本植物,株高20~80厘米。根茎白色,杆细,密集成片,多生于山坡(俗称茅草坡)。俗话说:"三月三,茅芽尖。"就是春天茅根生长发嫩芽,山里的孩子抽嫩茅芽吃,味道甜丝丝的。白茅夏初开花,小穗长3~4毫米,叶老时茅穗呈白

色,随风飘摇。

笔者专程到诗经之乡房县多处生有白茅的河和山坡,观斑茅花穗颜色,夏季斑茅吐穗开花,为粉紫色,秋冬随着斑茅叶逐渐枯死,斑茅花穗变成白色,即俗称的白茅花。白色耀眼,但因白茅花轻浮,民俗喻茅花像纺线的捻子,不喻人,若喻人就带有贬义,所以当地从古至今都不用枯萎后茅草的花来比喻美丽的姑娘。

### 3.洁白荼花胜茅穗,比喻女子纯洁美貌

笔者在本文第二节中已论述《诗经》中"荼"并非苦菜、白茅,大量引经据典,已说明《诗经》中的"荼"在汉唐以后称茶,这里论述洁白荼花胜茅穗,比喻女子纯洁美貌。

茶古称"荼",《诗经》中有七首诗记"荼",图为茶花(古称荼花)

中国是茶的故乡,历史悠久,品种荟萃,栽培的茶树品种有200多个,其中现经国家农作物品种审定委员会审(认)定的茶树良种

有76个。茶花品种繁多,多达149种,如赛牡丹(淡白色)、白衣大皇冠、天鹅绒、白斑康乃馨、银浪涛(白花,花瓣呈波浪形)、花鹤翎、鸳鸯凤冠、绿珠球、大朱砂等,有纯白、大红、粉红、黄色等多色。茶花冬腊正月傲霜竞开,白色茶花纯白耀眼,花期长,茶花香,纯洁美丽,惹人喜爱,用来比喻纯洁美丽的女子再合适不过。

## 四、"采荼薪樗,食我农夫",砍柴炒制,秋茶好喝

《诗经·豳风·七月》:"七月食瓜,八月断壶,九月叔苴,采荼薪樗,食我农夫。"具体注释如下。

"七月食瓜,八月断壶":断,摘下。壶,瓠(别名瓠子,瓜类蔬菜)。

"九月叔苴,采荼薪樗,食我农夫":叔,拾也。苴,青麻,或青麻之子。荼,后称为茶。采荼,即采茶叶。薪樗,王力《古代汉语》:"薪樗,拿樗当柴。薪,用如动词。樗,臭椿。"高亨《诗经今注》:"薪,动词,砍柴。樗,木名,似椿,叶臭,又名臭椿。"臭椿没有毒,只是它的叶子有异味,所以才叫臭椿。《辞海》载,臭椿树高可达20米,不裂,木质粗硬,种子可榨油。因其含有油胶,干湿皆可养火,其实是一种上好的柴木。

综上所解,"七月食瓜,八月断壶。九月叔苴,采荼薪樗,食我农夫",可译为:七月食瓜,八月摘下瓠子,九月里收拾麻子,秋采茶(茶叶),砍樗当柴烧,炒茶给我们农人吃。

许多人注解《诗经》时,将"采荼薪樗"解释为采苦菜吃,砍臭椿烧。苦菜泛指野菜,野菜有蒲公英、苦丁菜、苦荬菜、黄花苗等20多种,若按古周历,九月相当于公历十月,寒露至霜降时节,

蒲公英、苦丁菜、苦荬菜、黄花苗等野菜在地里或山野早已枯死，农夫何以采苦菜吃？而荼（茶）树是四季常青，所以秋采荼（茶叶），砍槱烧来炒制茶，供农夫食才是合乎生活常理的。笔者曾到武当山八仙观茶场，场里按当地民俗，将鲜茶叶用沸水轻煮一下，过一道水后，做成凉拌鲜茶叶，用来待客，可谓美食。

## 五、"予手拮据，予所捋荼"，茅花揉巢，荼枝可捋

《诗经·豳风·鸱鸮》："予手拮据，予所捋荼。"注释如下。

拮据，"撠挶"的假借，手病，即过度用力而手指不能屈伸，本谓操作劳苦，引申为经济窘迫。

捋，即用手自一头向另一头抹取。

荼，有的把荼注释为野菜，野菜肯定不适合用来做鸟巢，有的把荼注释为茅花，用在此诗句中也不确切。一是《诗经》有关篇章中有白茅（茅草、茅花），故在《诗经》中不能将荼释为白茅（茅草、茅花），"荼"与"白茅"应为两种植物，把"荼"与"白茅"说成是一种植物是说不通的。二是茅花是穗状，既然诗句用拟人手法"捋荼"，则亦可拟人手法"割茅草"，或用茅穗花做巢，民俗上应是揉茅穗花做鸟巢，但茅花没有用手捋的，即不能自一头向另一头抹取。

《毛传》："荼，萑苕也。"孔颖达《疏》："鸱鸮言已作巢之苦，予撠挶其草，予所捋者是荼之草也。"朱熹《诗集传》："捋，取。荼，萑苕，可藉巢者也。"《康熙字典》解释："荼，萑苕也。《诗·郑风》：有女如荼。《笺》：荼，茅秀，物之轻者，飞行无常。"

以上将荼说成是"萑苕""秀穗""茅秀"等不能用手捋的，即

不能自一头向另一头抹取的,故注释不确切。

就植物生长属性来说,茶树有主干,有枝干,枝干上又有很多小枝,在通常采茶时,是一只手拿着茶树的小枝干,另一只手从小枝干的一头向另一头抹小枝上的茶叶,即"捋茶",这是符合劳作规律的。所以,笔者根据自己对武当道茶20多年的研究,认为"予所捋荼"应是由一头向另一头抹取茶树的小枝叶,即将荼释为茶是比较确切的。

"予手拮据,予所捋荼"这句诗的意思是:我的手因用力捋荼(茶)树的小枝叶,手指劳累得不能屈伸。

## 六、"周原膴膴,堇荼如饴",夸张喻美,堇荼非甜

《诗经·大雅·绵》,这篇诗追述周族的兴起,周始于古公亶父迁于岐山,辛苦经营,奠定周族的基础。到了文王,任用贤能,继承古公亶父的丰功伟业,周族更强大了。诗中有"荼"之句为:"周原膴膴,堇荼如饴。"

"周原膴膴,堇荼如饴"诗意:这个地方太好了,连地里的堇(水芹菜)荼(茶),也都像饴糖一样甘甜,这是一种夸张的说法。这是因为"堇"是苦菜,就是土地再肥沃,也只能说堇菜长得茂盛,其苦味是无法"如饴"的。

这里还要说的是,有关专家学者研究,周原所在的岐山之南,即现在的陕西省扶风地区,古代也盛产茶。再就民俗来说,在扶风、岐山一带的农家,儿女订婚、红白喜事、祭祀祖先都离不开茶叶。谁家生一女儿,爷爷奶奶就会经常把她疼爱地抱在怀里,向左邻右舍夸耀说:这又是一个茶叶罐罐!意为长大成人出嫁后,回娘家时

的礼当中不能少了茶叶啊!这充分说明古周原是盛产茶的,更加证明了《诗经·大雅·绵》中的"周原膴膴,堇荼如饴"具有重要的史诗价值。

## 七、"民之贪乱,宁为荼毒",荼之味苦,引申之意

《诗经·大雅·桑柔》的内容是周卿士芮伯责周厉王用小人、行暴政、招外侮、祸人民的罪行,并陈述救国之道。其中说到"荼"之诗句为:"民之贪乱,宁为荼毒。"此句注译如下。

民,此句中指残忍之人。贪乱,贪婪、昏乱。《郑笺》说:"贪,犹欲也。"这句诗是说:残忍之人贪婪昏乱。

宁,宁愿。为,遭受。荼毒,毒害,残害。以荼毒比喻人心毒辣。《孔疏》说:"荼,苦叶;毒者,螫虫。荼毒皆恶物。"陈奂《诗毛氏传疏》:"荼:苦菜。因之凡苦曰荼。荼毒即是乱。"姚际恒《诗经通论》:"荼惟以苦名,无毒。孔氏曰,'荼,苦叶;毒,螫虫。皆恶物。'本为二物。"袁梅先生《诗经译注》释"荼毒"时云:"荼:苦菜。此取'苦'义,谓'使人受其所加之苦'。毒:毒螫之虫。此取'毒害'义,谓'使人受其毒害'。"苦菜味苦,茶亦味苦。此处之"荼",无论释为两物中的哪一种,均可以通。

笔者根据自己的研究认为:一,古传"神农尝百草,日遇七十二毒,得荼而解之",此言表明茶有解毒作用;二,《诗经》中说"谁谓荼苦",而荼(茶)的特性是味苦、甘,微寒,饮茶可散闷气,可养生,可除病,可清心明目,生津润津,怡情养性,还能解毒,尤其是就现代医学研究来说,有机茶还有抗辐射之作用,更能说明茶有去毒作用。所以《诗经·大雅·桑柔》"民之贪乱,宁为荼毒"

是借茶喻善良之人，不为利禄追求钻营，而讽刺那些不良之人前瞻后顾，私念重重，不良之人贪婪昏乱，使人遭受痛苦灾难。简言之，就是残忍之人贪婪昏乱，乃使人们遭受痛苦灾难。

在此也告之人们，"荼毒"一词虽然现在人人都知道它是什么意思，但其源头是出于《诗经·大雅·桑柔》之"荼"。

## 八、"以薅荼蓼"，毁林兴粮；"荼蓼朽止"，沤肥之源

《诗经·周颂·良耜》与前一篇《诗经·周颂·载芟》，是《诗经》中农事诗的代表作。《毛诗序》云："《载芟》，春藉田而祈社稷也。""《良耜》，秋报社稷也。"一前一后相映成趣，堪称是姊妹篇。

《良耜》是在西周初期，也就是成、康时期农业大发展的背景下产生的，其价值显而易见。众所周知，周人的祖先后稷、公刘、古公亶父（即周太王）历来有重农的传统，再经过周文王、周武王父子两代人的努力，终于结束了殷王朝的腐朽统治，建立了以"敬天保民"为号召的西周王朝，从而在一定程度上解放了生产力，提高了奴隶从事大规模农业生产的积极性。《良耜》正是当时这种农业大发展的真实写照。在此诗中，已经可以看到当时的农奴所使用的耒耜的犁头及"镈（锄草农具）"是用金属制作的，这也是了不起的进步。在艺术表现上，这首诗的最大特色是"诗中有画"。

《诗经·周颂·良耜》载："其镈斯赵，以薅荼蓼。荼蓼朽止，黍稷茂止。"注释如下。

镈，刺也，言刺地去草。此处镈指锄地去草的小型青铜农具。赵，扒地、除草。这句诗是说农夫用农具扒地、除草。

薅，除去，拔除。荼，有的解释为陆地上的茅草，或苦菜、野菜。

笔者认为，《诗经·周颂·良耜》"以薅荼蓼"中的"荼"应解释为"荼树"，即"茶树"。当时受农耕开发影响，毁荼（茶）种粮。

## 九、《诗经》溯茶，挖整道茶，文化名茶，享誉全国

笔者于1980年开始关注、研究西周太师尹吉甫与诗经文化。1996年以来，笔者坚持把武当道茶作为课题研究，并基于茶古称荼，源自《诗经》，而秦巴武当十堰市及所辖房县是西周太师尹吉甫故里，是《诗经》"二南"交汇地，将《诗经》中的植物与武当道茶结合起来研究，取得了一定的成绩。

多年来，笔者先后挖掘、整理武当道茶相关资料近百万字，拍摄照片3万多张，拍摄武当道茶录像资料30多盘，撰写《浅谈武当道茶历史渊源与养生》《武当道茶文化成为鄂西生态旅游圈新亮点》《仙山武当道茶香》等文章，由新华社发通稿，人民日报、香港大公报、《中国茶叶》等媒体纷纷转载，武当道茶享誉国内外，引起国家和省市有关专家的高度关注和评价。

笔者经多年研究，提出武当道茶是我国四大特色名茶，即"西湖龙井，武夷岩茶，武当道茶，寺院禅茶"而闻名于世，被百度收录。

（袁正洪、陆龙权、袁源撰写，本篇为2016年10月28日于广西大学参加中国诗经学会第十二届年会暨国际学术研讨会的发言交流论文）

《诗经》中多篇诗赞美葛,七首诗记茶。图中的珍贵文物是用葛编的碗,古代亦称茶碗(饮茶碗)

# 附录五
# 吉甫故里　诗酒之乡　展现房陵　民俗风情

按：湖北房县是西周太师尹吉甫的故里，是诗经之乡，亦是黄酒之乡。《诗经》不但是文学作品，而且是周朝的社会百科全书。《诗经》内容博大精深，涉及历史、政治、经济、文学、民俗、天文、地理、农业、医学、动物、植物、民族、战争等各个方面。《诗经》是文也是史，还有生物学、社会学、人类学等方面的多种价值。由此，尹吉甫作为西周宣王时期《诗经》的总编纂者，精通历史文化、社会民俗风情。

《诗经》中的酒文化极其丰富，在诗篇中的生产、生活、养生、健身、婚嫁、祭祀等方面都有浓郁的酒文化气息，相关表达形象直观、生动可感，富有感情色彩和生活气息。"酒"字在《诗经》中出现的频率很高。据笔者逐篇逐字学习研究统计，在《诗经》305篇中提到"酒"的有38篇，共71个酒字，其中有8句使用了不同的酒的别称。

《诗经·国风》160篇中，有5篇出现7个酒字。

《诗经·小雅》74篇中，有19篇出现41个酒字（其中18篇出现

39个酒字；《鹿鸣》中既有酒字，又有酒的别称"酤"字1个；《吉日》中"且以酌醴"，"醴"为酒的别称。统计时不重复计篇数，只记酒字及其别称的字数）。

《诗经·大雅》31篇中，有8篇出现14个酒字（《行苇》中既有酒字，又出现酒的别称"醴"字1个；《江汉》中出现酒的别称"鬯"字1个。统计时不重复计篇数）。

《诗经·颂》40篇中，有6篇出现9个酒字（其中5篇出现6个酒字；在《丰年》和《载芟》中分别出现"为酒为醴"；在《列祖》中出现酒的别称"酤"字1个。统计时不重复计篇数，只记酒字和酒的别称数，包括"酒"字6个，"醴"字2个，"酤"字1个）。

# 一、房县是诗经之乡，亦是千古黄酒之乡

房县是诗经之乡，是西周太师尹吉甫故里。据《山海经·中山经》曰："荆山之首曰景山……沮水出焉。"西晋著名政治家、军事家、文学家杜预云："沮水出新城郡阿山。"《郧阳府志》、清同治《房县志》载："景山，城南二百里，一名阿山，一名望夫山。"据《房县志·卷二·山川》载："沮水自小河口出口，悬流而下，冲花激浪，漩入海眼，声如迅霆，响振山谷。"房县古有两条沮（雎）水河，一条在县东南的保康县（明代从房县划出），一条在县南即小河口出口的澈海堰，就在诗经广场前的西河段。清代诗人汪魁儒有十景诗："房城四面望团圆，沮水分流到处沿。城似明珠浮赤野，水如银线贯丹渊。"房县诗经文化底蕴深厚，中国诗经学会特授予房县"中国诗经之乡"之称，驰名国内外。

同时，房县也是享誉世界的黄酒之乡，其黄酒历史悠久，源远

流长，博大精深，特色鲜明。尤其是《诗经》里最早记载了"酒"。追根溯源，房县黄酒的历史有以下多种说法。

1. 古代黄帝赐黄酒之说

房县米酒，是用优质糯米和小曲酿制而成。刚开始呈乳白色，沉淀一段时间后，逐渐变得清醇透亮，酒的颜色像奶的颜色，俗称"奶酒"，存放半天后，才变成淡黄色；"闭封酒"的存放时长为半年至一年，启封后酒像清水一样。人们不禁要问：此酒是乳白色、奶色或透明无色，那为什么不叫白酒而叫黄酒呢？相传黄帝的后裔迁徙到房县生活，饮用黄帝传承的酒，所以叫黄酒。据《黄帝与酒》一文记载：黄帝在打仗胜利后，亲自酋酒犒劳将士，将酒作为佳品赏赐给他们，激励他们更加勇敢地作战，从此民间就把黄帝赏赐的乳白色米酒叫"黄酒"。

此说是否有依据呢？房县七里河的考古结果揭开了房县何以叫黄酒之乡的千古之谜。湖北省博物馆著名考古专家王劲女士和武汉大学考古系对房县七里河新石器时代聚落进行了20年的考古发掘、研究，发掘清理出的32副人体骨架中，有11副在生前被施加过人为的拔牙"猎"头手术，另外从多人合葬的现象来看，七里河遗址早期处在刚跨入父系氏族公社的时期。七里河遗址是一处原始社会聚落址，文化内涵以江汉地区新石器时代末石家河文化和三房湾文化（距今4600～4100年）遗存为主体。在对七里河遗址的考古发掘中，有专家从史前东夷族的西迁进行研究，发现大约在新石器时代晚期的早段，古东夷族进行第二次大规模西迁，从鄂东溳水与鄂中汉水中下游地区出发，溯汉水而上。因此，作为汉水发源地之一的房陵（房陵境内有阴峪河、漳洛河，有汉水第一大支流堵河流经，古南河也是汉江的一条重要支流）必然因炎帝后裔祝融氏及其后代的开发而发展。房县古为颛顼、神农炎帝、祝融后裔的生息地。房县七里河遗址还发现了鬵，鬵是古代重要的酒具，房县七里河遗址出土陶器鬵就充分证明了房县酒文化的历史很早。考古还发现，西周、春秋战国至汉代的房县都有古代酒器，也表明房县酒文化历史悠久。

2. 封疆酒之说

随着历史的发展，在房县用"黄酒"作为当地米酒酒名的同时，此酒还获得了"封疆酒"的美誉。这来源于丹朱避舜于房的传说。据《竹书纪年》记载："五十八年，帝使后稷放帝子朱于丹水。"又载："一百年，帝陟于陶，帝子丹朱避舜于房陵，舜让不克，朱遂封于房，为虞宾。"据《路史·国名纪丁》载，帝尧崩，有虞氏帝舜封丹朱于房，"以奉其祀，服其服，礼乐加之，谓之虞宾，天子弗臣……"相传，丹朱到房陵避舜创业，舜就将房陵作为封地封给丹朱，并用黄酒犒劳丹朱。丹朱带领百姓治河创业，也用舜赐给的这种黄酒犒劳房子国的百姓，所以此酒也叫"封疆酒"。

3. 周天子御酒之说

房县是西周太师尹吉甫的故里。尹吉甫是彭国房陵人，相传尹吉甫从彭国房陵带着米酒到西周镐京，将米酒敬献给周宣王，周宣王饮用米酒，大赞味美，遂封此酒为"天子御酒"。为此，彭国房陵每年都要把米酒作为贡品敬献给朝廷。据《诗经·烝民》载："吉甫作颂,穆如清风。"《诗经·六月》载:"文武吉甫,万邦为宪。""吉甫燕喜,既多受祉。来归自镐,我行永久。"相传周宣王命尹吉甫征战猃狁,尹吉甫打胜仗回来,宣王用"天子御酒"设宴,犒劳征战归来的尹吉甫。从此,房陵"天子御酒"的名气就更加大了。

### 4. 宫廷皇酒之说

房县是物华天宝的宜居之地。在中国古代社会,流放是十分独特的政治现象,被统治者自诩为一种仁慈的刑罚。所谓"不忍刑杀,流之远方",体现了儒家所提倡的仁政和慎刑,尤其是当流放者为帝王将相、皇亲国戚时,对他们流放地的生活环境的选择要有别于其他流放地。宫廷帝王、皇亲、将相因犯错被流放,要受到别离宫廷的艰苦磨练,但生活上应得到保障。由此,选择物华天宝、人杰地灵、气候温和、物产丰富的房陵为他们的流放地。历史上共有52位帝王将相、皇亲国戚被流放房陵,其中有18位帝王,所以,房陵被称为宫廷陪都后花园。相传,这些帝王将相、皇亲国戚被流放至房陵后,饮用房陵世代相传的黄酒,以酒健身养颜,以酒解闷消愁。由此形成宫廷酒文化,代代传承,使黄酒之乡的名气越来越大。

综上,诗香酒香相互渗透,诗经之乡和黄酒之乡成为房县的两大特色名牌。

## 二、《诗经》中的酒文化内容极其丰富

《诗经·小雅·南有嘉鱼》载:"君子有酒,嘉宾式燕以乐。""君子有酒,嘉宾式燕以衎。""君子有酒,嘉宾式燕绥之。""君子有

酒，嘉宾式燕又思。"诗句译文："君子宴会有美酒，嘉宾宴饮乐陶陶。""君子宴会有美酒，嘉宾宴饮乐悠悠。""君子宴会有美酒，嘉宾宴饮乐平安。""君子宴会有美酒，嘉宾欢饮劝满觞。"这首宴饮诗叙述了宾主之间的淳朴真挚的感情。

《诗经·小雅·瓠叶》载："君子有酒，酌言尝之。""君子有酒，酌言献之。""君子有酒，酌言酢之。""君子有酒，酌言酬之。"诗中的"酌"，即斟酒。"献"，即主人向宾客敬酒。"酢"，即回敬酒。"酬"，即劝酒。诗句译文："君子备好香醇酒，斟满酒杯请客尝。""君子备好香醇酒，斟满敬客喝一杯。""君子备好香醇酒，斟满回敬礼节到。""君子备好香醇酒，斟满劝饮又一杯。"这是一首君子宴饮宾客的诗，诗中主人礼贤宾客。

"酒"在《诗经》中有不同的称谓——

或曰"醴"。醴是一种甜酒。《诗经·小雅·吉日》："以御宾客，且以酌醴。"《诗经·小雅·丰年》："为酒为醴。"《诗经·小雅·载芟》："为酒为醴。"《诗经·大雅·行苇》："曾孙维主，酒醴维醹。"

或曰"酤"。《诗经·商颂·烈祖》："既载清酤。"《毛传》说："酤，酒。"

或曰"鬯"。《诗经·大雅·江汉》："秬鬯一卣。"《江汉》是西周太师尹吉甫撰写的赞美周宣王分封召公虎的诗篇。诗中的"秬鬯"是古代用黑黍和香草酿造的味道香醇的酒，是重大节日活动庆典用的香酒，或用以祭神，也是帝王赏赐给臣子的美好馨香的醇酒。汉郑玄笺："王赐召虎，以鬯酒一樽。""卣"是古代盛酒器。

## 三、酒乡房县传承来自《诗经》的酿酒工艺

房县黄酒历史悠久,源远流长,是世界上古老的名酒之一。房县酒文化博大精深,特色鲜明。追根溯源,房县制黄酒的民俗由来久远。

《诗经·豳风·七月》载:"八月剥枣,十月获稻,为此春酒,以介眉寿。……九月肃霜,十月涤场。朋酒斯飨,曰杀羔羊。跻彼公堂,称彼兕觥,万寿无疆!"春酒,是冬天酿的酒,存放到第二年春饮用,存放时间比较长,春酒味醇,营养价值高。介,祈求。眉寿,长寿,人老时有些眉毛会变长,为长寿之征。"为此春酒,以介眉寿"的意思是酿好的春酒藏地窖,等到来春祝福那些长寿老人。朋酒,即两樽酒,樽是古代盛酒的器具。"朋酒斯飨"意为用酒招待客人。"称彼兕觥"意为举起大型的兕牛角杯敬酒。

上述相关句子不仅介绍了做酒的时节、存放、春饮的酿酒方法,而且介绍了饮酒用的酒具"樽""兕牛角杯"及待客习俗。

酒乡房县传承这一千古酿酒工艺。20世纪50年代,笔者小时候就听父母介绍房县喜欢酿黄酒,农历"九月九"喜欢做"闭封酒",埋藏地下,亦称"地窖酒",存放三月、半年、一年或数年后掘起,开启后清香扑鼻,清澈如水,口味平淡,但后劲很大,出门见风就醉,因此又有"出门醉""随风倒""透瓶香"等雅号。待第二年开春,即将犁耙水响、春耕大忙前,为解决冬困,开坛饮酒壮身,迎战春耕,当地习称饮春酒。我的外公及相邻生产队里的几位使牛匠,在开春之时,用大洗脸盆装上不过滤、带酒糟的酒,喂刚熬过冬天、饱受吃干草之苦的耕牛,为耕牛壮身,迎春耕,这也是地方的一种

民俗。那时有的家庭还有颇具古风之美的饮酒用的"樽""咒牛角杯"等酒具。

《诗经·小雅·大东》这首诗是关于周代东方小诸侯国怨刺西周王室诛求无已、劳役不息的诗。《大东》载："或以其酒,不以其浆。"诗意为:有的人常饮香醇的好酒,有的连薄酒浆都喝不上。《大东》载："不可以挹酒浆。"诗意为:不可用来舀取酒浆。《诗经·小雅·大东》篇有关酿酒、滤酒的诗句,也是房县酿酒、投酒方法的简述。

房县民间酿酒,使用竹编的滤酒工具,叫酒抽子,酒做好后,先要把竹编的酒抽子插到酒缸里,用水兑酒汆子。用酒抽子过滤酒糟,民间方言也叫"控酒糟",或叫投酒。第一次投的酒叫好酒。一般一碗酒汆子要投出三碗好酒。第二次兑水投的酒叫二道酒,也有的叫"二道毛酒",一般用来自己喝。也有因为家里做酒的糯米少,酒缸里兑水,在酒糟里投出三道酒,也叫薄酒,房县民间方言称为"三道毛酒",较困难家庭多饮此薄酒。

《诗经·小雅·伐木》是一篇描写宴享亲友故旧的乐歌。《伐木》载:"酾酒有藇""酾酒有衍""有酒湑我,无酒酤我"。

酾(shī),过滤。酾酒即过滤酒。藇(xù),甘美。"酾酒有藇"意为:滤过的酒是很美好的酒。衍,意为很多。"酾酒有衍"意为:滤过的酒是很多的。湑,即酾之意。"有酒湑我"意为:如果家里有酒就滤出来喝。《伐木》所描述的"酾酒",与房县民间投酒工艺基本相同。

《诗经》中还介绍了古代的"清酒""醴酒",即黄酒和甜酒。《诗经·小雅·信南山》载"祭以清酒"。清酒,即过滤了酒糟的黄酒。清酒是中国古代的一种名酒,采用优质泉水和优质糯谷或优质粟谷酿造，有一定的养生养颜、美容健身作用。清酒的名称最早见于3000多年前我国的古代文献《周礼》。"祭以清酒"意为：用过滤后清亮的好酒祭祀。《诗经·周颂·丰年》载"为酒为醴"，醴是用稻黍酿造成的甜酒。《诗经》有多篇写到了"清酒""醴酒"。

房县的酒有黄酒（老酒、嫩酒、清酒）和甜酒，颜色有黄、乳白和无色三种。清酒，为房县古昔以来酿造、过滤、投出的头道好酒，清酒的色泽呈淡黄或无色，清亮透明，酒香宜人，口味纯正，绵柔爽口，酒精含量在15%~17%，含多种氨基酸、维生素，是香味醇厚、营养丰富的黄酒。房县民间有用专制的黄酒曲子做黄酒或清酒，并以此酒祭祀的习俗。房县民间用专制的小曲（或叫甜酒曲子）做甜酒，甜酒很甜，没有大劲，是房县传统的养生用酒。一般不会喝酒的人可以喝甜酒。甜酒又叫"甜糟子"，饮时连酒带糟子一起饮下，其工艺程序和黄酒一样，但拌入的曲子为"糟曲子"，存放期短。产妇坐月子，以红糖融入此"甜糟子"饮之，可帮助恢复身体，还有促奶、补充糖分、活血、化瘀功效。笔者对房县黄酒进行专题研究，撰写了6万多字的《漫话房县黄酒》。

## 四、房县沿袭《诗经》中的酒规、酒德

周是一个礼制国家，周朝是我国酒生产、发展的重要时期，酒在人们的政治生活和宗教活动中的作用十分重要，无论宫廷或民间，许多礼仪活动及人们的生产生活都离不开酒，于是朝廷制定了酒规，对饮酒活动进行规范，这对人们的酒德观念、生活行事起到了一定的约束作用，对家庭和社会间形成注重酒风酒德的习俗，对促进文明礼制的完善，起到了重要作用。《诗经》中有多首诗记叙了周朝的

酿酒、饮酒活动,这些诗篇的主旨反映出周朝饮酒重礼、贺礼重德的文明礼制精神。

《诗经·小雅·宾之初筵》是《小雅》中篇幅之长仅次于《节南山之什·正月》和《谷风之什·楚茨》的一首诗,其重要之处在于详实地介绍了文明饮酒的场景和严格的酒规,成为古典杰作。

《宾之初筵》开头第三句载:"酒既和旨,饮酒孔偕。"诗意为:酒味既醇厚柔和又甜美,喝起酒来大家都非常满意。此诗首先是赞美酒,因而大家饮酒甚是同心尽兴,拉开了饮酒的热闹气氛。随后诗中描写:"宾之初筵,温温其恭。其未醉止,威仪反反。曰既醉止,威仪幡幡。""既醉而出,并受其福。醉而不出,是谓伐德。饮酒孔嘉,维其令仪。凡此饮酒,或醉或否。……式勿从谓,无俾大怠。"这些诗句的大意是:客人们刚到、未入席饮酒前,个个文雅,恭谨庄严;当他们还没有喝醉的时候,个个保持形象,顾着脸面;等酩酊大醉以后再看,一个个举动轻浮、丧尽威严……如果醉了就出去,大家受福真不少。如果醉了还不走,就是缺德太不好。饮酒本来是好事,但重要的是要保持形象。有的人不易醉,有的人酒过三杯就迷糊,劝他多喝酒不好,应适度饮酒讲究礼貌。这首诗深刻阐释了饮酒要讲酒德酒规,要文明礼貌的道理。

至于《宾之初筵》在后世的社会影响,从明代黄瑜《双槐岁钞》一书所录明初通经能文、尤工诗、善隶书的大臣汪广洋《奉旨讲宾之初筵叙》中讲的一件事可以得到证明。明太祖朱元璋在听了汪广洋讲解的《宾之初筵》一诗后,大为感动,命令将《宾之初筵》一诗缮写几十本,颁赐朝中文武官员,让他们悬挂在府第的厅堂上,以为警诫。

《诗经·小雅·小宛》载:"人之齐圣,饮酒温克。"齐,正也,肃也。圣，通明也。温克，善于克制自己以保持温和、恭敬的仪态。这句诗是说：一个正直而聪明的人，饮酒能克制自己，保持温和恭敬的仪态。《小宛》此句也是古时酒礼很好的写照。

《诗经·大雅·抑》载："颠覆厥德，荒湛于酒。"释意：荒废其政事，倾败其功德；放纵无度，沉溺于饮酒。这也是规劝人们饮酒应讲究酒风，注意酒德和自己的形象。《诗经·小雅·北山》载："或湛乐饮酒，或惨惨畏咎。"诗意为：有些人沉溺于享乐饮酒狂欢，有些人天天担心害怕惹祸。《诗经·大雅·荡》载："天不湎尔以酒，不义从式。"释意：上天不曾用酒迷醉人们，你们不宜纵情饮酒。研究《诗经》中的酒文化，可发现不少诗篇中讲了酒德、酒规。

房县是黄酒之乡，酒文化源远流长，而是房县又是西周太师尹吉甫故里，他是《诗经》的采风者、编纂者，亦是被歌颂者，房县的酒文化中蕴藏着《诗经》中深厚的酒德酒风。房县山民诚朴豪爽，热情好客，习于饮酒乐歌，素有无酒不成席的说法。房县酿酒，多为饮酒养生，或酿酒以待客，婚丧嫁娶时礼尚往来，交流情感，以酒增加亲朋好友间的往来。

古代《房县志》对房县人饮酒有不少记载。婚嫁："茶罢聚会酒，会诸亲，行投简礼迎亲。……主人设华筵于棚下，酒数巡，主人肃揖请拜，则两家三党之亲，以次离礼。"丧礼："披辫蓄发，腰麻绳，着草履则同，七七日不饮酒，不发晕，不出门……亲友皆以财物相赠，至戚则羊豚米酒。"岁时："市人争以米麦谷豆向土牛挑酒。出东景春门、文昌阁后，设采棚，各官祭芒神，就席饮春酒。""元旦，市不列肆，宴饮为乐。清明节，游人载酒寻芳，设障行厨，满耳笙歌，盈眸罗绮，与莺燕相和，花柳争妍，乃谓之踏春。"重阳："饮酒赋诗，作登高会。"《房县志》还记载了李白赠房州刺史韦景骏(据《李太白诗集注》,《方舆胜览》以此诗赠之江夏太守韦良宰为韦景骏)之诗:"惟君固房陵,诚节冠终古。""窥日畏衔山,促酒喜得月。""清水出芙蓉,天然去雕饰。"陈造也为房陵题诗:"政使病余刚制酒,一杯要敌涝潮寒。""翁媪同围老瓦盆,倒刍新酒杂清浑。"这些文献记载都说明了房县黄酒的悠久历史与特殊作用。

房县饮酒,亲朋好友,满桌贵宾,相谈喜事,又提诗书,喝个痛快,主人满意,宾朋狂欢。房县饮酒,又特别喜欢劝酒、绞酒、缠酒。在房县,有着不成文的365条"酒规",按房县习俗,来了贵客、远客,不喝好、不喝得大醉,主人就觉得脸上无光。如房县敬酒,席间主人先喝一杯(以表示对客人的尊重),然后出杯,先敬客人、老人,再敬同辈和朋友。宴席上有"转杯酒"之规。转杯酒,即主人先喝一杯,然后从上席左边开始,按顺序往下转,每人一杯。一席转完,主人把转杯收回。遇到有惜身自限酒量的人,主人家就特斟一杯,或宴席上的"酒司令"就拿出权威,加斟一杯。宴席间敬酒还有单跳、双跳、同凳、抹角、对面笑、"赶麻雀"等所谓"酒规",这些是席间主人欲将来客喝醉,又不想把自家人喝醉采取的办法。还有些劝酒的胡搅蛮缠,以把别人灌醉为乐。也有的贪酒(民俗中这个"贪"字就是喜欢痛饮黄酒,喝了还想喝,醉了还要喝),喝得面红耳赤,昏头昏脑;有的酒量小的被会喝酒的逼得酒醉"饭猪娃"(房县方言,指吐酒);有的喝得不省人事,尿尿裤裆;有的糊糊涂涂,抱着屋柱子,误以为抱的是自己老婆,连说还是老婆对自己好;也有的醉酒后发酒疯,打架行事,甚至掀翻酒桌;若遇到九月九做的"闭封酒"(地窖酒),出门"见风倒"(酒太有劲),有的回家途中竟然倒在庄稼地里,睡了一整夜;有的醉酒后手舞足蹈、赛唱"战歌"(翻田埂、对挖、比知识)。据清乾隆五十三年(公元

1788年）编撰的《房县志》描述，房县人皆爱喝盏酒，一人喝十几碗不算稀奇。大多喝酒后皆不食饭，有从晚喝到天明者。

开怀饮酒，酒有酒规，文明礼貌，酒风良好。房县饮酒，红白喜事有"支客"，酒席桌有"酒司令"，有效协调绞酒蛮缠，防止醉酒打闹。以及"滴酒罚三杯"，珍惜粮酿黄酒。家里父辈和有名望的人常劝贪杯者"量力而饮，节制有度"，如果不讲酒规，每饮酩酊大醉，失去自我控制，胡言乱语，行为癫狂，那就要遭受谴责。有的家谱里还记有不得醉酒闹事的行为规范。

## 五、诗祖故里传承诗乡酒乡民俗风情

俗话说："无酒不成席，饮酒成风俗。"黄酒养生，以介眉寿；宾客亲朋，酒兴友情。《诗经》中直接或间接写到酒的诗有38篇，这些诗歌记述了当时社会生活、男女婚嫁、亲友欢聚、君臣宴飨、宗庙祭祀等诸多方面，反映了诗经时代丰富多彩的酒文化生活，由此展现出一幅幅令人赞美、充满生活气息的生动美好画卷。

《诗经·小雅·鹿鸣》载："我有旨酒，嘉宾式燕以敖。""我有旨酒，以燕乐嘉宾之心。"这首诗是贵族享用美酒的宴饮乐歌。诗意为：我有好酒，群臣宾客尽情地饮酒和游乐。我有美酒香而醇，来安乐群臣嘉宾的心。

《诗经·小雅·鱼丽》载："君子有酒，旨且多。""君子有酒，多且旨。""君子有酒，旨且有。"《鱼丽》为周代宴享宾客通用之乐歌。这几句诗的意思是：主人设了酒宴，酒醇美，而且鱼又多。主人设了酒宴，酒醇美，而且鱼又多（"多且旨"与"旨且多"意思相同，如此用语使句子排比整齐）。主人设了酒宴，酒醇美，而且菜多,又齐全。诗中所称的"君子",是宾客对主人的美称。诗中盛赞宴享时酒肴之甘美盛多,以见丰年多稼,主人待客殷勤,宾主同乐的情景。

《诗经·大雅·韩奕》载:"显父饯之,清酒百壶。"意思是显父设宴来饯行,送酒百壶甜又清。此诗主要叙述周宣王时期年轻的韩侯入朝受封、觐见、迎亲、归国和归国后的活动。"清酒百壶"说明迎送规模、场面之大。

《诗经·鲁颂·泮水》载:"鲁侯戾止,在泮饮酒。既饮旨酒,永锡难老。"诗意为:鲁侯驾到,在泮宫饮美好之酒,愿上天永赐其长寿不老。

《诗经·周颂·丝衣》载:"兕觥其觩,旨酒思柔。不吴不敖,胡考之休。"兕(sì)觥(gōng),牛角酒杯。觩(qíu),弯曲的样子。旨酒,美酒。思,语助词。柔,指酒性温和,酒味柔和。吴,喧哗,不吴即不喧哗。不敖,言不傲慢。《诗集传》:"不喧哗,不怠敖,故能得寿考之福。"《丝衣》描述了人们毕恭毕敬地用美酒来祭祀神灵,祈求神保佑他们吉祥长寿。

《诗经·郑风·叔于田》载:"叔于狩,巷无饮酒。岂无饮酒?不如叔也。"这首诗是对"叔"去打猎的赞歌,诗中用"叔"去打猎时连街巷里也没人喝酒,而是关注着"叔"去打猎,来衬托"叔"的猎技。此句意为:叔去打猎,巷子内无人饮酒,为什么没人饮酒啊?因为狩猎之技不如叔啊!

《诗经·郑风·女曰鸡鸣》载:"宜言饮酒,与子偕老。琴瑟在御,莫不静好。"此诗的内容是妻子在催促丈夫不要贪眠,快快起来出去打猎。"宜言饮酒"二句意为:和你一起共同举杯饮酒,一直和你白头偕老,我们弹奏琴瑟增加酒兴,这是何等舒服快乐的美事啊!

这是一首描写夫妻和谐恩爱温暖快乐的诗，诗酒气氛浓郁，表现了家庭生活的和乐与夫妻间感情的真挚。

上述诗句充分表明周朝时饮酒已成文化习俗，渗透到社会生产生活的各个方面。

酒乡诗乡房县，酿酒饮酒民俗文化极其深厚。主要有以下几个特点。

1. 岁时节令，适时酿酒

房县人一年四季酿酒、饮酒，最具特色的"时令酒"有以下几种。

一喝"团年酒"。大年三十午时，千家万户的大人小孩都要从四面八方赶回家，全家人欢聚在一起，喝"团年酒"。大年三十的团年酒是提前一个月到三个月做好的黄酒，把酒糟子装进坛子里，将坛子密封好，赶在腊月间投酒，然后几次"叠酒"，酿成上等黄酒。

二喝"元宵酒"。房县素有"正月十五大似年"的说法，正月十五闹元宵，在正月十四早饭后，房陵的主人家会安排晚辈把出阁的老姑娘（指和主人同辈的姐妹）和小姑娘（主人的女儿）接回娘家过正月十五，做一桌美味佳肴，斟上一碗热气腾腾的房陵黄酒，边吃饭边叙说花好月圆的乐事和往事。

三喝"接春客酒"。房县时兴"正月接春客"，家门、邻居、尊辈长上，一年到头难得到一起聚一聚。趁过春节的机会，把大家接来，一是喝酒，二是交流感情，传授经验，通报信息，互帮互助，携手前进。接春客对于新的一年干什么、怎么干，具有重要的决策参考作用。接春客又似推磨转圈，第一家接了客，到场的其他人也会先后接客。所以，一般接春客，转一圈需10天左右的时间。这期间，你来我往共举杯，家家扶得醉人归。

四喝"插秧酒"。五喝"端阳酒"。六喝"割麦酒"。七喝"中秋酒"。八喝"收谷酒"。九喝"重阳酒"。

此外，客人来了要喝迎客酒，妇女生孩子了要喝月子酒，老人寿宴要喝寿酒，结婚嫁娶要喝喜酒，亲人亡故要喝祭酒，岁时节庆要喝迎神酒、祭祀酒、雄黄酒、赏月酒、菊花酒、团圆酒，盖房子、搬家要喝上梁酒、乔迁酒，处理家庭和社会事务要喝议事酒、和解酒，等等。

在房县，酒已经超出一般的物质概念。酿酒、饮酒的整套程序和规定，已经成为人们愉悦或哀愁的精神寄托、乡邻亲友的感情桥梁，也酝酿出地域特色鲜明的民俗文化。

## 2.民俗酒规，浓郁独特

房县的饮酒之礼十分讲究，还有的饮酒唱《诗经》民歌。

《房县志·风俗》载："'相扇成风，相染成俗'，又曰：'上行下效谓之风，众心安定谓之俗'，故燕赵慷慨而产瑰奇，邹鲁诗书而多君子，汝南果毅而成讥评，雎阳奋迅而富豪英，其所由来渐矣。""房邑居省城西隅，山深地僻，俗陶秦楚之风，人渐江汉文化。近今流寓日多，五方错处，习俗相沿，浸不古若，所亟宜风励而整饬之也。""房自战国时，更秦属楚，故其民兼秦楚之俗。厥声近秦，厥歌好楚。俗信巫魍，重神祀，婚丧岁时，雅俗各半。""鼓吹及媒妁，先日诣女家迎亲，亦有婿亲迎者。茶罢具盒酒，会诸亲，行投简礼迎亲。主人设华筵于棚下，酒数巡，主人肃揖请拜。""各官祭芒种，就席饮春酒。农夫击社鼓，鸣大锣，唱秧歌数阕。"

房县酒规之大,每逢过事有支客。凡逢酒宴,尊长为敬,摆席之时,首先要有一正席,这一正席必须在正堂屋中间,堂屋中供有"天、地、君、亲、师"的牌位。在神柜前摆开八仙桌子,如果桌子有拼板的缝,必须将缝横放,八仙桌子旁摆四条板凳。桌子上首靠近神桌或神柜的一方为上席。不管是婚丧嫁娶之事,还是年节岁时如接春客之事,均以舅家为大,按先舅爷后姑爷的顺序上席、安席。下席中安排同辈人陪坐,所谓"上下一般大"。而横排则是街坊邻居相陪。当客人坐定,九个凉菜上齐,一壶壶烫热了的黄酒就提到席上。这时,酒席上八个客人的八个斗酒碗,就由提壶人在旁把酒斟满。之后,由上席舅爷家客人首先发话说"请",这便是酒令的开始。酒过几巡(杯),越喝越热闹,划拳猜谜语,唱《诗经》民歌等,可见千年民风民俗。

### 3. 先喝为敬,宫廷遗风

房陵相传是我国古代六大流放地之一,而且年代最早、规模最大、历史最长、品级最高,被称为宫廷陪都后花园。历史上曾有52位帝王将相、皇亲国戚被流放房陵。宫廷之中因争夺皇位,以防人下毒陷害,就形成了一套严格的规章,即敬酒者先喝。帝王将相流放,就把宫廷的生活习惯和规则带到房陵,直接影响了如今房县喝酒的习俗——"先喝为敬",就是接受敬酒的人,亲眼看到酒从壶中被倒入酒碗,敬酒人喝后,证明无毒,则再倒一碗酒敬人。

### 4. 热情好客,以酒迎宾

房陵城西关在一个世纪以前是商业繁华的集市,不到五里的地段竟拥挤着几百家药店、百货店、糖果铺、盐号、当铺、旅栈等，但最多的还是卖黄酒的，每隔数十步便有一家卖酒，所以，在西关大街上，挑夫们渴了饿了，也掏得出几个铜板，舀上一大碗酒，立而饮之。这时，肚也不饥了，口也不渴了，腿也有劲了，晃晃悠悠，犹如仙境，满脸红光，咚咚上路。房县人自古爱饮酒，以酒会友名扬天下，外地人来到房县都以品尝到房县黄酒为快，谓之"没喝到房县黄酒，不算到了房县"。房县黄酒名扬天下，以"太师酒""兮甲贡酒"等优质黄酒占据市场，成为知名的馈赠礼品和保健品，深受海内外广大酒友青睐。

（本篇为2018年8月8日于甘肃兰州大学参加中国诗经学会第十三届年会暨国际学术研讨会的发言交流论文）

鬶，古代炖煮羹茶汤或温酒的器具。湖北省考古专家发现房县七里河为新石器时代聚落遗址，出土多个鬶，充分证明房县茶酒文化历史很早

# 附录六
# 国务院关于公布第四批国家级非物质文化遗产代表性项目名录的通知

## 国务院关于公布第四批国家级
## 非物质文化遗产代表性项目名录的通知

国发〔2014〕59号

各省、自治区、直辖市人民政府，国务院各部委、各直属机构：

国务院批准文化部确定的第四批国家级非物质文化遗产代表性项目名录（共计153项）和国家级非物质文化遗产代表性项目名录扩展项目名录（共计153项），现予公布。按照《中华人民共和国非物质文化遗产法》的表述，将"国家级非物质文化遗产名录"名称调整为"国家级非物质文化遗产代表性项目名录"。

各地区、各部门要按照《中华人民共和国非物质文化遗产法》和《国务院办公厅关于加强我国非物质文化遗产保护工作的意见》（国办发〔2005〕18号）要求，认真贯彻"保护为主、抢救第一、合理利用、传承发展"的工作方针，坚持科学保护理念，制定规划，扎实做好非物质文化遗产代表性项目的传承、传播工作，推动非物质文化遗产保护迈上新台阶，为弘扬中华民族优秀传统文化作出新的贡献。

国务院
2014年11月11日

（此件公开发布）

附第四批国家级非物质文化遗产代表性名录(部分)截图。

# 第四批国家级非物质文化遗产代表性项目名录

(共计153项)

## 一、民间文学(共计30项)

| 序号 | 项目编号 | 项目名称 | 申报地区或单位 |
|---|---|---|---|
| 1220 | Ⅰ-126 | 卢沟桥传说 | 北京市丰台区 |
| 1221 | Ⅰ-127 | 鬼谷子传说 | 河北省临漳县 |
| 1222 | Ⅰ-128 | 东海孝妇传说 | 江苏省连云港市 |
| 1223 | Ⅰ-129 | 刘阮传说 | 浙江省天台县 |
| 1224 | Ⅰ-130 | 孔雀东南飞传说 | 安徽省怀宁县、潜山县 |
| 1225 | Ⅰ-131 | 老子传说 | 安徽省涡阳县,河南省灵宝市 |
| 1226 | Ⅰ-132 | 陈三五娘传说 | 福建省泉州市洛江区 |
| 1227 | Ⅰ-133 | 胡峄阳传说 | 山东省青岛市城阳区 |
| 1228 | Ⅰ-134 | 孟母教子传说 | 山东省邹城市 |
| 1229 | Ⅰ-135 | 河图洛书传说 | 河南省洛阳市 |
| 1230 | Ⅰ-136 | 杞人忧天传说 | 河南省杞县 |
| 1231 | Ⅰ-137 | 三国传说 | 湖北省 |
| 1232 | Ⅰ-138 | 伯牙子期传说 | 湖北省武汉市 |
| 1233 | Ⅰ-139 | 尹吉甫传说 | 湖北省房县 |

截图来源网址:http://www.gov.cn/zhengce/content/2014-12/03/content_9286.htm(2023年5月30日)

# 附录七
# 十堰市"历史名人活化工程"项目
# 《尹吉甫传》·转化形式·策划方案课题研究

按照十堰市"历史名人活化工程"项目的要求,现将"《尹吉甫传》·转化形式·策划方案"课题研究申报如下。

## 一、中华诗祖、西周太师尹吉甫是十堰市享誉世界的生态文化旅游的知名品牌

### 1.《诗经》是中华文化元典

所谓文化元典,是指在一个民族的历史进程中,成为生活指针的,具有首创性、广阔性和深邃性的文化经典。元典在某一文明的历史上长期发挥着精神支柱作用,是民族的,更具有世界性的意义。在中华文化系统中,堪称元典的是《易》《诗》《书》《礼》《乐》《春秋》"六经",《老子》《庄子》《墨子》《论语》《孟子》《孙子兵法》等典籍,亦具有元典性质。

中国诗经学会老会长夏传才教授在《二十世纪诗经学》一书中

说:"我们不能只把《诗经》看作一本古老的诗歌集;它是中华文化的元典,具有文艺学、语言学、历史学的多重无可替代的价值,研究中华文化和中国文学,研究汉语史和文化人类学,都必须研究《诗经》。"

**2.中国历代名人高度评价《诗经》**

(1)先秦文学名人对《诗经》的高度评价和推崇

孔子对《诗经》有很高的评价,孔子曰:"《诗》三百,一言以蔽之,曰'思无邪'。"意思是《诗经》的内容都是思想纯正的。孔子在教育学生时说:"兴于诗,立于礼,成于乐。"意思是说人的修养,开始于学诗,自立于学礼,完成于学乐。

(2)汉至清代文学名人对《诗经》的研究和评价

司马迁说:"《诗》三百篇,大抵贤圣发愤之所为作也。"

南朝著名文学理论家刘勰指出:"赋、颂、歌、赞,则《诗》立其本。"

唐代伟大的现实主义诗人白居易在《与元九书》中曰:"人之文,'六经'首之。就'六经'言,《诗》又首之。……《诗》者,根情,苗言,华声,实义。"

(3)当代名人对《诗经》的研究和高度赞誉

中国近代著名的政治活动家梁启超先生在《要籍解题及其读法》中说:"现存先秦古籍,真赝杂糅,几乎无一书无问题;其真金美玉、字字可信者,《诗经》其首也。"

古典文献研究专家沈锡麟先生说:"在长达数千年里,我国以光辉灿烂的文学成就,闪耀于世界的东方。而作为我国第一部诗歌总集的《诗经》,便是我国文学光辉的起点。"

北京大学国学研究院院长、中央文史研究馆馆长袁行霈先生主编的《中国文学史》一书这样论述《诗经》在"文学史上的地位和影响":"《诗经》在中国文学史上具有崇高的地位和深远的影响,奠定了我国诗歌的优良传统,哺育了一代又一代诗人,我国诗歌艺术的民族特色由此肇端而形成。"

著名作家王宏甲在巴黎中法文学论坛上的演讲中说:"《诗经》是中国一切文学作品的源头,是中国读书人必读的教科书。3000多年前,中国的西周王朝派人到各诸侯国去采集民间歌谣,也鼓励官员和有文化的人创作诗歌,那是很把文学艺术当宝贝的——比青铜器更重要的宝贝。"

中国诗经学会老会长夏传才教授在《二十世纪诗经学》一书中说:"《诗经》的艺术经验,影响了屈原,哺育了汉魏诗歌,唐初诗歌革新运动高举继承《诗经》'风雅比兴'传统的旗帜,创造了辉煌的唐诗。整个中国诗史证明,任何一个时代,凡是继承这个传统并发扬光大,这个时代的诗歌便兴盛发达,出大诗人,出诗歌精品;反之,便颓靡不振。"中国诗经学和世界诗经学正在这条宽阔又全新的跑道上突飞猛进,已结出累累硕果。

(4)外国文化名人高度称赞《诗经》

19世纪前期法国人比奥的专论《从〈诗经〉看中国古代的风俗民情》明确表示:"《诗经》是中国文化的源头之一,以古朴的风格向我们展示了上古时期的风俗习尚、社会生活和文明发展程度,是东亚传给我们最出色的风俗画之一,同时也是一部真实性无可争辩的文献。"

### 3.尹吉甫是享誉湖北乃至享誉国内外的名人

1980年以来,笔者通过查阅大量有关资料,撰写了《尹吉甫早老子孔子屈原数百年,称中华诗祖当之无愧》。笔者还撰写了2万多字的《尹吉甫与〈诗经〉对老子及〈道德经〉的影响》论文,经研究认为,尹吉甫与老子、《诗经》与《道德经》在先秦哲学思想上,在对道德思想文化的认识上有着一定的渊源。笔者专题撰写了《十论尹吉甫何以被称为中华诗祖》,最先研讨中华诗祖尹吉甫,对中华文化及诗经学研究是重大突破。

尹吉甫是卓越的思想家、政治家、军事家、哲学家、文学家、音乐家、武术家,最早的税务高官、最早的市场管理高官之一。

房县是诗经之乡、诗祖尹吉甫故里,诗经文化蕴藏极其丰富,博大精深,对于社会经济建设和生态文化旅游产业发展、实施文化强县、乡村振兴战略具有十分重要的作用和意义。2011年7月8日,笔者撰写了一万余字的《关于加强湖北国际知名文化品牌——中华诗祖尹吉甫宣传工作的几点建议》,受到湖北省委常委、宣传部部长尹汉宁的高度重视,尹部长作了重要批示。湖北省文联组织专家赴房县调研"尹吉甫·诗经文化",对笔者的建议予以充分肯定。笔者于2016年夏秋撰写了《开展国家文化名城创建,着力推进文化强市战略——关于十堰市实施文化城创建的建议》(3万余字),2017年1—7月,撰写了《文化是根是灵魂,是最核心竞争力:生态文化旅游、产业发展、项目兴市——关于创新思路发展十堰全域旅游的思考与建议》(4.81万字),还着力撰写了《关于创新思路加速生态文化旅游产业发展,促进房县脱贫致富、文化小康的调研报告》("房县发展好建议·金点子》,4.66万字)。在上述调研报告中,笔者均将诗经尹吉甫文化作为生态文化旅游产业创新发展的一项重要内容,得到了省市县各级领导的高度重视和批示。

2011年10月25日,由十堰市委、市政府组织领导,市委宣传部主办的首届"十堰名片"评选活动中,以"关照历史、反映现在、促进将来"为宗旨,并以"知名度、美誉度、代表性、独特性、人文性、吸引力、前瞻性"作为入选的重要标准,经百万人投票,采取本市专家和国内知名专家学者联合评审的方式进行,"诗祖尹吉甫""武当道茶"等十项文化品牌被评为"十堰市城市名片"。

## 二、底蕴深厚的诗祖尹吉甫故里有相关文献和文物古迹

### 1.尹吉甫为黄帝后裔,祖辈由鄂国迁至彭国房陵

据著名诗经研究专家、中国政法大学人文学院黄震云教授的论文《伊尹、尹吉甫家世生平和〈诗经〉编订考》:"尹吉甫是湖北房县人,尹吉甫本姓吉,系黄帝后裔,尹为官姓。"

尹吉甫的祖宗是黄帝的孙子伯儵,伯儵受封南燕,赐姓姞,后又去"女"为"吉",以吉为姓。兮甲吉甫到朝廷当师尹以后,以官为姓,叫尹吉甫。

### 2.四省考察,表明尹吉甫是房陵人,食于房、仕于周、卒于房

尹吉甫是哪里人?笔者先后赴山西平遥、河北沧州南皮、四川泸州等地,又多次深入房县考察,经研究论证得出:西周太师尹吉

甫仕于西周,曾征战于山西平遥、河北沧州南皮等地,有传说在四川泸州,故里是湖北房陵,食邑于房,卒葬于房。笔者跨鄂晋冀川四省实地考察尹吉甫事迹得出的论述,受到中国诗经学会老会长夏传才教授的充分肯定:"房陵是尹吉甫故里,是无可争辩的事实。"

### 3.房县有尹吉甫宗庙、碑、宅、墓等文物古迹

(1)古代石窟建筑宝堂寺原为尹吉甫宗庙

位于房县尹吉甫镇七星沟村万峰山的宝堂寺是一座古代石窟建筑。七星沟村原叫白鱼村,其名源于武王伐纣渡河获鱼的典故。《史记》卷四《周本纪》:"武王渡河,中流,白鱼跃入王舟中。"武王大喜,俯身把鱼捡起来,激动地捧着鱼,以鱼祭奠上天。白鱼跃舟,此乃用兵必胜征兆,也形容好兆头。

宝堂寺碑记:"夫青峰乃古周朝名宦尹吉甫……山西而至此,久隐山房旁四野,朝夕留心而方得乎此也,峰峦优雅,辐辏四围,龙脉萦纡……"可知尹吉甫从山西平遥征战猃狁打胜仗后,回籍里选址建家庙耀祖,久隐此山,选择了这一处佳地,修建宗庙。宝堂寺所在地古来人称白鱼坪、白鱼村。2006年,白鱼村与万峰山下的七星沟村合并为七星沟村。

尹吉甫宗庙原名石窟、石屋,人称"尹天官庙",亦称宝堂寺。宝堂寺因原始宗教而得名,最早为神坛,是祭祀先祖之地。

尹吉甫宗庙建在万峰山狮子峰的岩壁上,分上下两殿:下殿有一大石殿,宽10米,深5米,前后石壁高3.5米,屋脊高5米,洞内四壁凿了上百个大小不同的小方孔,孔内插石楔,石楔托石盘,石盘坐神像;上殿有三个呈"品"字形的石窟,合称"三间堂",正中间

的石窟3米见方,左右各有一小石窟,2米见方,上殿各窟的四壁凿有近60个大小不同的方孔,其用途与下殿相同。

在尹吉甫宗庙宝堂寺前,现存明代县官立的题为《房县万峰山宝堂寺立碑记》的石碑和题为《房县万峰山宝堂寺建造记》的石碑等文物古迹。

(2) 石窟宗庙外发现西周圭碑,孙家坪发现西周遗址

2010年10月,房县榔口乡(今尹吉甫镇)孙家坪,发现一处西周晚期文化遗址,它位于临近河流的二级台地上,面积3000多平方米,有大量房屋柱洞和平民墓葬,出土了众多陶器、石器和青铜器。根据出土器物多为日常生活用具的特征判断,这里应该是西周晚期的一个中型聚居村落。从时间上推算,这正是尹吉甫生活的时代。

2013年7月1日,中国诗经学会常务理事、中国政法大学人文学院教授、《先秦诗经学史》作者黄震云,专程到诗祖尹吉甫故里房县考察古代石窟建筑——尹吉甫宗庙。在石窟旁的一棵千年古树下,黄教授发现一块上尖下方的碑。黄教授说,这是块圭碑,从形状看,是西周时祭山的碑。石窟宗庙外发现的西周圭碑及孙家坪发现的西周遗址,可佐证尹吉甫宗庙是西周文物古迹。

(3) 房县有尹吉甫老宅

房县万峪河乡大堰村九组有一处尹吉甫老宅,相传古时文武官员路过此地,"武官下马,文官下轿",以表示对周太师尹吉甫的敬仰。

(4) 房县有不少与尹吉甫有关的纪念碑

2010年4月23日,房县青峰镇青峰街村松林垭出土一块清代纪念尹吉甫的石碑,墓碑采用本地极少见到的青绿石材雕刻,碑高2.5米,宽0.8米,厚0.158米,碑文内容为:"下马青峰道,焚香拜尹公。出师宣薄伐,作颂穆清风。烟冷千秋石,云幽万古松。允怀文

武略，谁嗣奏肤功"。落款小字："乾隆三年春立。"此外，房县还保存有分别刻着"周太师尹吉甫""忠孝名邦"字样的纪念碑。

（5）房县有尹吉甫墓遗迹

老百姓称尹吉甫墓叫"天官坟"，当地传说有"天官坟"十二处：青峰镇三处（青峰街村松林垭一处、东西店村一处、中堰河村一处），县城南炳公村尹吉甫老宅后山山坳有一处，县城城关镇东关（老糖果厂）一处，沙河乡三处（沙河乡中学一处、沙河乡五塘村一处、蔗草沟一处），榔口乡（现尹吉甫镇）白鱼河村一处，万峪河乡老人坪村一处，土城镇白鸡铺村明堂凹一处，土城镇班茅垭五官土一处。

## 4.史志等古籍记载尹吉甫其人及相关古迹

（1）《郧阳府志》记载

据明万历六年（公元1578年）《郧阳府志》（卷二十五·人物）载："周尹吉甫，房陵人……宣王时封太师，食邑于房。……诗人为六月之章，歌之，列于《小雅》，卒葬于房之青峰山，今碑坟在焉。"

万历《郧阳府志》（卷十六·祀典）载："尹吉甫庙，旧在县西南六里，唐咸通中立，久废，基碑俱存。正德十四年，知州胡璧建祠于东关外一里许，春秋致祭。嘉靖三十五年，主簿严尧斁重修，以伯奇附。"

万历《郧阳府志》（卷十九·水利）载房县有"澈瀚堰，县南十五里，世传尹吉甫所凿。源通巫峡。元至正（德）间碑存。其水可灌万亩，今分为三畎。万历间知县朱衣重修斗门，都御史王世贞为记"。

清同治庚午年（公元1870年）重修《郧阳府志》（卷一·舆地·古迹）载："尹吉甫宅，房县南，去庐陵王城一里。尹吉甫墓，房县城东九十里，墓祠在焉，有碑脱落。""尹吉甫祠墓俱在房县，世为房陵人……"

（2）《房县志》记载

据清同治版《房县志》载，"房县，古称房陵"，"披览《郡志》，知房为尹公故里"，"宝堂寺，城东百一十里，在青峰东北。因石岩凿成，……尹吉甫像坐于石庭。有碑志"，"尹吉甫宅，县南去庐陵王城一里"。人们传说尹吉甫做官后，其家人从万峪河老人坪搬到了城南附近的大宅院。

（3）其他相关书籍记载

明《广舆记》载："所谓吉甫为房陵人，是也。及闻城东有祠墓。"

舒新城主编《辞海》中华书局1947年版载："尹吉甫：周房陵人，宣王修文武大业，进迫京邑，奉命北伐，逐之大原而归。"

**5.房县有官员文人以诗赋赞颂尹吉甫**

清乾隆四年知县钟梦瀛作古诗："我来房邑中，幅员廊千里。尽瘁不遑息，黾勉报圣主。作宰首贤才，高山勤仰止。吉甫文武略，清风穆如许。黄香步后尘，忠孝传双美。"

**6.房县民间流传诸多尹吉甫传说**

房县民间有许多关于尹吉甫传说，经挖掘整理，有60多个，以下面10个传说为代表：

① 尹吉甫出生于石门沟的传说。

② 周朝太师尹吉甫尽忠报国的传说。

③ 周太师尹吉甫冤死的传说（多版本）。

④ 周幽王错杀尹吉甫赔偿金头的传说。

⑤ 童男童女给尹吉甫陪葬的传说。

⑥ 尹吉甫舍粥的传说。

⑦ 尹吉甫老宅"武官下马、文官下轿"跪拜的传说。

⑧ 尹氏家谱案的传说。

⑨ 石匠老爷修建尹吉甫宝堂寺的传说。

⑩ 尹吉甫宝堂寺的兴衰传说。

## 三、以诗经尹吉甫文化构筑生态文化旅游支柱产业，优势巨大

房县以中华诗祖尹吉甫故里、诗经之乡为国际生态文化旅游品牌的特色资源，十分丰富。《诗经》是涉及周朝政治、经济、农业、商贸、天文、地理、生态植物、社会生活等各方面的百科全书，因此房县以诗经尹吉甫文化为特色的生态文化旅游项目有很多，而且是招商引资的优势项目，是鄂西生态文化旅游圈神农架—武当山旅游线上的璀璨明珠，这些项目不仅可以像深圳"锦绣中华"一样成为释放"黄金效益"的旅游产业，而且能像老子故里、孔府等旅游地一样，成为名载史册的名胜古迹。

1.以中华诗祖·西周太师尹吉甫宗庙为中心，修建中华诗祖尹吉甫生态文化旅游区

该旅游区的主要看点如下。

① 古代石窟建筑：尹吉甫宗庙宝堂寺。

② 奇岩、古寨、古庙、古树，风景奇丽，生态迷人。

③ 天井、地缝等地质大断裂带奇观——在宗庙南侧的山上有5里长的青峰断裂带造成的"天井""地缝"奇观，扔下石头听不见回音，令人惊奇不已。

④ 万峰山生态旅游自然保护区——尹吉甫宗庙宝堂寺所在的七星沟村，生态良好，森林茂密，山场面积达2万多亩，药材资源丰富，可称"天然药港"（笔者咨询过林业部门，可向林业部门申报万峰山生态旅游自然保护区）。

⑤ 中华诗祖尹吉甫名胜园。

⑥ 中华诗祖尹吉甫标志性雕像和大门。

⑦ 旅游环形路（扩建而成）。

⑧ 山顶的两个古寨及"跑马道"。

**2. 开发建设房县东部生态文化旅游圈**

创新房县生态文化旅游发展思路，建议开发建设房县东部生态文化旅游圈，有八大旅游资源可供发掘建设：

（1）中华诗祖尹吉甫·诗经文化名胜风景区

风景区内有尹吉甫宗庙、墓、碑、祠等文物古迹，植被茂密，生态良好，可申报森林公园。

（2）青峰镇白马沟特大天然钟乳溶洞——"封神洞""仙人峡"奇观

《封神演义》记载，青峰山紫阳洞是清虚道德真君修仙之地，此神话传说在青峰镇广为流传。青峰山的"封神洞"之名即由此传说而来。

"封神洞"分上中下三洞，是一个长约3公里的、深邃迂回的特大溶洞，大溶洞内小洞相连，岔洞绵延，洞景各异，有石笋、石柱、石帘、石花，有的像神仙聚会，有的像仙女散花，有的像玉柱，从洞顶垂直到地面，有的像波涌连天，有的像定海神针，有的像卧龙，有的像白鹤献祥，千姿百态。洞内有暗河清流。溶洞景色可与桂林的芦笛岩、七星岩媲美。

"封神洞"为青峰镇白马沟村与尹吉甫镇双湾村共有，两村愿意联合支持招商引资。

尹吉甫镇双湾村的"仙人峡"与青峰镇"封神洞"紧连，从"封神洞"出来即可游"仙人峡"。仙人峡有奇峰、奇柱、奇洞、古地质遗迹"仙人脚印一串"等景观。

(3) 青峰山神秘大峡谷——青峰地质大断裂带地质公园六里峡

地震在古代又称地动，是地壳快速释放能量过程中引起的地壳剧烈变化以及地面强烈震动。作为一种灾害性的自然现象，地动很早就引起了古代中国人的注意。《诗经·小雅·十月之交》曰："烨烨震电，不宁不令。百川沸腾，山冢崒崩。高岸为谷，深谷为陵。"电光闪闪，地声隆隆，刹那间山崩地裂，河水沸腾，高岸竟然成低谷，深谷却又变丘陵，可见地震之破坏力。与《诗经》中的内容相结合，可使人想起六里峡古地质河床地动时的情景。

中国著名地质学家李四光命名的世界著名的房县青峰地质大断裂带——六里峡至陡口坝，几亿年前火山爆发，形成了10多公里长的古河床地质遗迹，"石浪"滚滚，一望无际，形态各异，分布密集，规模壮观，令人称奇叫绝。

该峡谷现已建成青峰大裂谷景区。

(4) 神秘坛山——青峰镇刘家河村有古代坛山、天然太极图

香炉山下刘家河村的242亩水田中间有一座高66米，周长300米的仙桃似的坛山，疑是古代人造山，怀疑是尹吉甫真墓。2004年，据该村老支书刘老等一些老人讲，山顶有一个脸盆大的洞，从山顶洞口可扔石头下去。神奇的是西边山势北高南低，东边山势南高北低，形成"阳鱼""阴鱼"，是天然太极图。

(5) 尹吉甫镇双湾村——尹吉甫御甲古寨

相传尹吉甫告老还乡，在此修寨。此古寨距305省道1公里多，寨内有瓮城、营房遗迹。该地正在尹吉甫宗庙所在山的进山口，尹吉甫镇拟在此建诗经文化书法碑林园和中国古代石器博览园（石碾、石磨、石盆、石缸等），加上门口的尹吉甫石雕像，成为向过路旅客宣传的风景点。

(6) 天然氧吧——湖北诗经源国家森林公园

五台山林场位于房县城东南，全场面积108平方公里，森林总蓄积量22.5万立方米，森林覆盖率83.5%。境内地貌类型复杂，林海茫茫，已批准为湖北诗经源国家森林公园，是生态旅游天然氧吧。

《诗经》中记载有338种动植物，笔者建言建立"诗经植物园"，集旅游、科普、林业、药学于一体，但湖北诗经源国家森林公园尚缺乏研究诗经文化的专家学者与林业、药学专家等研讨诗经生态文化。五台山林场连接三里坪水电站，那里有亚洲第一高碾压双曲拱坝。五台山林场东部还有尹吉甫镇珠藏洞温泉（矿泉水）、青峰镇白马沟温泉（矿泉水）等地可供开发。

此外，还有万峪河乡老人坪村的尹吉甫"天官坟"、尹家老宅遗迹、石门沟古岩屋、万峰山、珠藏洞、尹公谷、尹吉甫宗庙岩体后山的"天井""地缝"地质遗迹等景点。

(7) 传说中尹吉甫练武之地——跑马道

《诗经·小雅·六月》赞曰:"文武吉甫,万邦为宪。"山西平遥、河北沧州均为"武术之乡",而此两地都有尹吉甫在当地打仗、带兵、练武术的传说。房县炳公村山上有跑马道,传说是尹吉甫练武之地,在此可建武术养生健身之地。

(8) 诗祖尹吉甫故里、诗经之乡民歌表演及民间故事进社区和农家大院

房县是诗经之乡,民间歌师、民歌王、"歌布袋"多,千古《诗经》民歌至今在千里房县深山传唱,且轰动国内外。《诗经》民歌表演及民间故事不仅在社区和农家大院深受欢迎,而且也深受游客青睐。可将门古寺镇作为《诗经》民歌之乡,与生态文化旅游有机结合,促进旅游经济的发展。

## 四、十堰市所辖各县(市、区)的诗经尹吉甫文化内涵十分深厚

### 1.郧阳区古为尹吉甫采邑,"郧阳"之名应是尹吉甫所起

清乾隆进士、诗人、和珅的老师吴省钦曾在郧阳府做官,后由编修累迁左都御史。《郧阳府志》载,吴省钦《郧阳怀古诗》曰:

一抹孤城万叠山,汎流西至曲湾湾。
辨明误袭郧公号,食采纷传尹氏颁。

"食采",古代封地,意为西周时尹吉甫的采邑;"尹氏",指西周周宣王时太师尹吉甫;"颁",即起名。吴省钦认为,"郧阳"之名

不是从安陆的郧国传来的，而应是尹吉甫起的，后来安陆的"郧国"之名是从"郧阳"传去的。

笔者2021年7月上旬专程到郧阳区安阳镇西堰村，村主任尹明安等告诉笔者，西堰村有尹姓80多户、300多人，尹氏家谱就记载尹吉甫是这里尹姓的祖宗，许多人家以讲尹吉甫故事为豪，并教育后代继承尹吉甫精神。

2.十堰市为《诗经》"二南"交汇地

《诗经》由《风》《雅》《颂》三个部分组成，其《国风》"周南""召南"之地的民歌编于《诗经》之首。《诗经》"二南"是汉水、汝水流域的民歌，十堰市地处汉水中上游流域，是《诗经》"二南"的交汇地，是《诗经·国风》民歌的重要发祥地之一，千古《诗经》的相关民歌至今在十堰市各县（市、区）的深山民间传唱。

1986年，笔者随李征康老师先后多次到丹江口市伍家沟民间故事村和吕家河民歌村采访，了解到这两个村的民歌底蕴之所以深厚，一个重要的原因就是它们紧连西周太师尹吉甫故里房县，受诗经文化的影响很深。

3.郧西县七夕文化溯源于《诗经》

《诗经·小雅·大东》曰："维天有汉，监亦有光。跂彼织女，终日七襄。虽则七襄，不成报章。"《诗经·大雅·云汉》曰："倬彼云汉，昭回于天。"《毛传》注："汉，天河也。"

**4.武当山的龟蛇图腾源自《诗经》**

《诗经·小雅·无羊》曰:"旐维旟矣。"旐:画龟蛇的旗。旟:画鸟隼的旗。龟蛇图腾源自《诗经》中画有龟蛇图案的"旐"。

**5.茶是十堰市生态环保富民支柱产业,《诗经》中最早记载了"茶"**

"茶"古称"荼",唐以后称"茶"。《诗经》中有七首诗写到了"荼"("茶"),《诗经》中有"谁谓荼苦?其甘如荠""采荼薪樗,食我农夫"等句。

**6.《诗经》中338种植物十堰地域基本都有,可谓"百宝园"**

本课题研究所提出的诗经尹吉甫生态文化旅游项目,都充满活力,价值极高。

"小康"一词最早出现在《诗经·大雅·民劳》篇,诗曰:"民亦劳止,汔可小康。"意指人民有劳有逸,生活比较安定,企望过上好日子。2021年我国全面建成了小康社会。此后,《诗经》对持续建设道德、文明、法治、和谐的社会仍具有现实意义。由此,弘扬诗经尹吉甫文化和促进诗经生态旅游经济的发展有着十分重要的意义和作用。

诗祖故里,魅力十堰,千里房县,诗经之乡,忠孝名邦,人杰地灵,名山秀水,物华天宝,文化灿烂,生态旅游,享誉世界!

(2021年9月12日)

# 附录八
# 十堰市"历史名人活化工程"项目
# 《尹吉甫传》·活化项目·策划方案课题研究

文化是根,是灵魂。所谓文化活化,就是深度发掘并重新认识历史名人、创新旅游价值,从多维的角度提炼其在生态文化旅游资源中所蕴涵的文化内容、意象和象征意义,完成从静到动,从生硬到鲜活,从观光到体验,从名人思想、文化、精神、对社会的作用奉献,到其在文化产业、旅游经济发展中有效提升景区的项目价值和游客体验价值的过程。历史名人是人类宝贵的精神财富,历史文化名人属于人文旅游资源,是吸引人们产生旅游行为的重要因素之一,在生态文化旅游产业的发展中具有极其重要的意义和作用。

## 一、弘扬中华优秀传统文化,《诗经》意义重大

### 1.《诗经》不单是我国首部诗歌总集,而且是中华民族历史上具有重要意义的文化典籍

《诗经》搜集和保存了我国从西周初年到春秋中期以前的305篇

诗歌,在中国文学史上的地位是不言而喻的。但《诗经》的价值不限于文学,在整个中华文化史上它也具有崇高的地位。

中国传媒大学教授、文学博士姚小鸥在其所著《诗经译注》一书序言中说:"著名历史学家顾颉刚先生曾经说过:'《诗经》这部书,在中国所有的书籍里面,是最有价值的一部。'首先,在中国所有现存的书籍中,《诗经》这部书的年代最早。其次,在先秦时期流传下来的历史文献中,《诗经》是保存最好、最完整、最可靠的一部。"

陕西理工大学人文学院教授刘昌安在《〈诗经〉的文化价值及现代意义论析》一文中说:"《诗经》不是一部普通的、单纯的诗歌总集,而是中国上古文化的诗的艺术的升华,是中华民族历史上具有重要意义的文化典籍。"

2.《诗经》是中国文学艺术的源头

中国古典文学专家余冠英在《诗经选》前言中说:"祖国的文学遗产使我们感到自豪,不仅因为它历史悠久、源远流长,而且因为它丰富灿烂,有优秀的传统,第一部诗歌总集《诗经》就标志着中国文学史的光辉的起点和现实主义文学传统的源头。"

3.《诗经》是中国文学创作首创性、广阔性和深邃性的光辉起点

古典文献研究专家沈锡麟先生说:"在长达数千年里,我国以光辉灿烂的文学成就,闪耀于世界的东方。而作为我国第一部诗歌总

集的《诗经》，便是我国文学光辉的起点。"

笔者在《论〈诗经〉尹吉甫文化的研究价值》一文中认为："不少人认为《诗经》是单一文学作品，其实《诗经》是古周朝社会百科全书，是中华文化元典之一。《诗经》以极其丰富的生活内容、广泛的创作题材反映了当时社会中的历史文化风貌，是中国上古文化一部形象化的历史，是周代社会的文化积淀，是中华民族首创性、广阔性和深邃性的文化经典。"

### 4. 诗经文化博大精深，是我国民族特色诗歌艺术的肇端

《诗经》开创了中国诗词遣词造句、润色的先河。夏传才教授在何慎怡《诗经成语研究》一书的序中说："《诗》三百篇使用了2949个单音词。《诗经》所用的词汇共有5000个，现代汉语的词汇已达到7000个词条。《诗经》的词汇是任何一本专著无可比拟的，它开创了诗词遣词造句、润色的先河。"

《诗经》开创了"赋、比、兴"的艺术手法，为后代作家提供了学习的典范。《诗经》中触物动情，运用形象思维的比兴，塑造鲜明的艺术形象，构成情景交融的艺术境界，对我国诗歌的发展具有重大的意义。汉乐府民歌、古诗十九首，明显是对《诗经》比兴手法的继承。从《诗经》开始，我国诗歌沿着《诗经》开辟的抒情言志的道路前进，抒情诗成为我国诗歌的主要形式。

### 5.《诗经》是认识和研究我国上古社会民俗的金钥匙

中山大学人类学系的朱志刚先生在《经俗之汇——二十世纪

〈诗经〉与民俗研究综述》一文中说:"国外以民俗学方法研究《诗经》者也很多。19世纪就有法国的汉学家爱德华·比奥专论《从诗经看古代中国的风俗民情》,他曾说:'《诗经》是东亚给我们的最出色的风俗画之一,也是一部真实性无可争辩的文献。''以古朴的风格向我们展示了上古时期的风俗习尚、社会生活和文明发展程度。'法国汉学家库夫奥尔也从民俗学方面研究《诗经》,他说:'它可能是最能向人们提供有关远东古老人民的风俗习惯和信仰方面资料的书。'日本学者赤土冢忠利用《诗经》研究中国古代宗教和西周文化史,认为《诗经》的原始意象和兴象紧密联系,体现了诗、歌、舞三位一体,渗透着宗教文化底蕴。"

笔者认为,民俗学是研究民间文化风俗习惯,帮助人们认识历史与文化,增强民族认同,强化民族精神,塑造民族品格的人文科学。民俗文化是在人民群众的生产生活过程中所形成的一系列物质的、精神的文化现象。从民俗学的角度研究,《诗经》中涉及采集狩猎、牧业、农业、蚕桑、纺织等方面的物质生产民俗、涉及衣食住行的生活民俗,以及交易和运输民俗、礼仪民俗、婚姻民俗、岁时节日与信仰民俗、游艺民俗等,蕴藏着极其深厚的民俗文化,是认识和研究上古社会的一把金钥匙。《诗经》被赞为反映我国古代民俗的宝贵画卷。

## 二、中华诗祖尹吉甫文化博大精深,蕴藏极其丰富

多年来,在文化和旅游部、中国文联、中国诗经学会的重视和专家们的亲切关怀指导下,在省市县乡各级领导及宣传、政策研究、

文化旅游等部门和民间歌师等的热心支持下，笔者坚持贯彻"把诗经尹吉甫文化研究当工程抓"的指导精神。自1980年以来，笔者多次深入房县20个乡镇，还专程赴山西平遥、河北南皮、四川泸州等地考察，查阅相关古籍，收集、挖掘、整理了上百万字的诗经尹吉甫文化资料。

笔者组织十堰市民俗学会、十堰市诗经尹吉甫文化研究会有关学者先后撰写了《周太师尹吉甫房陵人考》《尹吉甫生平事迹考》《尹吉甫征战猃狁驻兵平遥考》《西周太师尹吉甫与姬、尹、吉姓渊源考》《浅论尹吉甫是我国先秦伟大哲学家》《浅论尹吉甫及〈诗经〉对老子〈德道经〉的影响》《〈诗经〉风格与民歌很大不同，然"诗三百"前无古人》《浅论〈诗经·二南〉与房县民俗的传承遗风》《尹吉甫故里房县是〈诗经·二南〉交汇地域考》《〈诗经·关雎〉与房县雎山雎水雎鸠民歌考》《浅谈2500多年前〈诗经〉相关民歌至今仍在中华诗祖、周太师尹吉甫故里千里房县民间传唱的渊源》《中国中西接合部古文化沉积带的珍贵遗产——民间文化宝藏"房陵文化圈"》《房县民歌大王的非物质文化生存》《房陵锣鼓歌·雎水情歌》《神农武当医药歌谣·诗经中药用动植物歌》，先后收集尹吉甫的故事60多个，收集房县深山千古传唱的与《诗经》相关的原生态民歌30多首，撰写《建立中华诗祖尹吉甫房陵生态文化名胜园，打响鄂西生态文化旅游圈的"国际品牌"——整合房陵文化圈资源，打造房县百里生态文化旅游圈的调研报告及建议》等200多篇文章，先后4次在中国诗经学会年会暨国际诗经学术研究会上发言，得到了与会专家的充分肯定。笔者还应邀在中国音乐学院、北京大学、武汉大学、华中师范大学、武汉音乐学院等高校和房县等地开展关于诗经尹吉甫文化的讲座。笔者先后撰写的诗经尹吉甫文化新闻报道有百余篇，引起上百家新闻媒体的关注、采访、报道，使诗经尹吉甫文化红遍网络，享誉国内外。这些文论和各方面收集、挖掘、整理、考察的尹吉甫文物古迹一起，成为申报非物质文化遗产项目的宝贵资料。2014年11月11日，"尹吉甫传说"经国务院批准，入选文化部确定的第四批国家级非物质文化遗产代表性项目名录。

## 三、十堰市"历史名人活化工程"项目《尹吉甫传》·活化项目·策划方案

课题研究在"关于十堰市'历史名人活化'工程项目《尹吉甫传》·转化形式·策划方案"申报书中着重撰写了四个主题：（一）中华诗祖、西周太师尹吉甫是十堰市享誉世界的生态文化旅游的知名品牌；（二）底蕴深厚的诗祖尹吉甫故里有相关文献和文化遗迹；（三）以诗经尹吉甫文化构筑生态文化旅游支柱产业，优势巨大；（四）十堰市所辖各县（市、区）的诗经尹吉甫文化内涵十分深厚。根据以上四个主题，笔者提出了多个可开发的诗经尹吉甫生态文化旅游项目，充满活力，价值极高。

本课题研究"《尹吉甫传》·活化项目·策划方案"有六点：（一）深刻明确诗祖尹吉甫其人的重要精神价值，让诗祖精神活起来；（二）让诗祖尹吉甫从古书堆里走出来；（三）"吉甫作诵，穆如清风"，让诗祖尹吉甫在生态文化旅游中亮起来；（四）"文武吉甫，万邦为宪"，让西周武术泰斗尹吉甫"武"（舞）起来；（五）让房县底蕴深厚的文物古迹动起来；（六）让诗祖故里、诗酒茶乡生态文化

特色旅游经济热起来。总之，要着力让鄂西生态文化旅游圈上的国际品牌、两江两山明珠——诗经尹吉甫文化——亮起来。

由此，要让"书本的东西走出来，文物的东西走上来，'死'的东西'活'起来，'静'的东西'动'起来"，从而提高旅游景观的品位与档次，充分发挥"历史名人活化工程"在振兴生态旅游经济中的重要作用。要开拓工作思路，强化领导，使"历史名人活化工程"卓有成效，造福人类！

具体叙述如下。

## 1. 深刻明确诗祖尹吉甫其人的重要精神价值，让诗祖精神活起来

历史名人是人类宝贵的精神财富，要明确尹吉甫其人所蕴含的重要文化价值。

提起《诗经》，人们知道是一本古籍，但却不一定了解《诗经》内容博大精深，涉及历史、文学、民俗、天文、地理、农业、医学、战争等各个方面，堪称西周社会百科全书，更别说了解《诗经》的编纂者是谁。某县县委书记曾在作报告时说，我读书时如有填空题"我国第一部诗歌总集是哪本书？"，我会填是《诗经》，但如果题目是"我国第一部诗歌总集的主要编纂者是谁？"那我就填不到了；现在我"认识"了尹吉甫，我不仅会填这道题了，而且对编纂者是房陵人尹吉甫印象深刻，为尹吉甫是房陵人感到无比自豪。

中华诗祖尹吉甫是享誉世界的名人，其故里是诗经之乡。这是吸引人们产生旅游行为的宝贵人文旅游资源，在旅游业的发展中能

够产生巨大的经济效应。中国名人老子、孔子被评为世界文化名人。中华诗祖、西周太师尹吉甫是老子、孔子之前的名人。2009年12月，中国诗经学会老会长夏传才教授在给笔者的信中说："尹吉甫是中国历史上卓越的政治家、军事家，也是大诗人。从尹吉甫诗作的文采、其名篇思想艺术对后人的影响，他对《诗》编纂成书过程中的贡献等多方面，尹吉甫可称为中华诗祖。"

《诗经》是我国第一部诗歌总集，是我国"四书五经"之首，是中华民族具有首创性、广阔性和深邃性的文化元典之一，也是国学的重要组成部分。《诗经》词汇丰富，语法灵活，声韵优美，创造了许多流传后世的典故和成语，如"一日不见，如三秋兮""他山之石，可以攻玉""文物吉甫，万邦为宪""柔则茹之，刚则吐之"。

《诗经》所创的词语、成语，有很多在今日已深入人们的生活。"小康"一词就源于《诗经·大雅·民劳》："民亦劳止，汔可小康。"成语"夙夜在公"源于《诗经·国风·召南·采蘩》："被之僮僮，夙夜在公。"意思是恭谨地接受了任务，从早上到傍晚都在做采蘩的工作。在今日，它具有更加广泛的含义，即为民族、国家、人民努力奋斗。成语"不忘初心"源于《诗经·大雅·荡》："靡不有初，鲜克有终。"意思是说，凡事都有开始，但很少有人能做到善始善终。意在告诫人们只有坚守本心，才能德行圆满。

## 2.让诗祖尹吉甫从古书堆里走出来

如何让历史名人走出书斋，走向当代？如何让诗祖尹吉甫从古书堆里走出来，让古籍活起来？建议让诗祖尹吉甫"走"进地方文史、地方中小学教材，如编辑十堰市及房县地方文化读本，可分为四种，分别是《诗祖尹吉甫读本》普及版、拓展版及名家名篇导读本、院校专家学者研究参考史料本。普及版、拓展版要通俗易懂，朗朗上口，图文并茂，带有连环画、摄影图片，既方便读者阅读，又可在旅游景点展出，吸引游客选购。如何做好活化名人的图书？建议邀请文化创意和文化产业的相关专家，共同探讨如何通过文化产业的发展，让历史名人走出书斋，走向当代。

要通过手机屏、电视荧屏，通过开发历史名人IP如动画等形式进行宣传，还可通过国际学术高峰论坛、《诗经》民歌音乐节等多项活动，展示、传承尹吉甫诗学思想文化，着力促进本地生态文化旅游经济产业的发展。

3."吉甫作诵，穆如清风"，让诗祖尹吉甫在生态文化旅游中亮起来

应该通过什么样的方式，把历史名人文化展现在世人面前？文化价值怎样转化为旅游价值？怎样突破静态展示的束缚？通过怎样的方式，能使人们真正地感受、参与诗祖文化活动？开发与保护之间的度怎样把握？怎样使文化得到更好的传承？对此，可以抓住诗经尹吉甫文化得天独厚的优势——尹吉甫是音乐家，《诗经》民歌至今在房县民间传唱——使诗经尹吉甫文化唱出来，活起来，亮起来！

《诗经·大雅·烝民》："吉甫作诵，穆如清风。仲山甫永怀，以慰其心。"朱熹《诗集传》曰："穆，深长也。清风，清微之风，化养万物者也。"《诗经·大雅·崧高》曰："吉甫作诵，其诗孔硕"，

"其风肆好"。《毛传》说："吉甫，尹吉甫也。作是工师之诵也。"朱熹《诗集传》曰："诵，工师所诵之词也。"《郑笺》曰："硕，大也……言其诗之意甚美大。"

"吉甫作诵，穆如清风"是指吉甫作诗且咏唱优雅，有像清风那样化养万物的雅德。"吉甫作颂，其诗孔硕，其风肆好"，意思是说，他的诗很长很美，他配诗的曲调也极好听。

2017年12月1日，笔者应中国音乐学院邀请，作"诗经尹吉甫文化音乐"讲座，自我介绍来自中国音乐家祖师尹吉甫故里。与会的专家教授点赞：《诗经》是咏唱出来的，"吉甫作诵，穆如清风"，尹吉甫可谓是音乐家祖师！给人以亲切感。

2003年笔者在房县采风时发现古老《诗经》民歌至今在千里房县传唱，探索出当地民歌的源头，是一大突破。房县民间自古好歌，2000多年前的《诗经》民歌至今在九道乡、白鹤镇、尹吉甫镇等地传唱，是诗经之乡，当地传唱的《诗经》民歌音调古老，颇具特色，引起专家高度关注，媒体纷纷报道。

2010年首届中国（房县）诗经文化旅游节，房县12000人齐唱《诗经》民歌，创"大世界基尼斯之最"。笔者感言："吉甫故里诗经节，房陵人歌动地诗；万众齐吟风雅颂，盛况荣登基尼斯……"

2012年6月3日在央视《我要上春晚》的节目评比中，湖北房县《诗经》民歌农民表演队表演的歌舞节目《山风》获第三名。2013年12月7日，《山风》在央视《直通春晚》比赛中获第三名。

央视《新闻联播》播出《湖北：民歌唱〈诗经〉演绎精品》；央视新闻频道《探索·发现》播出《〈诗经〉溯源》专题片，央视中文国际频道、凤凰卫视转播此片。新华社、人民日报、湖北日报、湖北卫视、中国民俗文化网等媒体纷纷宣传房县诗经尹吉甫文化，令其红遍网络。

要使历史名人活起来，就要唱《诗经》，表演《诗经》民歌，但只是在节庆日举办大型活动时由几位民歌师表演一下，是没法让更多的人关注到的，所以要使历史名人尹吉甫和诗经文化活起来，可组建《诗经》民歌民间艺术表演队（团），以及拍摄电视纪录片，打造"诗经睢水民歌欢乐谷"，让游客体验到诗祖故里文化、旅游的神奇魅力，使诗经尹吉甫文化唱出来，活起来，亮起来！

4."文武吉甫，万邦为宪"，让西周武术泰斗尹吉甫"武"（舞）起来

据《中国武术史》等有关资料介绍，中国武术即功夫，有着悠久的历史，最早可以追溯到商周时期。功夫具有极其广泛的群众基础，是中国劳动人民在长期的社会实践中不断积累和丰富起来的一项宝贵的文化遗产。

西周太师尹吉甫可被称为武术名家。《诗经》中高度称赞他"文武吉甫，万邦为宪"，说明尹吉甫武功高强，名不虚传。

武汉体育学院江百龙教授、武当派传人游玄德道长等国际武术名家尊称尹吉甫是西周武术泰斗。要让武术泰斗尹吉甫"武"（舞）起来，可着力挖掘民间故事和武术文化，如尹吉甫"流星球"功法，房县民间"流星锤""流星灯"文化等，可举办武术擂台赛、武术表演赛、健身赛、《诗经》民歌广场舞赛等，让人们在"文武吉甫"的文化带动下"武"（舞）起来。

**5.让房县底蕴深厚的文物古迹动起来**

不仅有许多史志记载了尹吉甫及与其有关的古迹,而且房县有尹吉甫宗庙、祠、碑、宅、墓等文物古迹,十分珍贵。

尹吉甫宗庙,又称"宝堂寺",是一座古代石窟建筑,现存古代遗留的石殿、石梯、石碑、石器。与尹吉甫有关的自然景点还有御甲古寨、连环八宝寨、封神洞、坛山等,具体情况可以参考笔者撰写的"关于十堰市'历史名人活化'工程项目《尹吉甫传》·转化形式·策划方案",里面较为详细地讲述了开发中华诗祖尹吉甫生态文化旅游区的建议。

"景以名贵,物珍为宝,地因名人而胜。"活化诗祖尹吉甫、诗经文化及地质古迹,一是要全面普查、依法保护;二是多方合作、高质开发;三是串珠成链、融合发展,通过摄影画册、动画片、人物故事雕塑等视觉艺术形式,利用4D、3R(AR/VR/MR)等数字多媒体技术,搭建诗祖纪念馆、诗学主题艺术展览等场景,给参观者更深刻的印象,更好地弘扬名人精神,充分发挥诗经文化特色,让底蕴深厚的文物古迹动起来。

**6.让诗祖故里、诗酒茶乡生态文化特色旅游经济热起来**

房县是诗祖故里,也是酒乡茶乡,其民俗风情藏有千古《诗经》中的酒文化和茶文化。

房县黄酒历史悠久,源远流长,博大精深,特色鲜明,房县是享誉世界的黄酒之乡。据笔者的专题论文研究,《诗经》中的酒文化极其丰富，在生产、生活、养生、健身、婚嫁、祭祀等民俗方面都有浓郁的酒文化气息，相关表达形象直观、生动可感、富有感情色彩和生活气息。"酒"字在《诗经》中出现的频率很高，据统计，在《诗经》305篇中提到"酒"的有38篇，有70个"酒"字。

十堰亦是中国道茶文化之乡。我国"茶"字在《诗经》中称"荼"，唐开元年间玄宗李隆基在《开元文字音义》中将"荼"字去掉一横，明确把"荼"改为"茶"。陆羽在《茶经》中也明确把"荼"写为"茶"。

《诗经》中有七首诗最早记载了"茶"（"荼"）。《诗经·邶风·谷风》载"谁谓荼苦？其甘如荠"；《诗经·郑风·出其东门》载"出其闉闍，有女如荼"；《诗经·豳风·七月》载"采荼薪樗，食我农夫"；等等。鄂西北神农架-武当山地区是中国茶树、茶文化的重要发祥地之一，是享誉世界的中国道茶文化之乡。

活化历史名人，让诗祖故里、诗乡酒乡茶乡生态文化特色旅游经济热起来，一是修复好尹吉甫宗庙，修建中华诗祖尹吉甫生态文化旅游区；二是开发建设房县东部生态文化旅游圈（有八大优势资源名胜景观）；三是兴建房县野人谷镇雎山诗经植物园；四是兴建房县雎水欢乐谷；五是完善建设天然氧吧——湖北诗经源国家森林公园；六是打造好"诗经小镇"；七是建好诗经民俗风情园、农耕文化园，以及结合农民丰收节开展好节庆活动；八是着力打造诗经尹吉甫文化精品旅游线路等，使诗祖尹吉甫名人项目活起来，充分发挥其促进十堰市及房县生态文化旅游发展的重大作用。

## 四、活化思想观念，强化"历史名人活化工程"项目实施方案

1.活化项目，要活化思想，创新发展，开拓诗经尹吉甫文化开发工作新思路，破除思想壁垒，走出认识误区

在思想认识上，有的人认为《诗经》古老难学；有的人认为《诗经》遥远，与现实社会关联不大；有的人不知道《诗经》是国学；有的人认为《诗经》是单纯的诗歌，不知道《诗经》被称为"百科全书"；有的人不懂历史，说"西周《诗经》距今500年"，或以为《诗经》产生在宋元明清；有的人甚至没看过《诗经》，以为《诗经》是"丝巾"。

在诗经研究上，只注重书本研究，忽视实地采风考察，缺乏对民间歌师的采风，缺乏根植民间、根植于社会生活的深层次研究；在诗经文化的应用上，缺乏对《诗经》中人们日常应用的600多个成语的认识和研究。

在领导重视程度上，有的人认为《诗经》是历史文化，与地方干部政绩考核以经济指标为主挂不上钩；招商引资坐上席，文化专家受冷落。本地专家了解、精通地方文化，是"土凸子"，外来专家是"洋月亮""百事通"，如笔者曾随湖北省文联组织的专家调研"尹吉甫·诗经文化"，参观诗经文化园项目时，办公室有关负责人说："我们这规划是请外国做的……"令人听了无不惊讶。省市几位专家听后当即说："别说是外国做的规划，就是月球、太空的'专

家'，不懂《诗经》及地方文化，能做好规划吗？"结果这个项目是借《诗经》之名，实则圈地搞房地产开发，被发现后叫停。房县曾请北京一家有旅游规划设计资质的单位做项目，因不懂诗经文化，该单位着急了半年也不好动手，后经笔者介绍诗经尹吉甫文化，并无偿提供6万多字的研究史料后，对方大受启发，才确定好以诗经尹吉甫文化为特色的规划思路。

针对以上问题，笔者认为当地有关部门应加强学习、提高认识。充分认识《诗经》是我国文化元典之一，是国学的源头，它不单是诗歌文学，而且是关于周朝社会、政治、经济、军事、文化、农业、商贸的"百科全书"；充分认识诗经文化对实施文化强国、文化强省、文化强市、文化强县战略的重要意义。

2.活化工作思路，把诗经尹吉甫文化当文化工程抓

2003年12月中旬，笔者向房县县委建言挖掘、整理、研究、打造诗经尹吉甫文化为主的房陵文化，县委领导非常重视，召开常委会，决定将房陵文化工作纳入全县重要工作之中。当年底，县长将房陵文化工作列入县人民政府工作报告之中，在全县产生了热烈的反响。在房县县委、县人大、县政府、县政协各届领导的重视支持下，在中国诗经学会老会长的及时复信并亲临考察指导下，中国诗经学会房县研讨会召开，使诗经尹吉甫文化的研究上了一个台阶，有了一个新的飞跃。此后，一届接一届，一幅蓝图画到底，诗经尹吉甫文化被纳入中心工作，当文化工程抓，抓出了新成效。

### 3.发展旅游也要切实抓好文物保护工作

笔者多次到房县尹吉甫宗庙考察，发现在用茅草搭建的保护尹吉甫文物石碑的棚子里，由于许多参观的游客扑到大石碑上看字，有的人用手摸来摸去，有的人甚至用手指甲抠字，"万""峰"等字已被磨损了一半。

在历史悠久的尹吉甫宗庙里，尹吉甫的泥塑头部、有关人物像的身、足、手等木雕部件，被人用手拿着传看，还有的文物石碑在露天里经受风吹日晒雨淋，损坏严重。

笔者撰写了《文化是根是灵魂，是最核心最持久竞争力，亟待加强国宝尹吉甫宗庙等文物保护》的内部汇报参阅件。2015年1月3日，笔者向市领导汇报后，十堰市委书记、市长特批示："此文反映出正洪同志对文化遗产高度关注的一片赤诚之心。尹吉甫作为历史文化名人，既是我们的文化财富，也是我们的骄傲，切实做好重要文物的保护和修复工作。"房县县委、县政府对此高度重视，争取到国家交通部门等投资2500万元，修建了11公里的通往尹吉甫宗庙的高质量公路；又争取到省文化和旅游厅等投资1000多万元，动工修复了尹吉甫宗庙宝堂寺。

2012年1月上旬，笔者在房县青峰镇东西店村考察诗经文化时，发现两副古代石刻诗经楹联，十分珍贵稀有，却在农户屋檐下风吹日晒。这两副石刻楹联对于研究诗经文化、研究《诗经》对我国对联的产生具有重要价值，而它们至今还没有被征运到县文体局，对这类文物的保护亟待加强。

**4.活化工程要科学，要研究制定诗经尹吉甫生态文化旅游的总体规划**

提起诗经尹吉甫文化，不少人只听说尹吉甫镇有个宝堂寺，不知道还有哪些与诗经尹吉甫文化相关的文物古迹，甚至许多人不了解诗经尹吉甫文化。房县白鹤镇有尧子垭和古代帝王宫廷流放文化相关的古驿道，有天保山及3万余亩草山天然牧场、天然林场等，当地百姓、村干部迫切盼望能有规划地开展生态文化旅游产业，促乡村振兴。笔者到该地考察，建言"白鹤镇的生态文化旅游资源是扶贫帮困的长效项目"，白鹤镇党委书记听后说，原对本镇生态文化旅游资源不大懂，认识不深，看来我们白鹤镇的经济发展规划确实要重新做。

房县大木厂镇马进洞村、三元村有千佛洞景区及8万亩竹海，是拥有古寨、古树的美丽乡村，在当地一古岩屋遗迹中还发现了与《诗经》有关的石碑，当地人都盼望能有好的生态文化旅游发展规划。

许多乡村都盼望结合历史文化，整合优势资源，做好生态旅游发展规划，促进乡村振兴。

**5.活化文化创建，将历史名人项目、历史文化项目与创建国家历史文化名城结合起来，促进全市生态文化旅游经济大发展**

我国于1982年开始国家历史文化名城的创建和保护，截至2016年12月，有128座城市（县）被列为国家历史文化名城，并对这些城市（县）的文化古迹进行了重点保护，其中湖北的国家历史文化名城有武汉市、襄阳市、随州市、钟祥市、荆州市。

十堰市是湖北省文化资源大市。十堰历史悠久，文化蕴藏极其深厚。笔者曾撰文《开展国家文化名城创建，着力推进文化强市战略》(3.2万字)，建言十堰市开展国家历史文化名城创建，推进十堰市实施生态立市、生态文明、生态文化旅游建设，这对彰显城市魅力、推进文化强市战略实施具有十分重要的现实意义和深远的历史意义。十堰市委领导对此高度重视，2017年3月28日特批示："建议很好。十堰创建历史文化名城十分必要。"并请有关部门领导认真研究，着力在全市开展创建国家历史文化名城工作，这将紧密结合文物保护工作和旅游产业，推动生态文化旅游产业大发展。"他山之石，可以攻玉"，着力推进创建国家历史文化名城过程中，可以借鉴外地经验。

### 6.优化环境，多渠道争取各项政策的支持

一是积极研究、制定创建"诗祖故里·诗经特色小镇"的规划，争取国家级、省级特色小镇等项目的支持。二是开展创建国家历史文化名城，争取相关政策支持。三是积极争取各级国土资源、地质、文化、旅游等机构部门的支持，申报青峰地质大断裂带神仙谷（青峰镇紫阳洞下十多公里的地质奇谷）国家地质公园。四是积极争取各级财政、交通、旅游、土地资源、文化等部门的支持。五是引入市场化运作机制，拓展多元投融资渠道，加强招商引资，增强生态文化产业发展的实力，推进中华诗祖尹吉甫生态文化旅游区的建设。

**7. 活化创新宣传，打响诗经尹吉甫文化国际品牌，建设新媒体网络传播平台**

通过电视、广播、报刊、文艺演出等方式，着力宣传诗经尹吉甫文化，同时利用多媒体技术，打造历史名人尹吉甫 IP，制作动漫、影视剧等衍生作品，安排专项资金，拍摄、制作专题宣传片、宣传册，在相关媒体开辟专栏，结合旅游推介会，大力宣传"尹吉甫故里""诗经之乡"等文化品牌。

加快诗经尹吉甫文化文物展馆建设，举办《诗经》相关的诗书画展。举办诗经尹吉甫文化讲座，进一步提高诗经尹吉甫文化影响力。

办好"中国·房县诗经尹吉甫文化研讨会"，做大"诗祖故里"名片。建议适当时候召开小型务实的活化诗经尹吉甫生态文化旅游项目专家学者座谈会，把十堰及房县打造为诗经尹吉甫文化旅游胜地，以弘扬中华优秀诗经文化，促进文化强市、文化强县战略实施，打响中华诗祖尹吉甫生态文化旅游国际品牌。

## 五、《尹吉甫传》·活化项目·策划方案宣传语

古今诗书千万卷，我想拜诗祖。
世上诗有千万条，我想问诗祖。
中华诗祖尹吉甫，请到故里房县来。
诗经之乡在房县，诗祖与你同唱歌。
雎山雎水在房县，千古传唱诗经歌。

武术泰斗尹吉甫，健身房陵武林风！
诗经三百〇五首，书画碑林博览园。
诗经成语六百九，猜谜赛诗兴不休。
诗香酒醇茶醉人，诗经小镇还想来。
民俗农耕植物园，关雎民歌欢乐谷。
文化是根是灵魂，诗经文化是国宝。
生态旅游兴房县，诗乡诗祖誉世界。
世界旅游听歌多，我想房县雎水歌。
上山拜祖，下洞探幽，进谷观景，水上荡舟。
千里房县，忠孝名邦，名山秀水，物华天宝；
诗经之乡，诗祖故里，生态旅游，魅力房县！

注：上山拜祖（诗祖尹吉甫），下洞探幽（青峰地质大断裂带上的"天井""地缝"及雎山"天坑"），进谷观景（尹公谷），水上荡舟（南河库区风光）。

（2021年9月16日）

房县尹吉甫宗庙石窟旁西周时期祭祀山的圭碑

# 附录九
# 尹吉甫年表

西周太师尹吉甫（公元前852年—前775年），号兮伯（亦号兮甲），字吉甫。尹是官职名，其后裔以尹为姓氏。尹吉甫是房陵（现十堰市房县）人，仕于周，征战于宁夏大原（今固原市）、山西平遥、河北沧州南皮，食邑于房和郧阳（现十堰市郧阳区），卒葬于房。其子伯奇的故事流传于湖北房陵和四川泸州等地。

尹吉甫文能治国，武能安邦，奉周宣王之命，北伐猃狁，南征荆蛮，征赋淮夷，安邦强国，辅佐宣王中兴。《诗经》中称赞他"文武吉甫，万邦为宪""吉甫作诵，穆如清风"，是享誉世界的名人。

尹吉甫是黄帝后裔伯儵（姞姓）的后裔。尹吉甫本姓吉（"姞"后写为"吉"），与周宣王姬姓同宗同祖（黄帝十四子被赐十二姓，其中有姞姓）。夏商时期，黄帝的姞姓子孙被封在鄂国（今山西乡宁县），为诸侯国。商末，鄂侯在朝中为大臣，与西伯侯姬昌、九侯并列为三公。西周初年，鄂国的故地被晋所并，遗族南迁到河南南阳北的沁阳，因受楚的威胁，南迁到今湖北鄂州市城区东，仍叫鄂国。公元前879年，楚王熊渠灭鄂国，被灭鄂国吉姓的一部分西迁到鄂西北彭国房陵。尹吉甫的祖辈就从鄂国迁到了房陵东乡的青峰山万峪河老人坪石门沟。

根据本书内容,梳理尹吉甫年表如下。

**周厉王二十七年(公元前852年)**

吉甫诞生于房陵东乡石门沟。

**周厉王二十八年至三十六年(公元前851—前842年)**

吉甫1岁至10岁。他的幼年和童年都在房陵度过。吉甫从小聪明好学,兮甲的爷爷为了培养吉甫,叫兮甲的父母带着孩子搬到房陵城南的山下、睢水南岸的炳公祠居住。而兮甲的爷爷和二爹、三爹等仍住在石门沟。兮甲每年都要从城里回到东乡石门沟老家的爷爷家玩。

**周共和元年至八年(公元前841—前834年)**

吉甫11岁至18岁。吉甫少年时熟读诗书,习武练功,立志成为文武之才。

**周共和九年(公元前833年)**

吉甫19岁。当年春三月,彭国举办上巳节赛歌活动,吉甫崭露头角,不仅赛歌夺魁,还被选为"武勇"之人,负责押送彭国贡物进京。上巳节三日后,吉甫押贡进镐京,之后被留京。在老家房陵,赛歌活动上俊秀美貌的姜氏看上了吉甫,两人定情,上巳节赛歌一月后,姜家见吉甫家没来提亲,就请人到吉甫家提亲。吉甫的父母听后心里乐开了花,虽然吉甫押贡进京不在家,他的父母却以"父母之命，媒妁之言"，替吉甫作主答应了婚约。

**周宣王元年（公元前827年）**

吉甫25岁。宣王为了振兴朝政，于当年冬借出巡狩猎选拔勇武之人。吉甫在狩猎过程中展现出了惊人的勇气和超凡的武功，令宣王与随行武士交口称赞。周宣王问了吉甫的姓名，之后把吉甫留在身边为士。

**周宣王二年（公元前826年）**

吉甫26岁。卫国准备平定陈、宋，请朝廷派人支持，吉甫被宣王派去了卫国。有文武之才的吉甫为卫侯所赏识，被选为浚邑的良人（良人是率领两千人的乡长），跟随卫武公的次子惠孙（孙子仲）将军参加平陈战事。

当年夏，卫国举行万舞大会（万舞是一种演习武备之舞，选精壮多能武士入舞，以发现人才），吉甫应邀参加卫国万舞大会，与卫武公孙女、卫国将军孙子仲14岁的女儿仲氏相识，仲氏有意赠诗吉甫，以诗言情，表示爱意。仲氏所作《诗经·邶风·简兮》曰："硕人俣俣，公庭万舞。有力如虎，执辔如组……"卫国宫廷举行大型舞蹈赛事，武舞的男子雄壮勇猛，身躯高大魁梧，舞姿威武健美，使得女子心生爱慕，赞美有加，深切相思。此诗既赞美了吉甫，同时又显露了仲氏的文才。吉甫被仲氏的美貌和文才所吸引，回赠《诗经·郑风·女曰鸡鸣》等诗篇表示爱意。

**周宣王三年（公元前825年）**

吉甫27岁。随孙子仲平陈与宋，吉甫撰《诗经·邶风·击鼓》：

"击鼓其镗，踊跃用兵。土国城漕，我独南行。从孙子仲，平陈与宋。不我以归，忧心有忡……"孙子仲不同意仲氏与吉甫恋爱，故吉甫在《击鼓》中言："不我以归，忧心有忡……"

**周宣王四年（公元前824年）**

吉甫28岁。初春，宣王命吉甫跟随南燕国君主蹶父去韩国，接韩侯来京。蹶父，黄帝后裔，姞姓，周之卿士，周宣王的妹夫，也是吉甫的同族哥哥。韩侯朝见宣王后，尹吉甫又护送韩侯返程。返程途中，韩侯到南燕迎娶蹶父的女儿。吉甫直到这年冬季才返回镐京。尹吉甫为此写下了著名的《诗·大雅·荡之什·韩奕》等诗篇，记述了年轻的韩侯入朝受封、觐见、迎亲、归国等活动。

**周宣王五年（公元前823年）**

吉甫29岁。三月初四至初六，吉甫随宣王狩猎。吉甫撰《诗经·小雅·吉日》。后吉甫奉周宣王之命，随宣王出征，北伐猃狁。他从都城镐京出发，经五地（镐京西之漦城，郇城，岐山，豳邑，灌鹊谷），于三月二十四日到达洛水之滨。

吉甫随宣王到达白水后，军队在军需物资上遇到了困难，宣王就派吉甫赴成周洛阳及南淮夷，将那里的物资送到白水和相近的彭衙。谁知南淮夷抗命，吉甫不得不回到南燕和卫国，筹措军需物资，送到白水和彭衙，从而解决了军队的后勤之急。

六月，北伐猃狁，大获全胜。吉甫撰《诗经·小雅·六月》，此诗通过对这次战争的描写，赞美了主帅的文韬武略，英勇善战，赫赫战功。此战保证了周王室的安定。宣王重赏，慰劳将士。吉甫受封尹氏之职，始称尹吉甫（王国维认为"尹氏"一职指内史尹或作册尹，掌书王命及制禄命官）。

### 周宣王六年（公元前822年）

尹吉甫30岁。初春，吉甫要随宣王南征淮夷，将与仲氏离别，撰《诗经·小雅·都人士》，以表达与仲氏的恋情。此诗中"彼都人士"指西周都城镐京的贵族人士、宣王重臣南仲，南仲是卫武公家门叔叔，也就是仲氏的叔祖。诗中的"彼君子女"，指贵族子女，亦指仲氏。诗中有"谓之尹吉"句，"尹吉"是尹吉甫的自称。

夏，宣王率召伯之子召虎征伐淮夷之地的蓼国和徐国。宣王特允尹吉甫制青铜器兮甲盘，由尹吉甫负责征税赋，宣告南淮夷：如果抗命，即行征伐。南淮夷只好称臣纳贡，听命于周。尹吉甫撰《诗经》名篇《大雅·江汉》《大雅·常武》，歌颂了周宣王不求安乐、致力国事、帅兵亲征、贵德爱民的治国贤能，记述了周王命召虎与尹吉甫团结协力征服淮夷之功。

八月，荆蛮背叛，违抗朝廷。周宣王派尹吉甫跟随方叔南征荆蛮，尹吉甫写《诗经·小雅·采芑》《诗经·商颂·殷武》。《采芑》记叙了方叔南征讨伐荆蛮的战功，训诫荆蛮应俯首听命归服。战后尹吉甫率军回到镐京，途中路过家门而不入，但他对荆山下房陵黎民的农事却很熟悉，征荆蛮过程中，又对山民的生产、生活有所了解，写下了《诗经》名篇《豳风·七月》。此诗反映了农人一年到头都辛苦不停地艰辛劳动，从播种、采桑、养蚕、纺染，到收获、打猎、裁衣、修房，以至于凿冰和祭祀。这不仅是一篇思想艺术性很强的文学作品，对研究西周的农业社会也具有很高的价值。

仲氏的父亲孙子仲反对吉甫与仲氏订婚，吉甫极力请仲氏的叔祖南仲帮助，南仲答应了吉甫与仲氏的婚事。当年冬，吉甫与仲氏结婚，仲氏的父母因反对而没有参加婚礼。吉甫作《诗经·郑风·有女同车》等诗篇。

**周宣王七年（公元前821年）**

尹吉甫31岁。上半年，尹吉甫送申伯到谢城，作《诗经·大雅·崧高》赞美宣王和申伯。

当年秋，宣王命尹吉甫随仲山甫到齐国筑城，尹吉甫作《诗经·大雅·烝民》，记述了仲山甫筑城于齐国的事。此诗赞颂仲山甫德才兼备、身负重任、忠于职守、攸关国运。

当年冬，宣王命仲山甫继续辅齐筑城，派尹吉甫以武士身份保护齐庄公的女儿庄姜到卫国，与卫庄公结婚。尹吉甫撰《诗经·卫风·硕人》，诗曰："齐侯之子，卫侯之妻……手如柔荑，肤如凝脂。领如蝤蛴，齿如瓠犀。螓首蛾眉，巧笑倩兮，美目盼兮。"

**周宣王九年（公元前819年）**

尹吉甫33岁。奉命随宣王到东都，进行东征动员，之后随宣王到圃田泽进行冬狩，为来年正式东复鲁宋做军事准备，其间，尹吉甫写下了《诗经·小雅·车攻》等诗篇。这首叙事诗描写了周宣王会同诸侯狩猎之事。

**周宣王十年（公元前818年）**

尹吉甫34岁。尹吉甫作为宣王先锋率领本部参加东复鲁宋之战，到是年秋季，战事进入极艰苦、残酷的阶段，最终以胜利结束，收缴战利品，回到大野泽。其间，尹吉甫撰《诗经·小雅·大东》《诗经·鲁颂·駉》等诗篇。尹吉甫于这年冬回仲氏家。

**周宣王十一年（公元前817年）**

尹吉甫35岁。当年秋，仲氏生尹吉甫的长子伯奇。

**周宣王十二年（公元前816年）**

尹吉甫36岁。当年夏，尹吉甫与仲氏和大弟、二弟抱着伯奇及随行人员到房陵探亲。吉甫一行到家，吉甫父母却以"父母之命，媒妁之言"认可他与姜氏的婚约，而拒仲氏进家门。仲氏以其叔祖南仲应允婚事，也可谓是"父母之命"，而吉甫离乡后一直未与姜氏见面，况且吉甫与仲氏已有儿子伯奇，要求吉甫的父母退掉与姜氏的婚约。吉甫的父母以姜氏从14岁等吉甫到31岁为由，坚称不可退婚。最后，吉甫的父母以"父母之命"逼吉甫与仲氏离婚，仲氏要将伯奇带走，吉甫的父母则以伯奇是吉家的"根脉"，不允许仲氏带走伯奇。吉甫本不愿与仲氏离婚，但处于两难境地，只能含泪安排人送仲氏回卫国。

**周宣王十三年（公元前815年）**

尹吉甫37岁。仲氏与吉甫离婚、回娘家后，尹吉甫思念仲氏，作《诗经·唐风·葛生》《诗经·鄘风·载驰》等诗，想尽力挽回与仲氏的婚姻，但仲氏坚持离婚。

夏，仲氏告诉吉甫她将再婚，新嫁之人是南燕国君瞮父之子伯氏，乃是尹吉甫同族侄子。吉甫听后心情极其悲痛，临别吉甫赠仲氏诗一首，望仲氏不要忘记旧交。

**周宣王十四年至十五年（公元前814—前813年）**

尹吉甫38-39岁。宣王十四年春，吉甫按"父母之命"婚约与姜氏结了婚，次年姜氏生子伯封。

**周宣王十六年（公元前812年）**

尹吉甫40岁。卫武公召尹吉甫入卫廷任事。当年夏，尹吉甫随武公巡田。当年秋，尹吉甫随武公举行秋祭。其间，写下了《诗经·小雅·甫田》《诗经·小雅·大田》和《诗经·小雅·信南山》等诗篇。

**周宣王十七年至二十二年（公元前811—前806年）**

尹吉甫41-46岁。先在卫廷任事，后又被周宣王调入周廷，仍任尹氏之职。

**周宣王二十三年（公元前805年）**

尹吉甫47岁。当年，回房陵勘察选址，修尹氏宗庙宝堂寺，之后回镐京任职。尹吉甫的父母和姜氏负责请人修筑，于这年冬动工修建宗庙。

**周宣王二十四年（公元前804年）**

尹吉甫48岁。尹氏宗庙宝堂寺在建造中，尹吉甫传书信给家里，嘱咐增建宗庙附属建筑——在距石窟庙殿正东250米远的一个巨大的石头上建一个戏台，每年正月十三日到十五日，要在台上唱戏三天，祭祀黄帝和吉姓祖宗。

**周宣王二十五年至二十七年（公元前803—前801年）**

尹吉甫49—51岁。天下大旱。尹吉甫作《诗经·大雅·云汉》："倬彼云汉，昭回于天……旱既大甚，涤涤山川。旱魃为虐，如惔如焚。我心惮暑，忧心如熏！"《竹书纪年》载宣王二十五年，"大旱，王祷于郊庙遂雨。"当代著名《诗经》研究专家刘毓庆教授在《雅颂新考》指出："《云汉》一诗的作者为尹吉甫。因为周时祭祀多由太史掌握"，"《左闵二年传》云：'我太史也，实掌其祭'。"

连续三年天下大旱，尹吉甫跟随宣王抗旱，赈济灾民，祭祀苍天，保佑民众。在大旱之年，尹吉甫写信给在老家房陵的父母，让他们舍粥救灾民。贤德善良的父母就将家里库存的粮食拿出来，舍粥救灾民。谁知天旱三年，尹吉甫家的粮食因舍粥用完，尹吉甫父母就组织家里人挖野菜、剥树皮救灾民，到第三年春荒，尹吉甫的父母也饿死了。

宣王二十七年冬，尹吉甫才回到老家房陵，万分悲痛，悼念父母，写下了《诗经·小雅·蓼莪》。

**周宣王二十八年（公元前800年）**

尹吉甫52岁。在西周朝廷任职。

**周宣王二十九年（公元前799年）**

尹吉甫53岁。春，尹吉甫从镐京回房陵探亲。18岁的长子伯奇与14岁的次子伯封，虽同父异母，但兄弟俩人很和睦，吉甫甚是喜爱。就在吉甫高兴之时，伯奇却要求父亲带他到镐京参军打仗立功。吉甫劝伯奇，一是要好好读诗书，二是爷爷奶奶前年过世了，姜母忙于操持家务，家里需要伯奇帮助种地。伯奇听了连连点头称是。

**周宣王三十年至四十五年（公元前798年—前783年）**

尹吉甫54-69岁。尹吉甫在西周朝廷任职，还作了不少诗。

**周宣王四十六年（公元前782年）**

尹吉甫70岁。宣王陟（驾崩），幽王即位。尹吉甫受遗诏辅政。

**周幽王元年（公元前781年）**

尹吉甫71岁。据《竹书纪年》载，幽王元年，"王锡太师尹氏皇父命。"资治通鉴也有此记载。这说明，尹吉甫从幽王元年开始不再任尹氏之职。

**周幽王二年至三年（公元前780—前779年）**

尹吉甫72-73岁。他仍关心朝廷之事。幽王继位后几年间，任用邪佞，荒淫乱政。尹吉甫常以诗大谏，建言献策于朝。尹吉甫撰《诗经·大雅》中的《板》《荡》等诗，以周厉王、周幽王统治时期社会动荡，刺政局混乱荡不安。如《板》诗曰："上帝板板，下民卒瘅。出话不然，为犹不远。靡圣管管，不实于亶。犹之未远，是用大谏。""匪我言耄，尔用忧谑。多将熇熇，不可救药。"尹吉甫维护申后与太子宜臼，反对立褒姒为后。

**周幽王四年（公元前778年）**

尹吉甫74岁。夏，西戎作乱，侵至大邱，镐京危急，尹吉甫奉幽王之命，以皇父身份辅佐伯氏征伐西戎。初战暂时取得胜利，尹吉甫规劝伯氏，撰《诗经·大雅·民劳》，诗曰："民亦劳止，汔可小康。惠此中国，以绥四方。无纵诡随，以谨无良。式遏寇虐，憯不畏明。柔远能迩，以定我王……"这是尹吉甫这位长者劝执政后生多为人民着想的谆谆教诫。

### 周幽王五年（公元前777年）

尹吉甫75岁。在幽王四年春夏打仗小胜后，伯氏却不听尹吉甫的计谋，西征再战时丧兵失地，于幽王五年春逃回南燕，反将吃败仗的责任推于尹吉甫，伯氏找其父蹶父和妻子仲氏，诬陷、攻击尹吉甫。尹吉甫撰《诗经·小雅·巧言》，诗曰："无罪无辜，乱如此幠。""乱之又生，君子信谗。""巧言如簧，颜之厚矣。"此诗情感激愤，有力地痛斥了进谗者的厚颜无耻，讥刺周王为谗言所惑，揭露了祸端的真实情况。

### 周幽王六年（公元前776年）

尹吉甫76岁。夏，尹吉甫对蒙冤不服，四处申辩，揭露伯氏，撰《诗经·小雅·何人斯》，诗曰："彼何人斯？其心孔艰。""二人从行，谁为此祸？""胡逝我梁，祗搅我心……为鬼为蜮……视人罔极。"愤怒谴责"伯氏吹埙，仲氏吹篪"，揭穿伯氏是个十分阴险的人，最终使伯氏被朝廷正法。于是，伯氏妻子仲氏怨怒尹吉甫，极力报复，这年冬，尹吉甫被驱逐出卫国。尹吉甫回到家乡房陵，受到隆重接待。

### 周幽王七年（公元前775年）

尹吉甫77岁。居于家乡，精神爽利。春暖花开时节，到宝堂寺尹氏宗庙祭祖，再到出生地老人坪石门沟看奇洞，游古南河，观自己曾资助兴修的澈澥堰，沿雎水河听民歌，登景山，品神农贡茶。金秋十月，诵《诗经》，传武功要术，留《诗经》编纂手稿于房陵。当年在美满的最后人生中辞世。人们无不哀悼怀念，赋诗纪念，并代代传承尹吉甫精神和诗经尹吉甫文化，至今日闻名世界！

# 代跋

## 赞诗祖尹吉甫

徐　云　陈如军

灿烂诗经，文化元典，五经之首，国之瑰宝。
《诗经》价值，影响深远，唐诗宋词，俱承其源。
史海茫茫，斗转星移，《诗经》于世，已数千年。
研《诗》之书，已千余部，专研诗祖，尚属首篇。

深山有宝，隐而无闻，荆山有玉，幸遇良工。
学者正洪，博学善察，敏于发现，国宝奇珍。
情倾书海，钩沉索隐，研究考证，务实求真。
历四十年，苦磨一剑，千古谜底，终于揭晓。

黄帝后裔，迁至房陵，青峰故里，遗迹犹存。
尹氏吉甫，尹是官姓，字为吉甫，号为兮甲。

出将入相，文武双全，治国理政，宣王中兴。
西周太师，工诗擅诵，采风民间，编纂《诗经》。

《江汉》《崧高》，吉甫所作，含义隽永。
《烝民》之诗，深含哲理，万物有则，自然规律。
《蓼莪》之篇，以诗育人，父母之恩，铭记于心。
《六月》之章，军容盛大，战功赫赫，吉甫宴喜。

吉甫之诗，意境深邃。以人为本，以国为先。
联系实际，面向生活。艺术风格，超迈绝妙。
描写华夏，壮丽山河。关注国事，致友深情。
吉甫作诵，穆如清风。其诗孔硕，其风肆好。

青铜重器，兮甲宝盘，宋代出土，国之宝藏。
流传有序，归自海外，记功吉甫，北伐南征。
盘有铭文，百三十三，遒劲雄美，古朴端庄。
学者正洪，欣遇此宝。拥怀留影，感慨万千。

文武吉甫，万邦为宪，十大名家，集于一身。
西周六官，天官为首，尹氏天官，责任重大。
辅佐宣王，四十六年，管理邦国，制定大计。
励精图治，周室中兴，继辅幽王，鞠躬尽瘁。

太师吉甫，音乐名家。掌管诗乐，比其音律。
诗歌亦歌，歌以咏志，诗经亦是，诗歌总集。

诗三百篇，有风雅颂。所谓风者，民间歌谣。
大雅小雅，文人之作。颂乃祭祀，庙堂之音。

吉甫武功，多地传颂。驻军平遥，教民以武。
筑城南皮，献诗《烝民》，武以威敌，炳然千古。
"柔则茹之，刚则吐之"，以柔克刚，刚柔相济。
北伐猃狁，南征蛮夷，太师为将，攻无不克。

《诗经》内容，博大精深，号为百科，无所不包。
天文地理，农业医学，战争人文，民情民俗。
亦诗亦史，诗史一体，以德育民，以观社会。
文学先祖，诗赋之源，春风化雨，滋养后世。

十堰房县，古为彭国，二南交汇，秦巴之中。
雎山高耸，奇峰翠峦，盆地沃野，风景如画。
雎水奔流，碧波耀光，鱼跃鸟飞，繁花夹岸。
村落山居，田垄河畔，情歌之音，民歌之邦。

吉甫在此，近水得月，关关雎鸠，采入首章。
时至今日，歌谣传唱，千里房县，诗经之乡。
吉甫编《诗》，流传至今，朴实自然，脍炙人口。
思想艺术，至善至臻，中华诗祖，当之无愧。

袁野清风，热爱诗经，研究吉甫，历尽艰辛。
扎根民间，翻山越岭，锲而不舍，大海捞针。

整理收集，探索发现，研阅穷照，寻源追根。
寻师访友，躬身下问，博采众长，获益匪浅。

田野考察，至冀郊野，淤泥没膝，艰难前行。
入晋赴蜀，不顾风雨，千里寻访，明断真伪。
夜行迷途，山路遇险，初心不改，诚且益坚。
深钻史志，资料宏富，摄影撰文，夙夜匪懈。

求真务实，朝夕心悬，历四十年，苦磨一剑。
问史吉甫，心血结晶，别开生面，耳目一新。
诗祖研究，填补空白，新的起点，新的飞跃。
内容丰富，语言精练，可敬可贺，且喜且惊。

诗祖吉甫，功绩非凡，诗经文化，千古流芳。
激励国人，影响世界，人类财富，无比辉煌。
继承传统，弘扬国学，优秀文化，代代相传。
放眼展望，东方神州，巨龙腾飞，光耀宇寰。

学者正洪，探究诗经，四十冬夏，终结硕果。
市委举办，活化工程，正洪参赛，得第一名。
吉甫之功，震古烁今，华科慧眼，付梓出版。
幸甚至哉，先睹书稿，恭疏短引，是以代跋。

二〇二二年中秋

2006年12月，民间文化专家学者采访尹氏后裔，听他们讲尹吉甫的传说故事

# 后记
## 愿诗祖故里诗经之乡房县享誉世界

我的家乡鄂西北房县，古为房陵，南倚神农架，北连武当山，东临襄阳，西通陕渝，境内万山叠翠，河谷纵横，山城盆地，聚风藏气，物华天宝，人杰地灵，山清水秀，富有神奇魅力。千里房县犹如镶嵌在中国中西接合部上的一颗璀璨明珠。

我爱家乡房县。她不仅是全国著名的耳菇之乡、黄酒之乡、优质名茶之乡、天然优质矿泉水之乡、中药材宝库、小水电明珠，有世界罕见的青峰山地质遗迹公园，且历史悠久，文化灿烂。

文化是民族的根，是灵魂。诗经文化是中华优秀传统文化。千百年来，房陵文化养育了世世代代的房陵人，使房陵人不论远在千里，还是在异国他乡，总忘不了家乡引以自豪的历史文化、民俗乡音，常常把人们带到对故乡思念的情感之中。

### 情感：故乡房陵文化永难忘怀

小时候，当我还在摇篮里的时候，母亲方应荣沿袭祖辈的习俗，一边轻轻地摇着摇篮,一边嘴里哼着民歌,我在民歌的催眠曲中入睡后,母亲好去做活。

我刚学会走路时,逢年过节,哥哥、姐姐就抱着我到街上看舞火龙,玩船灯,看民歌表演。人山人海,哥哥、姐姐就轮流叫我坐在他们的肩上观看演唱。

在我6岁报名读小学一年级时,我用的第一支"五星"铅笔,就是在建国初参加房县汉剧团的父亲袁学煦演出获得的奖品。父亲常常带我去房县大操场看山二黄戏和民间文艺表演,还鼓励我说,等你读书写日记时,我把剧团奖给我的有毛主席像的日记本给你用。

因生活困难,我从读小学六年级开始,星期日和寒暑假常常到十五里外的南山大皇沟、溜石板沟等山上砍柴;读初中、高中时,星期日到距县城三四十里远的南潭、掛榜岩等地砍柴,起早贪黑,又累又饿,是"砍柴砍到老山坡"等民歌,让我忘掉饥饿和疲劳,为我增添干劲和耐力,饿着肚子挑柴回家。我还拜老药农赵开学为师,上山挖药,挖累了歇息时,听老药农唱山歌和在空旷的山谷喊号子,提神解困。

1968年,我高中毕业,正当家门大哥、著名按导医师袁正道从上海来信,叫我跟他学祖传按导医学时,我响应毛主席号召知识青年上山下乡,徒步65里到通省区堤坪乡深山里,接受贫下中农再教育。在我下乡的堤坪村四队,出门见高山,夜晚就可听到豹子在原始大森林中吼叫。上坡锄草时,催工的薅草锣鼓使人像上足发条的闹钟,令我浑身有劲,从锄草落后的"口袋里"一会就赶到前面。

1970年7月,我被招工到县百货公司工作,由于坚持写作、画画,先后被调到县商业局、县财办、县委办工作,曾被县里抽调办全县展览,采风红军时期传唱的民歌;后给县长当秘书,下乡驻队、调研，与农民"三同"。我到哪里都爱听民歌，与民歌师交朋结友。我还给民间歌手画像，采风搜集民歌、民间故事。

因为我酷爱新闻写作和搜集民间文化，1980年便向县领导提出调职请求，最终被调职为郧阳报社驻房县记者。几十年来，我始终热心采访研究民间文化，坚持利用新闻报道宣传民间文化，从心底里表达对鄂西北文化尤其是房陵文化的那种难以忘怀的情感。

## 心愿：让世人知道房陵民间文化

多年来，我在调研、新闻工作之余及利用节假日的时间，坚持采访、研究鄂西北民间文化。一次次的民间文化采访，一次次地勾起我小时候在房县与邻里于夏夜聚在大枣树下、道场上，或居民院子里纳凉、听故事的情景，勾起我对房县民间深厚文化底蕴的回忆。于是我将房县民间文化与伍家沟、吕家河、官渡镇、向坝乡的民间文化进行比较分析研究，认为房县是民歌的海洋、民间故事的宝藏，尤其是诗经尹吉甫文化、宫廷帝王流放文化，博大精深，独具特色，使我更加怀念起家乡的民歌、民间故事，心里有一种家乡的历史文化名人、西周太师尹吉甫及民歌民间故事没有被人挖掘整理出来的遗憾。于是我产生了一个美好而强烈的心愿，决心奔走呼吁，一定要把以诗经尹吉甫文化为主的房陵优秀传统文化挖掘、整理出来，大力宣传房县，让房陵文化走向世界，让世界了解房县。

于是，1999年，我邀房县桥上乡杜川村张先忠同志到吕家河了解民歌的挖掘、整理，并支持他挖掘桥上民歌，意在抛砖引玉，作为拉开房县民歌挖掘、整理的前奏。张先忠不仅叫自己古稀之年的父亲三上神农架北坡的桥上乡黑龙洞、长岭一带搜集民歌，还请当地的一些民间歌师搜集了80多本、1000余首民歌。

2003年12月中旬，房县县委副书记袁新云受县委之托，请我宣传房县。我建言挖掘、整理、研究相关材料，打造房陵文化。袁新云很高兴地说："我代表县委、县政府一定重视、支持你的建言，挖掘、整理、弘扬房陵文化。"2004年8月8日，我与好友杨兴炳到房县采访，向时任县委书记张维国，县长师永学，县政协主席、县委副书记张歌莺，县委分管宣传工作的副书记袁新云等汇报了房陵文化的相关情况。县领导非常重视，县委召开常委会决定将以诗经尹吉甫文化为主的房陵文化工作纳为县委的一项重要工作，当年底，房陵文化工作被列入县人民政府工作报告之中，在全县产生了热烈的反响。

## 挖掘：房陵民间文化"长征"

"故事篓子歌布袋，翻山越岭赶会来，赛来比去兴不休，过把歌瘾乐开怀。"我先后到白窝乡（现白鹤镇）、土城镇、桥上乡（现野人谷镇）等采访民间歌师。2004年7月，我了解到房县门古寺镇干部张兴成20年来坚持搜集民歌2000多首，但苦于经费困难而停下，我打电话支持鼓励他继续挖掘、整理。当时，我冒昧地给湖北省民间文艺家协会主席傅广典打电话汇报房陵民间文化十分深厚，房县是民歌的海洋。傅广典主席十分重视，表示一定来房县采风指导。

2004年9月9日，我与十堰市民间文艺家协会主席潘彦文、副主席李相斌等同志专程到房县神农架北坡的桥上乡杜川村等地采风民歌，在张先忠的住家院子里举办了"桥上乡野人谷民歌民间故事赛"，那些故事无不令人陶醉。房县县委书记张维国知道后非常重视,专程到杜川村和歌手们座谈,并叫县委办给民间歌手买笔记本和文件包送来,要求一定要抓好以诗经尹吉甫文化为主的房陵文化保护工作,从而拉开了全县挖掘、整理房陵文化工作的序幕。

2004年11月18日,湖北省文联副主席李宁,湖北省民间文艺家协会主席傅广典、秘书长鄢维新,十堰市民间文艺家协会潘彦文、李相斌及笔者深入房县考察房陵文化,提出了"房陵文化圈"的论断,认为它是中国中西接合部地区古文化沉积带颇具代表性的一个地点,是珍贵的文化宝库。

2005年5月23日,在傅广典的带领下,我和潘彦文、李相斌经历了令人难忘的"房陵民间文化长征",先后到房县、竹山县、竹溪县的一些乡镇采风民间文化。此后,笔者先后到房县10多个乡镇(场)和郧县(现郧阳区)、郧西县、丹江口市及武当山的一些乡村采风,发掘民俗民间文化。

通过采风发现,房陵民歌种类很多,有过山号子、田歌、灯歌、小调、风俗歌、儿歌、待尸歌等;腔调多,有高腔、平腔、包腔、拉花腔、八岔腔等,内容十分丰富,不仅有反映当地风土民情、生产劳动、生活及恋爱婚姻、传授文化知识的民歌,还有唱"四书五经""增广贤文"及一些长篇叙事的民歌,还发现汉民族创世史的长篇民歌《黑暗传》和《盘根歌》。这些古老民歌、民间故事的流传,孕育了一批山村"民歌王""歌布袋""故事篓子""唢呐王",他们是可敬的非物质文化遗产代表性传承人。

对房陵文化的考察,受到房县县委和县政府领导的高度重视,全县开展了民俗民间文化普查。全县各乡镇抽调250人,组成60个专班,深入到村组户进行普查、搜集,普查覆盖面占总人口的45%。各乡镇初步摸底,会唱民歌、会讲民间故事的有5万余人;乡村有民间打击乐班子200多个，民间乐手2000余人；各乡、镇、村每年组织民歌会3000多场，红白喜事的民歌会近1万场次；全县有能唱1000首民歌的歌手300人，能唱500首民歌的歌手1250人，能唱100首民歌的歌手6000人。一批民间艺人被称为"民歌王""歌布袋""故事大王""故事篓子""谚语王""谚语通""唢呐王""民间戏曲王""皮影王"。

## 探索：诗经尹吉甫文化最具魅力

我家住在房县城东街，孩提时父亲常带我徒步到温泉洗澡，途经东关"周太师尹吉甫故里"大石碑时，父亲告诉我，这是"尹天官"的碑，尹吉甫文武双全，是房县历史上最大的名人。从此我的心灵留下了对尹吉甫崇敬的烙印，参加工作后我仍一直关注尹吉甫这个伟大人物。

1980年，我在西关黄香祠采写"汉黄孝子"墓碑的报道时，了解到房县古有"忠孝名邦"之称，忠指周太师尹吉甫精忠报国，孝指汉黄孝子黄香，这篇报道在《郧阳报》刊登。1982年，我到广西大学新闻系读书，上《中国通史》《中国文学史》《古代汉语》课，老师讲到周朝诗经文化及诗经《六月》《崧高》《烝民》时，"文武吉甫，万邦为宪""吉甫作诵，其诗孔硕""吉甫作诵，穆如清风"等诗句让我倍感亲切，也为尹吉甫是房陵人而自豪。我注意从古书上寻找有关尹吉甫的记载，还特地到广西大学图书部购买了《诗经全译》。

1986年，我随李征康老师先后多次到伍家民间故事村和吕家河民歌村采访，了解到这两个村的民歌资源之所以丰厚，一个重要的原因就是该镇紧连西周太师尹吉甫故里房县，受诗经文化的影响。

2001年6月，我随新华社湖北分社老社长徐士杰到榔口乡白鱼村（现尹吉甫镇七星沟村）采访尹吉甫宗庙宝堂寺。2003年9月上旬，我慕访十堰市群艺馆老馆长、研究馆员徐树棠，他热情介绍了1980年在挖掘、整理房县民歌时，发现民间传唱的《诗经》民歌，使我感到这是房陵文化最突出的亮点。2004年6月中旬，经房县县委宣传部外宣办李先江主任介绍，我采访了黄堰村61岁的民歌师刘昌言，了解到他不论是在唱薅草锣鼓还是在唱待尸歌时，有时也把《关雎》的前四句作为开场白唱出来，以此起兴，显示文雅。2004年8月下旬，我在十堰城区百二河找到了早上正在散步的房县文化馆退休副研究馆员杨才德，他热情地介绍了20世纪80年代初搜集到的房县民间传唱《诗经》民歌的情况。2004年10月上旬，我到房县门古寺镇考察民间文化时，镇干部张兴成、望佛山旅游协会会长谢祥林热情邀来胡元炳、邓发鼎、王尧等民间歌师唱民歌。我问他们会不会唱《诗经》民歌，他们说不知道《诗经》是什么，但我说"关关雎鸠，在河之洲"时，他们说："这首歌师傅教过，我们从小就会唱。"我说："把《诗经》民歌唱好了，是个亮点，你们能上报纸、上电视。"此后，我还采访到门古寺镇80多岁的老教师王天鹏介绍"诗经童子"念《蓼莪》，余立财唱《伐檀》等《诗经》民歌。

2006年3月6日，为了挖掘、整理以诗经尹吉甫文化为主的房陵文化相关材料，我发起成立了十堰市民俗学会。2010年6月27日，我创立了十堰市诗经尹吉甫文化研究会，坚持把"诗经尹吉甫文化研究"当文化工程抓，一抓到底。我先后多次深入房县尹吉甫镇、青峰镇等10多个乡镇采风，其间坚持起早贪黑，节假日不休息，查阅书海，研究史志，整理资料。先后挖掘、整理出尹吉甫传说民间故事60多个，传唱的《诗经》相关民歌30多首。我熬夜撰写《尹吉甫传说》非物质文化遗产项目名录申报书2.6万余字，赶制专题片，经专家评审，《尹吉甫传说》被列入湖北省首批非物质文化遗产项目名录。我先后赴山西平遥、河北沧州南皮、四川泸州了解诗经尹吉甫文化，经研究论证得出尹吉甫是房陵人，仕于周朝，征战于山西平遥、河北沧州南皮，食邑于房，卒葬于房，其子伯奇的故事传说流传于湖北房陵和四川泸州等地。

我在网上找到了中国诗经学会会长夏传才教授的联系地址和电话，激情地将挖掘、整理出来的诗经尹吉甫文化相关文字材料及照片，用特快专递寄给夏老。2009年11月，夏老及时回信，予以了充分肯定。2010年8月3日，在石家庄召开的中国诗经学会第九届年会暨国际学术研讨会上，大会发言每位代表限定十五分钟，而夏传才会长破例叫我发言半个小时，我的发言主题"中华诗祖尹吉甫与诗经研究"引起与会国内外专家的高度关注，产生轰动和反响。2014年11月11日，《尹吉甫传说》被国务院公布入选第四批国家级非物质文化遗产代表性项目名录。

## 痴迷：理想实践与精神动力

俗话说"十年磨一剑"，我从1974年被县里抽调办全县文化展览起，开始搜集房陵文化，1980年开始搜集诗经尹吉甫文化，可谓"几十年磨一剑"。从"梦想—立志"到"痴迷—苦研"，到"求索—结果"，我认为必须树立八种精神。一曰立志破尘，有所作为的精神，二曰褒贬分明，直言不讳的精神，三曰不怕嘲讽，乐于奉献的精神，四曰辛勤耕耘，吃苦耐劳的精神，五曰贴近百姓，求真务实的精神，六曰锲而不舍，探索发现的精神，七曰能者为师，虚心求教的精神，八曰忘我痴迷，倾情追求的精神。

俗话说："人生一世，草木一春。来如风雨，去如微尘。"故人生在世，应立志干成一件事，也会让人生志向明确，并充满乐趣，同时也是一种既高雅又有意义的享受。为了挖掘、整理民俗民间文化和诗经尹吉甫文化，我不会打牌、不会麻将、不会跳舞，节假日不休息，或上山下乡访歌师，搜集一首歌，听一个故事，这也是一种爱好；或看书查资料，解答一个个问题，就像翻越一座座山头，也经历一次又一次战胜难题的喜悦。搞新闻和文化工作的人，遇到了一个好的点子，常常迫不及待地去采写。因为痴迷于诗经尹吉甫文化，全身心投入不能自拔，我常常是走路时想标题，长途乘车过程中打腹稿。有一次我探险房县"封神洞"，中午在山沟里干吃过期的快餐面，边吃边想如何开发，只顾将食物往嘴里送，竟吃掉了已经变质发黑的假冒"乡巴佬"鸡蛋。有一次在办公室沏茶时还在想诗经文章注释，只顾思考，将存放茶叶的盒子误当茶杯，结果沸水灌满了茶叶盒。

天有不测风云。2007年6月12日，我到房县采访首届民间文化艺术节，13日回到十堰市委办公大楼五楼办公室后，发现办公室的三台电脑被盗，多年挖掘、整理的资料在电脑里一同被盗，我顿时如遇晴天霹雳。要知道这大量资料是我用汉王手写板一个字一个字写出的，但更令我难过的是多年来翻山越岭走村访户搜集的资料没了。我十分痛心，辗转难眠，如大病一场，花了好长时间再次采访和重写，才挽回一部分资料。

在挖掘、整理、研究过程中，要有不怕嘲讽、乐于奉献的精神。古代《列子·汤问》有则寓言：智叟冷讥热嘲愚公移山，愚公以子子孙孙有无穷尽的精神战胜困难回应智叟的讥嘲。我在开始挖掘、整理资料，宣传尹吉甫时，不少人并不理解。有的人说我"疯了"，到处宣传房县是诗经尹吉甫文化之乡，甚至还到有关院校及长途客车上调查、宣传诗经尹吉甫文化。有的人见了我，干脆戏称"尹吉甫来了"。有的人说："有空就玩玩，何必自找苦吃，钻古书堆子，费脑筋伤神！"我认为，研究文化虽有苦，但苦中有乐，乐在文化。有的人看我这么专注，问我编书是不是能赚大钱，我说自古"穷秀才"，编书不图赚钱，如果说为了赚钱，我就不会节假日不休息，起早贪黑，吃方便面节约时间来研究文化，但出书不图钱可图"名"，"名"为民，理当可图，无可厚非。年逾古稀的胡继南、何春元、徐云、揭源泰、严健民等老师热心帮助我审稿、校对，难能可贵，令人敬佩。

俗话说"文如其人"，这是表述作品思想与作者气质一致，通过读作品便知其人。我在这里要说的是，书稿校对是图书质量的重要保障之一，做好校对也隐含着编者的作风和"文如其人"的要义。本书编著不草率，从撰文、选稿、编目，到封面和彩页的设计，再到审阅、校对等环节，反复检查，力求保证出书质量。

对于文章写作，我研诗著书，自以尹吉甫为镜，直言不讳，文如其人，对历史对人民负责。华中师范大学王玉德教授见我研究房陵文化直言求真，称"你身上带有房陵宫廷流放人刚正不阿之气质"。王玉德教授说，袁正洪先生对文化学研有一种比较执着的精神，这与他深得中华典故袁安"卧雪堂"的精神和好的家风有关。东汉名臣袁安"卧雪堂"的故事是说，有一年冬天，大雪连降多日，地上积雪几尺深，封门堵路。洛阳令外出巡视灾情，见家家户户都扫雪开路，出门谋食，来到袁安的门前，却见大雪封门，无路可通。洛阳令以为袁安已经冻饿而死，便命人凿冰除雪，破门而入。但见袁安卧于床,气息奄奄。洛阳令扶起袁安,问他为何不出门求百姓帮忙,袁安答道:"大雪天人人皆饥寒,我不应该去打扰百姓!"洛阳令很佩服,对袁安的品德大加赞扬,向朝廷举荐袁安为孝廉(三国名将袁绍、袁术是袁安的玄孙)。我保存有"卧雪堂"袁安的家谱,并以好家风为鉴。我秉承籍里房县民众"自古好歌,以歌为乐,以歌为力,以歌言志,以歌启智,求真务实"的精神,倾情挖掘、整理民歌,发现千古《诗经》民歌至今仍然在房县的深山民间传唱。

多年来,我植根于民间,贴近基层,贴近民众,贴近实际,与百余位农民交朋结友,称兄道弟,对有困难的民间歌师热心帮助。曾有位年过八旬的民间歌师被打,我动恻隐之情,找乡领导直言不讳地提出意见,帮歌师解决问题,给予他关爱。我还与50多名专家交朋结友,拜师求教,尊师重道,得到专家们的厚爱和指教。

古言道"一分耕耘,一分收获","能吃百般苦,做事才能成"。多年来,我游历于汉水秦巴武当山区,顶酷暑、冒严寒,冒着山洪暴发、巨大山体塌方、泥石流等自然灾害的危险,艰苦前行。一次,我与陈吉炎教授、张华田同志和司机徐文明翻山越岭到尹吉甫故里考察,深夜在大山中,遭遇泥石流而迷路,万峪河乡干部打着火把,凌晨2点才把我们接到乡上。2005年8月25日,在十房公路沙沟河段我们一行人突遇巨大泥石流,山体塌方,仅差几秒钟泥石流就要砸埋我们租坐的双排座车,同行的同志都吓出了一身冷汗。2007年7月23日,我和谢祥林、张兴成到门古寺镇水沟采访,攀悬岩,登南天门,脚被滚石砸流血。我三进"封神洞"探险,荡绳下洞,岩路光滑,我如履薄冰,头被碰肿,食指被绳与钟乳石挤肿。我到河北沧州南皮县黄家窝考察尹吉甫遗迹,遇到瓢泼暴雨,全身被淋湿,脚上穿的凉鞋陷在黄泥地里一尺多深,雨水顺着脸不停地往下流。

我夜乘火车，买站票从石家庄到山西太原，将报纸垫在地上，就在乘客的座位下睡觉。2006年11月22日，我和陈吉炎教授去北京请名人题词，住每晚15元的地下室房间，中国文化报社副社长杨开金见了后既惊奇又感动地说："你这正县级干部和陈教授，真是有一种家乡山里人的艰苦精神！"他十分热情地帮忙找名人题词。经他引见，徐悲鸿的弟子、著名诗人马萧萧为我们题写了《房陵锣鼓歌》书名，并为我题词"风雨秦巴苦作舟，跋山涉水为人民"。回来后我给马萧萧老人写了一封深情的信，并请他题词"中华诗祖尹吉甫故里"。马萧萧老人看后打电话说："看了你的来信，我感动地流下了热泪。"马萧萧老人义务给我们题写了"中华诗祖尹吉甫故里"、《尹吉甫研究》书名和"诗经文化网"等字，殷切希望我们挖掘、整理研究好中华诗祖尹吉甫和诗经文化，办好网站。傅广典主席在"房陵文化丛书"序中说："房陵文化的发现、认知和认定，肇始于房县。房县县委县政府高度重视，时任县委书记的张维国给予了积极的支持。此事得益于记者袁正洪的前期考察和倡导。""袁正洪先生是生于斯长于斯的房县人，对家乡的文化有着与生俱来的感知和认可，特别是对家乡的民歌之多感叹不已，称家乡为'歌的海洋'。他发现了房县民歌与《诗经》的某种联系和渊源，力主尹吉甫中华诗歌的鼻祖地位，并追踪着尹吉甫的历史足迹。"

### 弘扬：尹吉甫成为房县走向世界的名片

如何把以诗经尹吉甫文化为主的房陵文化打造宣传成知名品牌？我认为：倾情挖掘整理是基础，研究文化当工程，专家指导是关键，宣传舆论是喉舌，领导重视是保障，文化名片出效益。

多年来，湖北省委、省政府领导对诗经尹吉甫文化十分重视。2012年2月26日，省委书记李鸿忠在十堰市三级干部大会上的讲话中强调："十堰有深厚的文化底蕴。中华诗经文化影响巨大。这里地处鄂西北的大山里面，曾经是宫廷流放之地，朝廷官员带来的高雅文化在这里生根。这些文化底蕴成为十堰发展的软实力。十堰有武当山、诗经文化，这些都是著名的旅游资源。"

湖北省委常委、省委秘书长李春明2010年8月6日在给"中国（房县）诗经文化节"的贺信中说："以诗经文化为代表的房陵文化，是鄂西生态文化旅游圈建设的宝贵资源。作为诗祖尹吉甫故里，影响深远。希望努力打响房县诗经文化品牌，为建设文化强省、旅游大省，实现中原崛起作出新的更大的贡献！"

湖北省人大常委会副主任任世茂2010年8月6日在给"中国（房县）诗经文化节"的贺信中说："房县作为诗祖尹吉甫故里，十分重视诗经文化这一独特的文化资源优势，提出了打响诗经文化品牌、打造中华《诗经》城的发展思路，这对于把诗经文化推向全国、推向世界、增强房县的文化内涵、提升房县的文化品位将起到积极推动作用。"

湖北省委常委、宣传部部长尹汉宁对房县的诗经文化高度重视，多次在全省有关会议和重要活动中安排、指导诗经尹吉甫文化及《诗经》民歌的推介和宣传，要求湖北电视台全力支持打造诗经文化精品。2011年春节，房县原生态《诗经》民歌表演首次登上湖北卫视春晚。2012年，房县大型诗经民间歌舞《山风》登上湖北卫视举办的《全国农民春晚》。2012年6月3日，在央视《我要上春晚》评比中，《山风》获第三名。2013年12月7日，在央视《直上春晚》比赛中，《山风》获第三名。央视新闻联播播出《湖北：民歌唱诗经演绎精品》；央视新闻频道《探索·发现》播出《〈诗经〉溯源》大型专题片，时长35分钟，央视中文国际频道、凤凰卫视转播此片。

2020年8月21日13时，央视科教频道播出央视大型纪录片《中国影像方志》第636集"湖北房县篇"，开篇介绍多年来我专注诗经尹吉甫文化的挖掘、整理、研究：西周太师尹吉甫曾经踏遍房陵山河，将民间歌谣汇入《诗经》篇章；在房县还有不少有关周太师尹吉甫的民间故事传说；房县是"诗祖尹吉甫故里""诗经之乡"等。该片播出时长为39分13秒。多年来，新华社、人民日报、湖北日报、湖北卫视、诗经文化网、民俗文化网宣传房县诗经尹吉甫文化，使其红遍网络。

多年来，中国诗经学会老会长夏传才教授，国家非物质文化遗产保护工作委员会专家刘锡诚，中国文化报社副社长杨开金，中央音乐学院周青青教授，中国音乐学院李月红教授，北京大学陈连山教授，新华社高级编辑、《半月谈》执行主编周清印，中国政法大学人文学院黄震云教授，湖北省民间文艺家协会原主席傅广典、主席鄢维新，华中师范大学刘守华教授、王玉德教授、姚伟钧教授，武汉音乐学院孙晓辉教授，国家一级作家梅洁，国家著名画家罗国士等多位专家给予了厚爱和指导。

多年来，十堰市委、市政府及市委宣传部、市委政策研究室、市文化和旅游局等领导十分重视以诗经尹吉甫文化为主的房陵文化的挖掘、整理、研究和宣传，"诗祖尹吉甫故里"被评为十堰名片。在本书出版之际，非常感谢十堰市科技局、市农业局、市财政局、市社科联、武当山旅游经济特区、武当山道教协会、湖北省武当道茶产业协会、十堰市民俗学会、十堰市诗经尹吉甫文化研究会、十堰市诗经尹吉甫文化研究咨询中心等单位给予的重视和关怀。

多年来，房县县委、县人大、县政府、县政协的张维国、师永学、张歌莺、袁新云、沈明云、蔡贤忠、刘庆涛、纪道清、谢晓鸣、徐锦凤、王玲、高勇等领导高度重视支持，将房陵文化列入县委、县政府重要议事日程，倡导房陵文化进机关、进校园、进社区、进乡村、进农家大院的活动，成功地召开了中国（房县）诗经文化节和诗经学术研讨会，使诗经尹吉甫文化唱响全国。在此非常感谢房县县委、县政府、县委宣传部、房县文化和旅游局、尹吉甫镇、万峪河乡、门古寺镇、青峰镇等给予的重视和关怀。

在本书出版之际，十分感谢湖北神武道茶开发有限公司、福缘绿松石（十堰）有限公司、湖北诗经尹吉甫文化传播有限公司等给予的重视和关怀。

在此，十分感谢各级领导、各位朋友对我们开展抢救、挖掘、整理、保护以诗经尹吉甫文化为主的房陵文化工作和与之相关的编纂出版工作给予的重视、关怀和支持。在此感谢李光富、刘文国、杨国英、李玄辛、张清甫、欧阳山、张星国、何林、丁长河、张宗权、谭荣志、陈伯钧、张华田、赵阳、张兴成、朱启全等对本书的关心和支持。十分感谢广大民间歌师和民间文化工作者的关怀和支持。

让我们共同祝愿中华诗祖尹吉甫故里房陵文化唱响全国，唱响世界！

汉代名臣袁安"卧雪堂"后裔　袁正洪
于住宅凉台"读书斋"
农历壬寅虎年仲夏

图书在版编目(CIP)数据

中华诗祖尹吉甫传/袁正洪著. —武汉:华中科技大学出版社,2023.7
ISBN 978-7-5680-9527-3

Ⅰ.①中… Ⅱ.①袁… Ⅲ.①尹吉甫(前852-公元前775)—传记
Ⅳ.①K827=24

中国国家版本馆CIP数据核字(2023)第090147号

中华诗祖尹吉甫传  袁正洪 著
Zhonghua Shizu Yin Jifu Zhuan

策划编辑：陈心玉
责任编辑：肖诗言
封面设计：三形三色
责任校对：李 弋
责任监印：朱 玢
出版发行：华中科技大学出版社(中国·武汉)　电话：(027)81321913
　　　　　武汉市东湖新技术开发区华工科技园　邮编：430223
录　　排：孙雅丽
印　　刷：湖北新华印务有限公司
开　　本：880mm×1230mm　1/32
印　　张：11.375
字　　数：259千字
版　　次：2023年7月第1版第1次印刷
定　　价：68.00元

本书若有印装质量问题,请向出版社营销中心调换
全国免费服务热线：400-6679-118　　竭诚为您服务
版权所有　侵权必究